U0103908

林可济

/著

走在中西哲学
会通与融合的路上

—— 北京大学十位哲学名家的学术生涯

海峡出版发行集团
THE STRAITS PUBLISHING & DISTRIBUTING GROUP
福建教育出版社

图书在版编目（CIP）数据

走在中西哲学会通与融合的路上：北京大学十位哲学名家的学术生涯/林可济著. —福州：福建教育出版社，2023.10

ISBN 978-7-5334-9763-7

Ⅰ.①走… Ⅱ.①林… Ⅲ.①比较哲学—研究—中国、西方国家 Ⅳ.①B1-03

中国国家版本馆 CIP 数据核字（2023）第 192019 号

Zouzai Zhongxi Zhexue Huitong Yu Ronghe De Lushang

走在中西哲学会通与融合的路上

——北京大学十位哲学名家的学术生涯

林可济　著

出版发行	福建教育出版社	
	（福州市梦山路 27 号　邮编：350025　网址：www.fep.com.cn	
	编辑部电话：0591-83716736	
	发行部电话：0591-83721876　87115073　010-62024258）	
出 版 人	江金辉	
印　　刷	福建新华联合印务集团有限公司	
	（福州市晋安区福兴大道 42 号　邮编：350014）	
开　　本	710 毫米×1000 毫米　1/16	
印　　张	16	
字　　数	243 千字	
插　　页	2	
版　　次	2023 年 10 月第 1 版　　2023 年 10 月第 1 次印刷	
书　　号	ISBN 978-7-5334-9763-7	
定　　价	38.00 元	

如发现本书印装质量问题，请向本社出版科（电话：0591-83726019）调换。

自　序

长期以来，特别是1998年退休以来，我曾经根据教学的需要，着重研究了中西哲学比较的若干相关问题。在此期间，也陆续写了一些文章，还出了书。这些论文与著作，如果说是作为教学过程中的一些副产品，勉强说得过去。但从学术价值来衡量，是很不满意的。要说客观原因，总可以找到一些，但主要的原因还是自己生性愚钝，加以努力不够。

在这种情况下，我想应该把研究的"中西哲学比较问题"缩小到"中西哲学的会通与融合"这一点上，而且集中地探讨、阐述北京大学哲学系的十位老师哲学思想的发展。既然我写的是我的老师，自然就离不开北京大学哲学系这个特定的环境，更多的是从学生的特定视角，来观察他们、研究他们，这样，在阐述的过程中，就与我作为学生的求学生涯密切相关。

但是，本书的重点还是写十位老师的哲学思想，特别聚焦于他们在中西哲学的会通与融合方面各自所做出的贡献；同时，又不能不把我在北大的经历，作为一个背景性的话题展现出来。于是，本书很自然地就分为三个部分。第一部分，阐述一下我入学之前北大的简史，以及我入学期间的学习生活；第二部分，以主要的篇幅来阐述十位老师各自的学术成就与若干境况；第三部分，简略地说一下毕业以后到现在，60多年的时光里，我与母校、与相关老师交往的情形。因为这些老师的情况，也在变化，也在发展。

第一部分，我简略地阐述了在我入学前北京大学，以及我所在的哲学系的历史发展中若干重要的史实。这既是我入学时所必须面对的客观环境，也是阐述老师们的哲学思想所由形成的历史背景。

一所大学办得怎样，校长与教师都是极其重要的。本书阐述的重点虽然是教师，但也不能不涉及校长。在北大的历史上，蔡元培先生的重要性是不言而喻的。在一定意义上可以说，没有蔡元培，北大的面貌就不是历史上出现过的那个样子了。虽然我没有也不可能见到蔡元培校长（他去世时，我还处于童年），但我不能不写他。他与北大是不可分离的。

本书收录了我写于不同时期的、关于蔡元培先生的两篇文章。马寅初先生是我在校时的校长，本书有一篇专文写他。

在1954—1958年，我在校读书的期间，虽然时间不长，但经历的大事却不少，体会、感慨当然不能也不敢忘记。本书所写到的，当然不可能全面，但都是我亲自经历过的事情，都是我的一番切身体会。

其中在1957年所参加的"中国哲学史座谈会"与我们的专业直接相关。它不仅对我们当时的学习和我往后的几十年的学术生涯，产生了重大而深远的影响，而且对于本书所阐述的几位老师的后来遭遇，也产生了直接的后果。本书中的一篇专文，对此做了阐述，这是完全必要的。

第二部分是本书的重点，占全书的篇幅约三分之二。本书所写的十位老师，如果以年龄为序，他们是：熊十力（1885—1968）、梁漱溟（1893—1987）、汤用彤（1893—1964）、金岳霖（1895—1984）、冯友兰（1895—1990）、宗白华（1897—1986）、贺麟（1902—1992）、张岱年（1909—2004）、任继愈（1916—2009）、张世英（1921—2020）。

19世纪末到20世纪初以来，在中西文化、中西哲学的交流冲撞的大背景下，老一辈哲学家，也包括我的一些老师，他们曾经在哲学领域的求知与探索的道路上，做出了持续的努力，而且卓有成效。其中的佼佼者还构成了自己的哲学思想体系。这样，研究中西哲学的会通与融合的问题，与研究这些前辈哲学家的哲学思想的形成与发展，两者是密不可分的，存在着内在的一致性。

讲中西哲学的会通与融合问题，既要从西方哲学的视角看中国哲学，又要从中国哲学的视角看西方哲学，当然以中国哲学为主体，因为我们关注的重点是中国哲学如何走向现代化。

在本书所阐述的十位名家中，熊十力、梁漱溟、汤用彤三位先生相对年长。他们各以自己在学术上的专长，早已蜚声国内外。他们在不同时期任教于北大哲学系，虽然他们没有直接给我们那一届学生亲自授课，但有的同学对熊十力先生的"唯识论"已有所耳闻。我本人对之作进一步理解，那是近十多年来的事情。对于梁漱溟先生的认知，不仅是因为他最早提出中西文化、中西哲学比较研究的话题并著书立说影响了几代学人，还因为他为天下苍生的福祉而敢于仗义执言。汤用彤先生当时还是北大的副校长，我们学生有时还能见到他。他在中国古代佛学发展史、魏晋南北朝玄学的理论研究，造诣甚高，在当时的哲学系的学生中，虽知之不深，也可以说并不陌生了。

金岳霖先生身材魁梧、衣着朴素，平时不戴帽子，只在前额套上了遮在眼睛上的遮沿，以挡住射到眼睛上的阳光。这个特征让我们学生印象深刻，一下子就认识他了。金先生在学术上的代表作有《逻辑学》《论道》《知识论》等。《逻辑学》是当时国内唯一具有新水准之逻辑教本，《论道》是一本用西方严格的逻辑方法阐发中国传统哲学范畴的本体论著作，《知识论》是中国哲学家建构的第一个关于知识论的完整体系。我们当学生时，对这些书还知之不多。他的上述著作我都是近年来陆续拜读的，我最喜欢的是《论道》一书。他的哲学体系既是西方的，又是中国的，是现代化与民族化的完美结合。

冯友兰先生是中国当代哲学领域中的一位学术大师，历来受到争议也最多。他没有给我们系统地上过这门课，但多次给我们做过报告和讲话。在我的印象中，他平时虽然有些口吃，又有较浓的河南腔，但在课堂上却是从容不迫。他的讲课一如他的文章，内容丰富，说理透彻，逻辑严谨。他能用极清晰的语言，表述出他的某种哲学思想，并不乏幽默感。人们有这样的说法：你可以不同意冯先生的某些观点，但绝不会不明白他的观点。他站在讲台上，给人的是一个具有朴素、静穆、和蔼等等德性的学者的形象。他的学术成就可以用"三史"和"六书"来加以概括。抗战时期出版的"六书"，标志着中西会通的新理学哲学体系的建立，从此，中国哲学就从传统进入了现代。

要实现中西哲学的会通与融合，既要全面而准确地了解并把握西方哲学的真谛，又要具备深厚扎实的中国哲学的功底。由于宋明时期的理学和心学倡先秦学术之脉，兴心性义理之学，排汉儒之乖，融佛道之粹，在中国古代哲学史上起着承前启后的重要作用，因此，哲学系的许多老师，特别是搞中国哲学史研究的学者，或者推崇理学，或者心爱心学，自在情理之中。如果说金岳霖、冯友兰先生的哲学是属于新理学的话，那么，前面讲过的汤用彤等先生的哲学，则属于新心学。以新心学为特色的还有贺麟先生。

贺麟先生热爱斯宾诺莎，有一股像斯宾诺莎那样坚持真理的劲头。他国学根底深厚，推崇陆王心学，对王阳明哲学有他自己独特的见解，并致力于打通王阳明心学与黑格尔哲学，以实现中西哲学之会通。《近代唯心论简释》(1944)是他的代表作，在历史上曾经产生过重大影响，也引发了不少的争论。长期以来，由于他坚持自己不合时宜的学术观点，备受责难，历经坎坷。但在学生心目中，他是一位可敬可亲的好老师。

金岳霖、冯友兰两位先生原来是在清华任教，汤用彤、贺麟两位先生原来就在北大。1952年全国高校院系调整后，他们都汇集到北大来了。学术界最通常的说法是：清华注重哲学思想体系的构建，而北大则重视哲学史的研究。清华培养出来的大多是哲学家或逻辑学家，北大培养出来的则往往是哲学史家，这大概是既成的事实。当然，这种划分并不是绝对的。无论如何，两家各自的侧重点方面的差别，并不能抹煞、掩盖其共同点，那就是都非常重视中西哲学的会通与融合，这些哲苑名家都是在会通与融合中西哲学方面，卓有成效的开拓者。

宗白华先生是我国现代著名的美学家、哲学家和诗人，当年他为我们讲授美学课。在五四时期，他就已经是一位著名诗人了。1952年以后的30多年间，他一直在北京大学哲学系任美学教授。他给我们留下的早期的诗作，名为《流云》，1924年初版，1929年再版改名为《流云小诗》。1981年，上海人民出版社推出了宗先生在生前出版的唯一的美学理论学术著作。此书几乎汇集了他一生中最精要的美学研究的篇章，书名为《美学散步》。他和朱光潜先生一起被誉为我国美学领域的"双峰"。当年宗先生给我们讲课，内容丰富，议论精到，深入浅出，诗意盎然，妙趣横生，牢牢地把握了中国美学的灵魂，又能熔中西文化、中西艺术和美学于一炉；而且讲课的神态达到全神贯注、几多陶醉的境地。由于他讲课的内容发自肺腑，因而有极强的感染力，直到60多年后的今天，我对此依然印象深刻，宛如昨天。他特别注重对青年教师的培养，而他自己并不急于占领山头，摘取果实，透露出一种内在的人格魅力，为学人所景仰。

我们在北大读书时，中西哲学史是重要的专业课，张岱年、任继愈、张世英等老师给大家的印象也深刻而又持久。

张岱年先生给我们讲授中国哲学史课程中的宋明理学部分，他是现代中国少数建构了自己哲学体系的哲学家之一。早在 20 世纪 30 年代，在长兄张申府的引导下，他就接受并肯定辩证唯物论和历史唯物论是"当代最为伟大的哲学"，同时认为，英国分析派哲学概念明晰，论证缜密，应该加以吸收。他运用分析的方法，批判继承中国古代哲学中固有的唯物论与辩证法，以及重视道德理想的优良传统，探索、论证现代唯物论与辩证法的基本观点，逐步形成了唯物主义、分析方法与道德理想相互结合的"新唯物论"的哲学体系。当时的一些学人曾经把张先生的哲学思想概括称之为"分析的唯物论""解析的唯物论"或"解析法的新唯物论"。谁也没有想到的是，他在后来因诤言而罹祸，长期身陷逆境，在 20 多年中，被迫停止了学术著述的权利。在改革开放的新的历史条件下，他重新强调、阐发、高扬了他的"文化综合创新论"，既反对全盘西化，又反对复古主义，尽心竭力培养后继人才，为推进中国哲学的现代化发挥了重大作用。

任继愈先生给我们讲授中国哲学史课程中两汉、魏晋南北朝、隋唐部分。他精通佛学，对佛教深有研究。他的有关佛学、佛教的学术论文，毛泽东曾以"凤毛麟角"予以高度评价。任先生在 20 世纪 60 年代以来，先后主编《中国哲学史》（四卷本，1963 年、1964 年、1969 年，陆续由人民出版社出齐）、《中国哲学史简编》（1973 年人民出版社出版）和《中国哲学发展史》（计划七卷，已有四卷由人民出版社出版）。他所从事的中国哲学史研究中，老子哲学的研究占有重要的位置。这也是我最感兴趣的问题之一。任先生在老子研究中所展示出来的方法论原则，对如何更好地继承中国传统哲学遗产富有启迪作用。

张世英先生是国立西南联合大学的学生，师从上面所说的几位著名的哲学前辈，1946 年毕业后先后在南开大学、武汉大学任教，1952 年秋调到北京大学。我们在校时，他还只有 30 多岁，属于中青年教师。他专讲黑格尔哲学，也结合着讲授列宁《哲学笔记》中的那篇《黑格尔〈逻辑学〉一书摘要》。在当时，张先生已经就是一位颇有名望的黑格尔哲学研究的专家。20 世纪 80 年代以后，张先生经过 30 多年的努力，融合中西、贯通古今，提出了"万物相通""万物一体"的新哲学体系，完成了从哲学史家到具有原创思想体系的哲学家的重大跨越。晚年他还致力于美学理论的研究，他所提出的"美在自由""美感的神圣性"等论断，为美学理论的研究开拓了新的方向。在诸多老师中，他年纪最轻、寿命最长。改革开放以来，他和我在学术上的联系最多，对我帮助也最大。从2003年底以来，我先后在《北京大学学报》《博览群书》《中华读书报》等报刊，陆续发表了从不同角度写的阐述与研究他的新的哲学思想的文章。2008年于人民出版社出版的《张世英哲学思想研究》一书，是研读他的哲学思想的初步尝试之作。

第三部分讲的是我毕业后与母校的交往的若干情况。1958年夏天，我离开母校，南下福建，到福建师范学院报到。从那时起到"文化大革命"，我主要的教学任务是讲授马克思主义哲学：辩证唯物主义与历史唯物主义，并进行若干相关的科学研究。1978年党的十一届三中全会后到1998年的20年间，主要的教学任务是为硕士、博士讲授有关自然辩证法方面的系列课程，并进行这个方向的科学研究。1998年初退休后直到2019年，受聘讲授中西哲学比较方面的课程。如果没有退休后的这段经历，也就不大可能去进行中西哲学比较方面的研究，更不可能去写本书所汇集的这些文章了。平心而论，伏案写作，非我所长，我所取得的一点科研成果，大部分是教学需要所带动出来的。

在退休以后的这20多年期间，我与母校有关的若干人与事，主要就是参加1998年母校的百年校庆，参加2012年北大哲学系的百年系庆，以及在2016年参加张世英先生95岁的祝寿活动。这些活动的学术含量是显而易见的。此外，2018年我还返回母校，参加第24届世界哲学大会，最后一次见到张先生并聆听教诲，这更是既难得又难忘的幸事。

在这部分里，我还特地收入一篇2010年7月22日对汪子嵩先生的访谈漫记：《中西哲学交流会通的历史反思》。这是汪先生健在时的谈话实录，其史料价值是不言而喻的。

本书第一部分和第三部分的文字是在近期写成的，而第二部分是以独立成篇的论文的形式出现的，撰写的时间有先有后，都是好几年前写成并发表的。我也曾考虑对既有的文字进行整合、重写，以分章分节的结构形式来安排，搞成更像一本"书"的模样。那样做，也许更符合读者的阅读习惯。但考虑再三，最后还是决定就以现在的形式付印。因为书中所收入的论文不仅写于近20年来的不同时间，而且各篇论文所说的重点不同，篇幅长短不同，写作风格也略有差异。如果按照统一的模式，进行整合重写，虽然做到整齐划一了，但势必失去了历史感与亲切感，丢掉了多样化，各篇文章的特色也不复存在了。得耶？失耶？难以判定。既然如此，何必多事？

初中读书的时候，我就读过韩愈写的《师说》，至今不忘。什么是"师"？"师者，所以传道授业解惑也。"可见，"道"是应该放在第一位的。我在本书中所写的十位老师，不仅有渊博的知识，更重要的，都是有"道"之士，正直之人。他们都已先后离开这个世界而远去，可以对他们做出肯定的评价了。他们在学术上，堪称名家、大家，甚至是大师，而我只是一名普通的学生，一名大半生执教于高校的哲学工作者，要我在专业方面对老师做出全面、准确、到位的评价，实非我之所能为也！我在书中对他们所写的文字，准确地说，更多的是一个学生对老师的感受，或是说，是一个学生对老师的怀念，如是而已！

时代在前进，社会在变迁，学术在发展，后来的学人在知识层面上可能而且应该超过他们，但是，他们在坎坷不平的人生遭遇中所显现出来的人格胸襟、精神境界，作为一种无价的、宝贵的精神财富是永存的。"道之所存，师之所存"，作为有道、传道的饱学之人，他们都是我永远的老师！

是为序。

林可济　于福州仓前山华庐

2022 年 9 月 10 日

目　录

历史的回顾与反思

十位哲学名师的人生经历与学术生涯

毕业后与母校的交往

历史的回顾与反思

北京大学历史上的若干重要史实

（1898—1954）

从 1898 年到 2022 年，北京大学已经走过 124 年的漫长岁月。我的这本书，如果要全面回顾这个历史的全过程，既无必要，也非我个人能力所能及。

在这里，我只能对我 1954 年入学前北大历史发展中的若干重要史实，根据相关的资料，做出简易的说明，为我往后的叙事提供便利，也是为读者提供一些必要的历史背景。

从"京师大学堂"到"北京大学"

众所周知，北京大学的历史，开始于 1898 年京师大学堂的建立。它是清朝"戊戌变法"中的一项重要内容，也是"戊戌变法"失败后保留下来的唯一成果。其办学目的是为清朝统治者培养有用之人才。当时的光绪任命孙家鼐为第一任管学大臣。1898 年 12 月 17 日，是孙氏赴任之日，后定为校庆日。

孙家鼐之后，蔡元培之前，担任该校领导职务的有包括严复等人在内的 10 多位名人。1911 年辛亥革命推翻了清朝。1912 年 3 月蔡元培任教育总长，严复主持京师大学堂校政。

同年，蔡元培将严复关于更改校名的报告转送袁世凯，建议将京师大学堂更名为北京大学，总监督改称校长，并请严复担任此职。5 月 3 日教育部下令完结此事。

至于蔡元培任北京大学校长，那是 1916 年 12 月 26 日以后的事情。那时，黎元洪继袁世凯之后担任大总统，段祺瑞任国务院总理。蔡元培担任校长有两段时间，第一段是 1916 年 12 月—1927 年 7 月，第二段是 1929 年 9 月—1930 年 12 月。蔡元培让北京大学从原来京师大学堂时培养封建统治官僚的机构，变革为研究高深学问之所，让科学、民主之精神逐步成为北大之传统，并在后来的岁月中发扬光大。他在北京大学的历史发展中起到巨大作用与深远影响，不仅作为教育大家名载史册，而且他对伦理学、美学也有精深的研究。

蔡元培之后，蒋梦麟、胡适、汤用彤，先后担任了北大校长。我入学时，当时的校长是马寅初先生。

先设哲学门，后改为哲学系

北京大学的哲学门始设于 1912 年，分中国哲学与西洋哲学两类。因无讲授西洋哲学的教授，所以，1914 年正式招生时，有所谓"中国哲学门"之称。

哲学门的设立，实际上是中国有现代意义上的哲学系的开端，虽然把哲学门改称为哲学系，是 1919 年的事情。

在哲学系正式更名之前的草创时期，1917 年是个重要的时刻。在这一年，成立了哲学门研究所与哲学门教授会这两个机构。在课程设置方面也有很大变化，在此之前，中国哲学门的课程多限于哲学思想本身，较少涉及其他学科领域。在此之后，则逐步开设哲学以外其他学科的课程，如经济学、语言学、人类学，乃至自然科学。在担任哲学类的任课教授中，胡适、章士钊、马叙伦等人贡献突出。

蔡元培校长为养成师生的新道德素质，除发起组织"进德会"外，还特别关注哲学门伦理学课程的建设。

1917 年，陈独秀应蔡元培校长之聘，出任北京大学文科学长，在此期间，他曾为哲学系学生讲授过"唯物史观"。几乎同时，李大钊被聘为北大图书馆馆长。同年，胡适被聘为北大教授，他后来写作的《中国哲学史大纲》，以西方的科学方法研究中国传统哲学。以上这些因素所必然呈现的是学术自由新风尚的开启，这又与新文化运动有着密切的内在关联。

在新文化运动中，东西文化的论争是一个突出的课题，其起因与发展也都与北大哲学系有关。当这个论争达到白热化的时候，正在北大哲学系执教的梁漱溟先是于 1920 年作了有独特见解的演讲，继而将讲稿整理成文，于 1921 年出版了轰动一时的《东西文化及其哲学》。此书从新的视角对东西文化做了比较，从而为复兴中国传统儒家哲学做了论证。

西南联大时期的哲学心理学系

北京大学的历史发展中，有一段非常特殊的办学时期，那就是西南联合大学的成立。抗日战争时期，北方几省平静的校园生活再也无法继续下去了。北京大学、清华大学、南开大学这三所著名大学先后南迁，先至湖南，后到昆明，组成西南联合大学。

在国难当头的复杂而又艰苦的条件下，这所联合大学的广大师生精诚团结、共同奋斗，办学成绩斐然，至今仍然令人敬佩与赞叹，堪称中国乃至世界教育史上的奇迹。

近年来，全面论述这所大学办学经验的著作与论文不可胜数，引人注目，这里着重讲的是该校的哲学心理学系。

抗日战争前的北京大学，哲学系与教育系各自独立成系，心理学课程设在教育系；清华大学有哲学系和心理学系，而无教育学系；南开大学有哲学系和教育系。三校合并后，合并改称为"哲学、教育、心理系"。一年后，联大成立师范学院，设教育系。这样，教育系分出，余下的部分改称"哲学心理学系"。

在三校并系前，北京大学文学院的院长是汤用彤，清华大学文学院的院长是冯友兰，南开大学哲学系的主任是冯文潜。合并后的哲学心理学系，冯友兰、冯文潜先后短期担任过系主任，其余时间直到抗战胜利，系主任均由汤用彤担任。他还兼任过文学院的院长。

当时的哲学心理学系名师云集，除上述的汤用彤、冯友兰、冯文潜以外，还有金岳霖、陈康、贺麟、郑昕等。他们各有所专长，开设的课程各具特色，丰富多彩，又是采用自由选课制度，师生之间亲密无间，畅所欲言。

名师的精心培育，造就了一大批年轻一代的后起之秀。其中像王宪钧、王浩、殷福生、周礼全、邓艾民、汪子嵩、张世英、黄枬森等学者后来能不断成长，并在学术上做出贡献，实有赖于当年名师的教导。

1952 年全国高校院系调整中的北大哲学系

讲北大的历史，不能不涉及 1952 年全国范围内的高校之间的院系大调整。

当年教育部决定，把清华大学和燕京大学的文、法、理的各系都并入北京大学，而北京大学和燕京大学的工科各系则并入清华大学。北大的校址从城内的沙滩移至西郊的燕园。这就是人们所说的"三校合并"。

其实，更准确地应该说是"三校合并为两校"。从此，北京大学成为综合性大学，清华大学成为多科性的工业高等学校。而创办于 1919 年的燕京大学即行撤销。

严格地说，院系调整后的北京大学，貌似综合大学，事实上并不综合，只有文科和理科，没有工科和医科。而且文、理两科之间又是严格分开，即使专业之间也缺少相互的交叉与渗透。这是当时学习苏联教育模式的结果。在文科范围内的社会学、法学、政治学，以及心理学等，都被列入"资产阶级学科"，进行改造，甚至停办。

当年许多大学都有哲学系，全国有十几个哲学系。由于担心这些"资产阶级"教授只靠自己改造思想，难以达到要求，于是，国家决定都集中到北大哲学系，更好地进行思想改造。因此，1952 年的院系调整后，分散在各个高校哲学系的主要骨干教师，都汇入北大哲学系，各路大师云集于此，盛极一时。

具体来说，来自清华大学的有：金岳霖、沈有鼎、周礼全（逻辑学）；冯友兰、张岱年、朱伯崑（中国哲学史）；任华（西方哲学史）；邓以蛰（美学）。

来自燕京大学的有：洪谦（西方哲学史）；张东荪（社会学）；吴允曾（逻辑学）；汪毅（中国哲学史）。

来自辅仁大学的有：汪奠基（中国逻辑学史）；李世繁（逻辑学）；王锦第（西方哲学史）。

来自中法大学的有：许宝骙（西方哲学史）。

来自南京大学的有：宗白华（美学）；张颐、苗力田（西方哲学史）；何兆清（逻辑学）。

来自武汉大学的有：黄子通（中国哲学史）；周辅成（伦理学）；江天骥（逻辑学）；陈修斋、张世英（西方哲学史）；石峻（中国哲学史）。

来自中山大学的有：朱谦之（东方哲学）；马采（美学）；李日华（中国哲学史）；容汝幌、方书春（西方哲学史）。

原来属于北京大学的有：汤用彤、容肇祖、任继愈、邓艾民、杨祖陶、王维诚（中国哲学史）；贺麟、郑昕、汪子嵩、齐良骥、王太庆（西方哲学史）；黄枬森（马克思主义哲学）；胡世华、晏成书（逻辑学）。

经过院系调整后的北大哲学系，集中起来的教授有 20 多位，当时的系主任是金岳霖先生。

以上，是我入学时北京大学和北大哲学系的情景。后来到 1956 年，金岳霖先生调任中国科学院哲学研究所副所长，郑昕先生接任系主任。同时调往中国科学院哲学研究所的还有贺麟、沈有鼎、周礼全、汪奠基。

后来，有三所大学分别重建哲学系，苗力田调往中国人民大学，江天骥、陈修斋、杨祖陶调往武汉大学，马采、李日华调往中山大学。

这些都是我入学后的事情了。

2022 年 8 月

蔡元培：北大人永远怀念与敬仰的校长

——为纪念蔡先生逝世 80 周年而作

大学校长之对于一所大学的重要性，是不言而喻的。本文要说的是一位北大历史上的著名校长，他就是蔡元培先生。

一、最初印象与总体评价

蔡元培先生字鹤卿，号孑民，他担任北京大学校长有两个时间段：一段是 1916 年 12 月—1927 年 7 月，有 10 多年，另一段是 1929 年 9 月—1930 年 12 月，只有 1 年多，时间比较短。我，一个 20 世纪 50 年代（1954—1958）在北大读书的普通学生，和蔡校长生活在两个不同的时代，怎么会写起与他有关的这篇短文呢？

作为北大的学生，当然不可能对蔡校长一无所知。新生入学教育时，老师和师兄、师姐都对我们新生介绍过。当时我们就知道，蔡校长是浙江绍兴人，博览群书，学贯中西。他曾经是清朝翰林院编修，有深厚的儒学功底。后来，他又多次游学西方，考察外国教育。众所周知，北京大学的校庆日是 5 月 4 日，这与五四运动的主体是北京大学的先进知识分子，五四运动的中心在北京大学，这个历史事实相关联。蔡先生当时正是北大的校长。他力主"思想自由、兼容并包"，使北京大学吸引并容纳了一批中国当时最优秀的知识分子。这就是我对蔡校长的最初印象，当然是比较笼统，也比较抽象的。

蔡校长不仅在国内教育界享有崇高的声誉，而且在国际上也备受好评。美国著名的哲学家、教育家杜威曾经这样评价他："（不妨把）全世界各国大学校长比较一下，牛津、巴黎、哈佛、哥伦比亚等等，这些校长之中，他们有的在某一学科确有成就；但是以一个校长的身份而能领导那个大学，对那个民族、一个时代起到转折作用的，除了蔡元培，恐怕还找不出第二个。"

（转引自钱理群：《论北大》，广西师范大学出版社，2008 年，第 10 页）

其实，一个大学校长不仅是属于某个学术领域的专家，他还应该是一个国家、一个民族的整个文化的象征。我的这个看法是《北大校长与中国文化》（汤一介编，北京大学出版社，1998 年 5 月出版）这本书告诉我的。该书收集了有关孙家鼐、张百熙、严复、蔡元培、蒋梦麟、胡适、傅斯年、汤用彤、马寅初、翦伯赞、季羡林等人办教育的事迹，北大中文系王瑶、乐黛云两位教授为此书写了序。

王瑶先生的序言指出："北大的历届校长都是著名的学者，他们不仅是北大的校长，而且也是某一时期学术文化界的代表人物，在他们身上集中地反映了当时思潮的热点和重点。"乐黛云先生的序言也指出："作为知识分子的杰出代表，北大的大部分校长都是'把文化考虑置于社会考虑之上'，对于文化都怀着极深的关切。""北大的校长们，很多都曾有过不和'政治家难以避免的半真理妥协'的经验，他们总是敢于'在理想与现实之间保持某种张力'。"乐先生还说，历届北大校长对文化问题的看法对今天有现实意义。她特别指出，蔡元培时代的北大就容纳了许多完全不同的人物，还引用了马寅初校长的回忆："当时在北大，以言党派，国民党有先生及王宠惠诸氏，共产党有李大钊、陈独秀诸氏，被目为无政府主义者有李石曾氏，憧憬于君主立宪，发辫长垂者有辜鸿铭氏；以言文学，新派有胡适、钱玄同、吴虞诸氏，旧派有黄季刚、刘师培、林损诸氏。"

这本书的出版，正值北京大学 100 周年校庆之际。我在离校 40 年之后的 1998 年 5 月，重返母校，参加校庆的一些有关活动。其中有一点印象特别深刻，就是学校当局对蔡校长的学术思想、教育理念、办学方针、人格操守介绍的力度加大了。

其实，北大学子对老校长的思念与热爱由来已久，而且与日俱增。1948 年，北大 50 周年校庆时，师生们就自动捐赠，先后建立了孑民图书馆与蔡孑民先生纪念堂。这些都在北大原来位于城内的旧校区，我虽听说，却未知详情。1980 年，北大师生隆重举行蔡元培先生逝世 40 周年纪念大会。1982 年，3000 多名 80 年代的北大学子，发起捐款，建立蔡元培青铜塑像。1986 年，北京大学成立了蔡元培研究会。这些都是我离开母校以后发生的事情。

说起蔡元培的青铜塑像，据说是"文革"结束后，由第一批北大学生自动发起建立的，是北大人用自己的"心"垒成的丰碑。它屹立在北大美丽校园的未名湖畔。

凡去过北大校园的都知道，北大校园有一个不大不小的湖。因找不到合适的名字，而取名未名湖。后来这就成了它的流行的也是永远的名字。与之相对应的，是那个寓意"既博而雅"的博雅塔。在湖光潋滟、塔影婆娑的校园的一侧，那里有一棵只有北方寒冷天气下才能成长的巨大的雪杉，在雪杉的浓荫下，蔡校长元培先生在那里永恒地沉思着。

沉思什么呢？北大谢冕教授在《永远的校园》中，有着这样的回答："他的安详而睿智的目光，一直深情地注视着现今的一切，也许他是在想今日的北大是否承传了他的学术自由的传统，也许他是回忆五四时代他为保护被捕学生愤而抗议辞职的悲壮往事……""要是再把目光往前追溯，北京城里有一个很奇怪的地名叫沙滩（其实那里没有海，当然更没有所谓的沙滩）。那里站立着一座魁梧的楼宇：红楼。红楼的一侧，是民主广场。这些，都是与1919年开始的中国现代史相关联的名字。这些名字，都和北京大学、和蔡元培校长联系在一起。"

二、教育理念与办学方针

北大100周年校庆后的第二年，1999年9月，人民文学出版社推出《北大之父蔡元培》一书，作者为陈军。接着2008年，又有作家出版社出版的《北大百年》（李志伟著）问世。这两本书让我对蔡校长的一生，特别他的教育思想、办学方针有了更加全面、更为具体的了解。

1916年12月22日，蔡元培先生于"大风雪中"来到北京，12月26日，大总统黎元洪发布命令："任命蔡元培为北京大学校长。"1917年1月4日蔡元培到校就职。此时，这个学校已有将近20年的历史了。

北京大学原名京师大学堂，成立于1998年12月17日，是戊戌变法的产物，也是这次变法失败后唯一保存下来的成果。这所学校自成立后，校长的更换像走马灯似的，极为频繁。在蔡先生之前担任过学校最高领导人的，已有 10 多人。清朝的光绪皇帝任命孙家鼐为京师大学堂第一任管学大臣，办学方针为"中学为体，西学为用，中西并用，观其会通"。在蔡元培先生之前，掌管过学校最著名的人选，首推严复。当时，严复因翻译《天演论》而名噪四海。1911 年 10 月 10 日，爆发了震惊中外的辛亥革命，统治 200 多年的清王朝覆灭。1912 年 2 月严复被任命为京师大学堂的总监督，主持校政。同年 3 月，蔡元培被任命为教育总长。严复任校长仅 8 个月，时间极短。而蔡元培是在黎元洪任大总统、段祺瑞任国务院总理期间，被任命为北京大学校长的。

蔡元培接手之前的北京大学，思想封建，官僚习气十足。学生读书的目的主要是追求功名，把学校的毕业证书，作为做官发财的阶梯。整个学校与近代大学相差甚远。蔡校长深知这一点，所以，上任时就把他的教育理念公之于众，在开学就职演说中，在回答记者采访中，都有明确的表述。

他说："中国的高等教育，以前都是沿袭传统的书院式教学方法。百日维新后，受西学影响有所变革，但多数照搬日本的模式。在国外留学期间，我亲身感受了德国和英法的大学教育，发现像十五至十六世纪的剑桥和牛津大学，已从专业训练转到道德教育为主，通过学院教育，培养教派的贵族和绅士美德。而这一局面到了十九世纪初，终于由于威廉·冯·洪堡创立了柏林大学而有所改变……他在强调人格教育的同时，强调了素质教学，坚持教学和科研并举，通过研究来促进教学，顺应了时代需要而成为世界大学教育的楷模。

"我进北大后，首先强调了大学是研究高深学问之地，不是养成资格的场所，更不是造就官场的摇篮。主要是想端正求学宗旨，扫除以往读书做官和混文凭的陋习。按我的理想，是想把北大办成一所学术性大学的。

"我还根据国内的现状，提出了'囊括大典，网罗众家，兼容并包，思想自由'的办学方针。"（摘自蔡元培对《申报》驻京特派记者邵飘萍的采访录，转引自《北大之父蔡元培》，第 218—219 页）

蔡先生的教育思想集中体现于他为教育与大学所下的两个定义上："教育者，养成人格之事业也"，"大学为纯粹研究学问之机关……不可视为贩卖知识之所"。而在学问的研究上，他又主张，"我们固然要研究各种科学，但不能就此满足，所以要研究融贯科学的哲学，但也不能就此满足，所以又研究根据科学而又超绝科学的玄学"。他强调的是终极价值体系的重建，而大学正是责无旁贷。在具体学科的设置与安排上，他明确提出："大学为研究学理的机关，要偏重文、理两科，所以于《大学令》中规定：设法、商等科而不设文科者，不得为大学；设医、工、农等科而不设理科者，亦不得为大学；但此制迄未实行。"从他最后所说的这个"迄未实行"，不难看出他的教育思想与现实之间存在着明显差距。

蔡先生到校后，排除阻力，聘请陈独秀为文科学长。陈独秀到校后，又把《新青年》杂志从上海带到了北大的红楼。不久，蔡先生又聘请了李大钊、胡适、鲁迅、钱玄同、刘半农等人来北大，从而形成了一个以蔡元培、陈独秀为核心的新阵营，推动了北大乃至全国的文化与教育、民主与科学的发展。

一个新生的、有别于京师大学堂的北京大学出现了，于是，北京大学成为新文化运动的发源地，成为五四运动的中心，也就顺理成章、合乎逻辑了。至于李大钊与陈独秀等为宣传马克思主义，组建中国共产党而进行的积极探索，更是众所周知的事情了。

但是，蔡元培个人命运和北大的际遇，都不是一帆风顺，而是屡遭磨难历经坎坷。由于北大学生在五四运动中被捕，蔡先生多方营救而被迫辞职，以及他辞职后再次就职和最终辞职的曲折而复杂的悲剧故事，更是人们耳熟能详的。无论是北京大学经历的变革，还是蔡元培先生作为北大校长遭受的挫折，都是当时社会变化与权力更迭的产物与缩影。而作为北京大学校长的蔡元培先生，他的名字永远与新文化运动，与五四运动，与北京大学联系在了一起。

蔡元培先生的思想已经整整影响了北大将近 100 年，其教育思想亦融入到北大的血脉之中，至今还在发挥着巨大的作用。这是不容否认的客观事实。

蔡元培先生能够有此"机遇"，在北京大学一展其"才华"，主要在于当时的政治当局受孙中山构建的民主共和的思想影响，奉行教育相对独立的政策。同时，执政者的更换频繁，无暇顾及教育而造成的一种"无人过问"的自由空间，也使他有机遇在此收获荣光。这也是显而易见，毋庸讳言的。

三、美育思想与人格魅力

蔡元培先生在北京大学当校长时所提出"囊括大典，网罗众家，兼容并包，思想自由"的办学方针，固然集中地反映了他的教育思想，已经脍炙人口、深入人心，而他提出的"以美育代替宗教"的著名主张，则是从德、智、体、美，育一代新人的方面，组成了他的教育理念的重要部分与核心内容。

蔡先生是一个无神论者，但他却一向主张宗教信仰自由。他在那篇著名的《以美育代宗教说》的演说中，以智、情、意之关系为基础，探讨了宗教的产生以及宗教与科学、艺术由合而分的过程，提出了美育之所以能够替代宗教的理由。他还以第一次世界大战过程中，法、德、俄三国军队的各自表现，来说明道德素养不是由宗教信仰而来，却是由美育而来。由此而言，他所说的美育，并不完全是现代意义上的美学，而是一种伦理教育，一种高尚人格之培养。

蔡先生认为，美可以破人我之偏颇，超功名之利害，而智、情、意三者之结合，可以使人达于真、善、美的境界，实现天人合一、知行合一、情境合一。在他看来，自由、平等、博爱的社会理想与真、善、美的人格思想是几千年来中国传统知识分子所一直追求的。教育家的任务就在于通过美育，陶冶人的情操，扩大人的视野，消灭人我界限，超越功利计较，使人达到最高的精神境界。"以美育代替宗教"的著名主张，既是中国优秀传统的继承与发展，也是蔡先生的首创。他所著的《中国伦理学史》一书，将中国传统的富有人道主义意味的忠恕、仁爱、信义等古老的道德范畴同现代西方的自由、平等、民主、科学的精神完美地结合起来了。

蔡先生所主张的教育方针，和他所追求的精神境界与人格魅力，不是仅限于道理的说教，而是化为内在的因素，体现于他自己的行动中。在这方面，梁漱溟、冯友兰两位先生有过极为生动的叙述。

梁漱溟先生说："蔡元培先生的兼容并包之量，时下论者多能言之，但我愿指出说明的：蔡先生除了他意识到办大学需要如此之外，更要紧的乃在他天性上具有多方面的爱好，极广泛的兴趣。意识到此一需要，而后兼容并包，不免是人为的（伪的）；天性上喜欢如此，才是自然的（真的）。有意的兼容并包是可学的，出于性情之自然是不可学的。有意兼容并包，不一定兼容并包的了；唯出于真爱好，而后人家乃乐于为他所包，而后尽管复杂却维系得住。——这才是真器局、真度量。"（梁漱溟：《忆往谈旧录》，中国文史出版社，1983年，第89页）换句话说，"兼容并包"不仅属于知识与认识的范畴，而且是属于伦理与美育的范畴，是真、善、美的结合。由此才能理解他的教育理念与美育思想的真谛所在了。还应该说明的是，他的"兼容并包"不是毫无原则的，在当时是为新的革命的东西开辟道路，并不容许在讲坛上作复辟帝制的宣传。这样的"兼容并包"，实质上是中国传统文化中所说的和而不同，这似乎可以说是中国传统文化的一个基本点。

冯友兰先生对他初次见到蔡先生时所产生的印象，有过这样的回忆。他说："我在北京大学的时候，没有听过蔡元培的讲话，也没有看见他和哪个学生有私人接触。他所以得到学生们的爱戴，完全是人格的感召。道学家们讲究一气象，譬如说周敦颐的气象如'光风霁月'。又如程颐为程颢写的《行状》说程颢'纯粹如精金，温润如良玉，宽而有制，和而不流……视其色，其接物也，如春阳之温；听其言，其入人也，如时雨之润。胸怀洞然，彻视无间，测其蕴，则浩乎若沧溟之无际；极其德，美言盖不足以形容'。这几句话对于蔡元培完全适用。这绝不是夸张。我在第一次进到北大校长室的时候，觉得满屋子都是这种气象。"（冯友兰：《三松堂自序》，三联书店，1983年，第320—321页。下文引用同一本著作时，只注书名、页数）

冯先生这里所说的"气象"，实际上就是人们通常所讲的思想境界与人格魅力。它属于精神世界的范畴，看起来似乎是不好捉摸，但又是实实在在的。这种内在的、精神性的东西，它可以外化为物质的力量。在蔡先生担任北京大学校长期间，北大之所以取得辉煌的成就，除了当时的客观环境与社会条件之外，蔡先生个人的人格力量、威望、影响，是起了相当大的作用的。北大能成为国人心目中的"精神的圣地"，实与此密切相关。由此，有人得出这样的结论："没有蔡元培，没有蔡校长领导下的北京大学，就没有五四新文化运动、学生运动，没有以后中国社会、思想、文化的巨大变革。"（钱理群：《论北大》，广西师范大学出版社，2008年，第187页）蔡先生的形象，他在历史上所起的作用，他的巨大影响，已融入中国现代思想文化教育的历史之中，也永远记载在北京大学的校史上。从这个意义上，说蔡元培是北京大学永远的校长，实在是实至名归，再恰当不过的。

北京大学的历史从 1898 年的京师大学堂成立时算起，到现在已经有 120 多年了。蔡元培先生生于 1868 年，逝于 1940 年，他离开我们已有 80 年了。北京大学在这漫长的岁月中，不同的时期有着不同的表现，并不都是一个样子的。出现像蔡先生的大师，是北大的幸运。遗憾的是，北大在当今也曾出现过，在公众场合，甚至外事活动中，因欠缺文化，闹出笑话，从而遭人诟病的校长。因此，在广大人民的心目中，在北大人心中的形象，在年复一年对她的回忆中，都会有所增减、有所取舍，这是不可避免的。但是，北京大学就其历史上的基本方面而言，在人们和北大人的心目中，已经成为某种心向往之的学术自由的象征、精神独立的圣地。这也是毫无疑义的。

2020 年 10 月 13 日

［蔡元培先生的教育思想与办学理念的形成与他曾经先后赴德国（1907—1911）、法国（1913—1916）留学、考察有紧密的联系。读者可参阅叶隽：《蔡元培的留欧时代》，湖南教育出版社，2021 年 6 月］

略论蔡元培的美学思想及其现实意义

蔡元培先生是中国现代著名的教育家、思想家，是中国现代第一个强调美育的人。他的美学思想和美育观，作为培养全面发展人才的重要思路，对今天我们建设社会主义精神文明有着重大的现实意义，仍然值得我们很好地借鉴。

蔡元培的人生道路及其在中国近现代知识分子中具有的典型意义

蔡元培（1868—1940），字鹤卿，号子民，浙江绍兴人。他少年习科举，16 岁中秀才，22 岁中举人，25 岁中进士，入翰林院点为庶吉士，1894 年授官翰林院编修。同年开始涉猎新学，以后又不断学习西方文化，研读哲学、心理学、美学等。因此，他不仅国学根底雄厚，新学造诣亦深。

从现实的社会中，他逐步认识到清王朝的腐败，倾向于维新，同情并支持戊戌变法运动。变法失败后，他就毅然辞官，想走教育救国的道路，到上海去办教育。他还创建中国教育会，加入同盟会，积极从事革命活动。

鸦片战争后，当时的进步人士纷纷提出"以夷为师"的主张，要学习西方的长处，以抵制西方。但是，究竟什么是西方的长处？在这个问题上，却有深浅不同的认识：有人要学习西方的兵器，有人要学习西方的工业，有人要学习西方的宗教，有人要学习西方的政治。旧民主主义革命家提出要更全面地向西方学习，但没有成功。新文化运动提出西方的长处是文化，要废除中国传统的旧文化，代之以西方的新文化，要提倡民主与科学。民主，并不专指一种社会制度，而是一种人生态度和人与人的关系；科学，也并不专指一种学问，而是一种思想方法。这在认识上就比以前更深刻，革命也更彻底了。

1907 年，他游学德国。1911 年 10 月辛亥革命爆发，他闻讯后，于 11 月回国。1912 年他就任中华民国政府的教育总长，发表《对教育方针之意见》，批判清朝封建主义教育，以教育救国、教育立国为基点，反对忠君、尊孔、读经，提出一系列近代资产阶级民主主义的教育原则；第一次提出美育的概念，把美育确立为教育方针之一，并从美学理论上加以发挥。不久，因不满袁世凯的专制，再赴西欧游学、考察。1916 年回国，次年，他担任北京大学校长，任职 10 年多，采取思想自由原则，实行兼容并包主张，提倡科学民主，聘请陈独秀为文科学长，引进了许多进步教授，把北京大学办成一所新型的、富有朝气的大学，使之成为新文化运动的堡垒。

1940 年，蔡元培先生走完了人生之路。从思想发展史而言，他既是中国最后的封建士大夫，也是最早的现代知识分子。作为新文化运动一位杰出的创始人和英勇的战士，他为中国的思想启蒙运动、新民主主义革命和现代教育事业做出了卓越的贡献。在新旧时代的转折过程中，他所走的路是当时许多爱国的、先进的志士仁人走的共同道路。因此，他的人生道路在中国近现代知识分子中，具有相当的典型意义。毛泽东在发出的唁电中称赞他为"学界泰斗，人世楷模"，他是当之无愧的。

蔡元培美学思想的哲学基础

蔡元培把世界划分为二，一为现象世界，一为实体世界。他指出："盖世界有二方面，如一纸之有表里：一为现象，一为实体。现象世界之事为政治，故以造成现世幸福为鹄的；实体世界之事为宗教，故以摆脱现世幸福为作用。"现象世界与实体世界的区别在于："前者相对而后者绝对；前者范围于因果律，而后者超轶乎因果律；前者与空间时间有不可离之关系，而后者无空间时间之可言；前者可以经验，而后者全恃直观。故实体世界者，不可名言者也。然而既以是观念之一种矣，则不得不强为之名，是以或谓之道，或谓之太极，或谓之神，或谓之黑暗之意识，或谓之无识之意志。其名可以万殊而观念则一。"（蔡元培：《蔡孑民先生言行录》，山东人民出版社，1998 年，第 109—110 页）

从他关于两个世界的划分及其区别的论述可以看出，那个相对的、受因果律制约的、有空间的广延性与时间的持续性，并为人们通过经验加以认识的现象世界，实际上就是通常所谓的现实的物质世界。而他所说的实体世界，则是绝对的，不受因果律制约，不存在于空间与时间之中，人们只能凭直观来体验它。他用了许多名词（道、太极、神等等）来说明它，而这个无目的、无意识、超物质的"实体"，其实就是"观念"，而他所谓的实体世界，其实就是观念的世界。在他看来，观念世界是超轶乎政治，并以摆脱现世幸福为作用的。

近代中国的哲学，除了继承古代传统哲学之外，也接受着西方近代哲学的各个流派的影响。严复是引入英国经验学派的主要哲学家，而王国维是引入欧洲大陆理性学派的主要哲学家。蔡元培的思想和王国维比较接近。从他关于实体世界的说法中，不难看到中国古代和西方近代客观唯心主义思想对他的影响。当然，正如许多研究者所指出的那样，他的哲学思想是复杂的，存在着不少的矛盾。例如，他在论及美感时说，美感是人们由现象世界"到达于"实体世界的"津梁"。这就表明实体世界不是不可以感知的，而现象世界与实体世界也"非截然为互相冲突的两个世界"。

中国的美学思想虽然源远流长，但作为一门学科，却是在近代随着东西方交流，而从西方传入的。蔡先生游学德国，深受德国古典美学的影响，酷爱康德哲学，对席勒、叔本华的美学，也表现出浓厚的兴趣。德国古典哲学兼有革命与保守的两重性，它具有资产阶级反对封建阶级的革命的一面，并在理论上综合了英国经验派和大陆理性派的优点，体系上更加严谨。蔡先生还认真地学习过风行于当时欧洲的心理学美学，特别是立普斯的"移情说"的美学思想。从总体上看，他对各种学说采取兼容并包的态度，而以康德美学为基干。同时，他还融合了中国古代礼乐相济的思想，以建立自己的美学学说。

蔡元培美学思想的基本观点

蔡元培博览群书，学问渊博，贯通古今中外，在许多学科领域中都做出了重要的贡献。其中对美学的贡献尤为突出，而这正是他最喜欢的学科之一。

1935 年，他在《假如我的年纪回到二十岁》一文中说："我若能回到二十岁，我一定多学几种外国语，自英语、意大利语而外，希腊文与梵文，也要学的；然后专治我所心爱的美学及世界艺术史。"（蔡元培：《蔡元培美学论集》，湖南教育出版社，1987 年，第 298 页）

蔡先生同梁启超、王国维一样，都是中国现代美学的奠基者。他们在美学体系的建构上，所走的路子也大体上相似。他们虽在不同程度上混淆了美与美感，但在论及审美活动时，却又能把美的对象与美感加以区别。在蔡先生看来，审美是主客观相统一的活动。

1. 美的社会作用与对人生的价值

蔡先生在 1915 年编译的《哲学大纲》中，用价值论的观点，明确地说明美的社会作用及其对人生的意义。这和他教育救国的宗旨正相吻合。他说："哲学之理想，概念也，理想也，皆毗于抽象者也。而美学观念，以具体者济之，使吾人意识中，有宁静之人生观。而不至疲于奔命，是谓美学观念惟一之价值。而所由与道德宗教，而为价值论中重要之问题也。"（蔡元培：《蔡元培全集》第二卷，中华书局，1984 年，第 381 页）价值论是人生观的重要组成部分，因此，美学也应是人生观的重要组成部分。

第一，美能沟通现实世界与理想世界，起着陶冶性情、完善人格的作用。如前所述，蔡先生早就指出，世界可划分为两个：一为现象世界，一为实体世界。虽然现象世界与实体世界很不相同，但由于美感是"介于现象世界与实体世界之间，而为津梁"，所以，"教育家欲由现象世界而引以到达于实体世界之观念，不可不用美感之教育"。（《蔡孑民先生言行录》，第 111 页）

第二，美还能强化人性的亲和力。蔡先生指出："吾国古代礼、乐并重，当知乐与道德大有关系。盖乐者，所谓美的教育也。古人每称乐以和众，今学校唱歌，全班学生合和，亲爱和乐之意，油然而生。"（《蔡元培全集》第三卷，第 59 页）

这种审美的效果，和接受知识不同，它不是人们本来没有的，而是人自身具有的，只是由于审美对象的激发，实现从"潜"到"显"的转化而已。

第三，美还可以进而教育民众、改造社会。爱美之心，人皆有之，它是人性中固有的要求。"如其能够将这种爱美之心因势而利导之，小之可以怡性

悦情，进德养身，大之可以治国平天下。"（《蔡元培美学论集》，第 291 页）

2. 美的特性

美之所以有如此重大的社会功能，是由它的特性决定的。他认为，美（包括艺术）有两个特性：一是普遍性，二是超脱性。

对于普遍性，他强调了它的非概念性和共享性。所谓非概念性，是指美不涉及科学知识，是纯形式的。美的内容不等于实物本身，它是直观与理解的产物。论及美的共享性时他指出："美的发动，乃以摄影及音波辗转传达之视觉与听觉为限，所以纯然有'天下为公'之概。"举例来说，"北京左近之西山，我游之，人亦游之；我无损于人，人亦无损于我也。隔千里兮共明月，我与人均不得而私之。中央公园之花石，农事试验场之草木，人人得而赏之。埃及之金字塔，希腊之神祠，罗马之剧场，瞻望赏叹者若干人，且历若干年而价值如故。各国之博物馆，无不公开者，即私人收藏之珍品，亦时供同志之赏览。"（《蔡孑民先生言行录》，第 117 页）既然人人都可以欣赏，足以打破"人我成见"，这就是美的普遍性与共享性。

美的超脱性与美的普遍性密切相关。"美以普遍性之故，不复有人我之关系，遂亦不能有利害之关系。"这就是说，人们面对欣赏着的美的对象，仅只是因其赏心悦目，而无实际的物质利益可得，所以，也就有可能超脱于利害关系之外。例如，"牛马，人所利用者；而戴嵩所画之牛，韩干所画之马，决无对之而作服乘之想者。狮虎，人之所畏也；而卢沟桥之石狮，神虎桥之石虎，决无对之而生抟噬之恐者。植物之花，所以成实也；而吾人赏花，决非作果实可食之想。善歌之鸟，恒非食品。灿烂之蛇，多含毒液。而以审美之观念对之，其价值自若"。（《蔡孑民先生言行录》，第 117 页）这种无功利性的美感的超脱性，是建立在美和美感普遍性的基础之上的。

正因为美具有超脱性，所以，它能使人在现实生活中，"破人我之见，去利害之计较"，"陶冶性灵，使之日进于高尚"。这样，"当着重要关头，有'富贵不能淫，贫贱不能移，威武不能屈'的气概，甚至有'杀生以成仁'而不'求生以害仁'的高尚勇敢"。（蔡元培：《蔡元培美学文选》，北京大学出版社，1983 年，第 221 页）

总之，艺术以美的普遍性和超脱性为主核，陶冶人的精神，使人性中固有的善良情感"转弱而为强，转薄而为厚"，从而引导人们去进行"伟大而高尚"的行为。这种做人的崇高境界，既不是一般的智育所能达到，更不是宗教能够达到的。

3. 艺术美的起源和美的分类

在艺术美的起源问题上，他说："动物已有美感，是无可怀疑的。"虽然如此，但还无从证明动物有"自己制造美术的能力"。例如，有些鸟类也能造出很好的巢来，"虽很合美的形式，未必不是为便于出入回旋起见"，完全是生存上的需要。"要是动物果有创造美术的能力，必能一代一代的进步；今既绝对不然，所以说到艺术，不能不说是人类独占的了。"（《蔡元培美学文选》，第86—87页）只有人类，才有审美意识和创造艺术美的能力。

那么，艺术美是怎样产生的呢？他说："初民美术的开始，差不多都含有一种实际的目的，例如图案是应用的便利；装饰与舞蹈，是两性的媒介；诗歌舞蹈与音乐，是激起奋斗精神的作用；犹如家族的徽志，平和会的歌舞，与社会结合，有重要的关系。"（《蔡元培美学文选》，第104页）

从早期图画内容的变化，人们不难看出人类社会发展的痕迹："图画之中，图案先起，而绘画继之。图案之中，又先有几何形体，次有动物，次有植物，其后遂发展而为绘画。"（《蔡元培美学文选》，第77页）

为什么这样？因为人类最先经历的狩猎社会中，把动物作为膜拜或祈祷的对象，所以几何形体与动物的图案最早出现。后来，人类进入了农业社会，植物成为膜拜或祈祷的对象，于是在图案中就有了相应的反映。随着人类社会的不断进步，绘画产生了，它的内容也不断地、相应地丰富复杂起来了。

对美的分类的看法，蔡先生明显地受到康德的影响。康德把美分为"优美"与"崇高"两类，认为前者表现为审美过程中客体与主体的和谐统一，后者则有一个从不和谐到和谐的过程。蔡先生说："美感本有两种，一为优雅之美，一为崇高之美。"（《蔡元培美学文选》，第18页）

优雅之美"从容恬淡，超利害之计较，泯人我之界限"（《蔡元培美学文选》，第18页），它无目的而合目的性。崇高之美有至大、至刚两种。"至大者，如吾人在大海中，惟见天水相连，茫无涯涘。又如夜中仰数恒星，知一星为一世界，而不能得其止境，顿觉吾身之小虽微尘不足以喻，而不知何者为所有。其至刚者，如疾风震霆，覆舟倾屋，洪水喷薄，虽拔山盖世之气力，亦无所施，而不知何者为好胜。"（《蔡孑民先生言行录》，第117页）人的这种感受，"一经美感的诱导"情况就不一样了，"于是乎对象之伟大，就是我的伟大；对象之坚强，就是我的坚强了"。（《蔡元培美学文选》，第218页）

优雅之美和崇高之美都能引导人们在精神上到达道德的"彼岸世界"，但两者的途径不同：优雅之美是美的"纯粹相"，它凭借的是美的普遍性与超脱性；崇高之美是美与善的"复杂相"，它必须与道德之善密切依存才行。

"以美育代宗教"主张的丰富内涵

1917年4月8日，蔡先生在北京神州学会发表的演讲里，正式提出"以美育代宗教"的主张。这个强烈地体现他济世情怀的主张，是他的美学思想的核心，是应用美学理论于教育实践的具体表现。1921年，他在北京大学开设并讲授美学课程。几十年中，他热心传播美学思想，普及美学知识，积极倡导、组织美育研究和美育实施，堪称中国现代美学的奠基人，有人把他称为"中国美育之父"。当然，提出"以美育代宗教"，并非用一个学科去代替另一个学科，而是涉及人的世界观的培养和教育问题。当时，中国政治腐败，社会黑暗，广大民众对生活感到绝望，想从宗教中寻求精神上的安慰；而统治者为了从精神上奴役人民，也大力提倡宗教。"以美育代宗教"就是在这样的背景下提出来的。它是现代新文化运动的组成部分，作为思想启蒙的有效手段而载入史册。

"以美育代宗教"作为中国近代美育思想史上的一个著名命题，如果从世界美学史和艺术史来看，也有其深刻的思想渊源。马克思在《1857—1859年经济学手稿》中，曾经论及人类用以把握世界的两种不同方式：一种是理论思维方式，包括科学、哲学等；另一种是实践精神方式，包括艺术、宗教等。列宁在1917年俄国十月革命后，曾经提出以戏剧代替宗教的想法。我们指出这些，并不意味着蔡先生提出的命题是直接来源于马克思和列宁，而只是想说明，这个命题并不是孤立的，是和当时世界范围内的先进思潮相吻合的。

美育为什么能够代替宗教呢？

由于艺术与宗教都作用于人的感情，对人的生活发生某种补偿作用，故有其共同性，这就为美育代替宗教提供了可能性。当然，两者也有不同之处：艺术从精神上补充、充实当前的现实世界，以弥补人的有限生活的不足；而宗教则只能以非现实的、死后的回报来安慰人。为了更有效地对人发生影响，宗教很懂得利用人的审美需要。蔡先生指出，无论是外国的基督教，还是中国的佛教，都广泛地采用艺术的形式来宣传它们的教义；而且教堂和寺庙，大都是建筑在风景优美的地方，以致"天下名山僧占多"。尽管宗教通过审美价值的目的，是为了肯定超自然的神的存在，这一点和美育是为了肯定人的价值完全不同，但也从一个侧面说明了：宗教与艺术、宗教意识与审美意识之间，是可以相互交织的。

蔡先生不仅从美的特性说明美育代替宗教的依据，而且还进一步从宗教的产生及与科学、艺术由合而分的历史，阐明了美育能够代替宗教的理由。他说："宗教本旧时代教育，各种民族，都有一个时代，教育权完全委于宗教家；所以宗教中兼含着智育、德育、美育的元素。"（《蔡元培美学文选》，第179页）这是人类发展初期处于愚昧状态的情况。但是，随着社会的发展，宗教的垄断地位逐步被打破了。自然科学的独立和长足的进步，使"宗教上所有的解说，在现代多不能成立，所以智育与宗教无关"。（《蔡元培美学文选》，第180页）而伦理学、历史学、社会学、民族学等学科的出现，使得德育"也与宗教无关"了。换句话说，由于人类知识的进步，宗教的影响越来越小，艺术的影响越来越大。诚然，宗教艺术给世界艺术宝库增添过光彩，宗教精神也曾经为艺术的发展提供一定的刺激。但是，自从文艺复兴后，艺术内容由宗教转向了人文。从此，美学便开始了摆脱宗教的过程，而只有舍弃了宗教的纯粹美学，才具有陶冶人的感情的作用。

他认为，美育之所以能够代替宗教，还因为宗教与美育有以下三个方面的本质区别。

第一，美育是自由的，而宗教是强制的。蔡先生指出，"宗教上的美育材料有限制，而美育无限制，美育应该绝对的自由，以调养人的感情"。（《蔡元培美学文选》，第163—164页）而宗教却无法做到，因为"在宗教专制之下，审美总不很自由"。（《蔡元培美学文选》，第180页）

第二，美育是进步的，而宗教是保守的。每一个时代的美学，总是随着历史的潮流而向前发展，不断进步的。但宗教却不然，"一部圣经，哪一个敢修改？"（《蔡元培美学文选》，第 137 页）

第三，美育是普及的，而宗教是有界的。这种有界性，表现在不同宗教之间，有很深的门户之见，它们是相互排斥的。

根据以上几点我们可以看出，提出"以美育代宗教"并非要取消宗教，而是以自由反对强制、以进步反对保守、以普及反对局限的一种文化变革。蔡先生的结论是："不能以宗教充美育，而只能以美育代宗教。"（《蔡元培美学文选》，第 180 页）

即使如此，他一向是主张宗教信仰自由的，只是不赞成那种认为宗教仪式和信条可以涵养德性的看法。他以第一次世界大战中，俄、德、法三个国家军队的各自的表现来说明：道德素养的提高，不是由宗教信仰得来的，但却是可以通过倡导美育而实现的。在重视宗教方面，德国不如俄国，法国更次之，俄国最重视宗教。但德、法两国军队却都能英勇奋进。德、法两个国家的美术和音乐都很发达，德国人追求博大阳刚之美，故能抱定目标，虽历千难万险而矢志不移；法国人追求和谐阴柔之美，故能从容洒脱，虽经颠沛流离而不改常态。可见，道德力量的源泉并非由宗教而来，却是由美育而来。

蔡先生接受西方学者关于把人的心理能力划分为知、情、意三个部分的观点，认为在教育领域中，它们是同智育、美育、德育三者相对应的。

他认为，道德的培养与提高，并不能脱离知识和情感的作用而单独进行。他说："凡道德之关系功利者，伴乎知识，恃有科学之作用；而道德之超越功利者，伴乎情感，恃有美术之作用。"（《蔡元培全集》第三卷，第 3 页）

美育和智育也是相互联系的，虽然两者有明显的区别：前者是感情的、形象的；后者是理性的、概念的。但是，两者的联系也是明显的，在现实生活中，表现为艺术与科学的不可偏废。蔡先生说，虽然"科学与美学有不同的特点：科学是用概念的，美术是用直观的"。但是，"科学虽然与美术不同，在各种科学上，都有可以应用美学眼光的地方""专治科学的人，不兼美术的人，难免有萧索无聊的状态……有了美术的兴趣，不但觉得人生很有意义，很有价值，就是治科学的时候，也一定添了勇敢活泼的精神"。（《蔡元培美学

文选》，第 137 页）

总之，智育促进认识，德育促进道德，美育促进鉴赏力和审美情感；而智育和德育中的美育因素，能够促进受教育者更好地接受智育和德育。智育、德育、美育三者的结合，即知识、意志、情感的结合，使人达到真、善、美的境界，从而实现传统思想中天人合一、知行合一、情境合一的理想。蔡先生又把这种追求，同西方的自由、平等、博爱的社会理想联系了起来，并以美育而统摄之。这就为传统的追求赋予了新的内容，从而体现了思想启蒙的意义，充满了济世育人的人文主义精神。从这个意义上说，有人把他的美学称为教育美学或人生美学，这也许是恰当的。

蔡元培美学思想的现实意义

党的十六大的政治报告，明确把"培养德智体美全面发展的社会主义建设者和接班人"，作为文化建设的战略任务，摆在全党和全国人民面前。过去，我们始终强调德、智、体三者的发展，但对美育重视不够，讲得也很少。蔡元培先生的美学思想和"以美育代宗教"的主张，作为改造中国旧有文化、进行思想启蒙的有效手段，不仅为当时的新文化运动指出了一条正确的道路，在今天也具有重大的现实意义。

社会主义的新中国，当然要奉行宗教信仰自由的政策。但是，我国又以马克思主义作为精神文明建设的指导思想，我们要在马克思主义理论的指导下，培养全面发展的社会主义新人。这就决定了培养美学素质、进行美育的普及工作，在整个文化建设和教育工作中，具有不可替代的重要作用。以美育代宗教，并不意味着要改变我国的宗教政策，而是要充分发挥美学（文学艺术）在陶冶性情、完善人格、净化灵魂、改造社会方面的巨大社会功能。今天，在市场经济条件下，尤其要强调这一点。

从近代以来的世界历史进程看，当一个国家进入现代经济快速增长的时候，加强美育和整个人文学科的建设，更多地关注人们的心灵世界，对于防止在经济急速增长的同时，普遍出现精神文化危机和心灵世界混乱（如拜金主义泛滥，物质欲望膨胀，精神追求和道德理想出现滑坡，一些人受邪教俘虏，等等），具有十分重要的意义。

人生活在世界上，既要有物质方面的需要，还要有精神方面的追求；既要有现实的行动，又要有浪漫的情怀。而心灵的充实与超越，才是人生最大的幸福与快乐。人类为了实现这个希望，曾经把目光投向宗教，但却未能如愿以偿。包括美学在内的人文学科，不同于宗教信仰：它既是良知的、感情的，又是知识的、理性的。它以深刻理性与美好情感相统一的真善美的作品，对人的心灵以启示、感化和熏陶。它如和煦的春风、滋润的细雨，在潜移默化中，引导人们正确地理解人生意义，选择价值取向，为人类筑造一个可供心灵诗意地栖息的精神家园。

有鉴于此，许多有识之士提出，要用"美感教育"，冲淡以至洗刷低级的物质追求，树立高尚的理想和信念。在这种情况下，蔡先生的美学思想和"以美育代宗教"的主张所具有的强烈的现实意义，应该是不言而喻的了。

现在，我们比以往任何时候都强调科学的重大作用。提倡科学精神，这是完全正确的，十分必要的。那么，能不能以科学代宗教呢？诚然，科学同宗教是对立的。科学固然可以攻克宗教所盘踞的一个又一个堡垒，但是，即使在经验的范围内，也还存在暂时没有认识到或科学的认识能力达不到的问题；何况，超经验的领域中的问题，更是科学难以达到的。这就不难理解为什么有的科学家还会相信宗教，为什么有些具备相当文化水平的人，也会受到诸如法轮功之类邪教的欺骗了。正因为科学不能完全消除宗教的影响，而美育却有可能做到，所以美育的作用并不会因科学的进步而削弱，只会因科学的进步而更好地相互促进，相得益彰。

必须指出，艺术当然不能取代逻辑思维和科学实验，但它能培养想象力和直观洞察力。许多伟大的科学家都追求美的感受，并善于从美学中获得科学发现所需要的科学灵感。20 世纪一位伟大的科学家爱因斯坦说："物理学家的最高使命是要得到那些普遍的基本规律，由此世界体系就能用单纯的演绎法建立起来。要通向这些定律，并没有逻辑的道路；只有通过那种以对经验的共鸣的理解为依据的直觉，才能得到这些定律。"（爱因斯坦：《爱因斯坦文集》第一卷，商务印书馆，1976 年，第 102 页）因此，他认为直觉和"想象力比知识更重要"，并明确宣称："我相信直觉和灵感。"（《爱因斯坦文集》第

一卷，第 284 页）

《艺术与科学思维》的作者马丁·约翰逊认为，"科学与艺术的未来综合将是人类对自我的综合、完善和把握的过程。或通过科学和艺术的自然熏陶，同时具备对科学符号和艺术形象的综合理解力，将是未来人类的最基本素质"。（吴全德：《科学与艺术的交融》，北京大学出版社，2001 年，第 61 页）

在以创新为灵魂的知识经济的时代里，科学家更应该具有良好的艺术修养，高尚的审美力，敏锐的洞察力，丰富的想象力，才能充分地发挥他们的创新能力。而直觉和想象力的培养，固然与科学知识有关，但更重要的是靠美育。从这个意义上说，提倡美育对于促进科学的进步，也具有不可低估的作用。

蔡元培先生的美学思想，特别是他提出的"以美育代宗教"的主张，其意义是不可低估的。20 世纪初，是中国走向现代社会的重要转折时期，西方的民主与科学被引进了，原来作为信仰的中国儒家道统固然不行，而西方的功利主义和个人主义也得不到中国人民的认同，把宗教（无论哪一种）作为旗帜来号召群众更是行不通。在这种情况下，正如有的研究者所指出的，"在诸多的学说中，似乎只有美学能够沟通古今两个时代，沟通中西两个世界。中国本来就是个很富有美学传统的国家，西方的美学虽然与中国美学在体系上有很大不同，但所要研究所要解决的问题是共同的，都试图构建一个包含真善而又超过真善，包含功利而又超过功利的人生境界"。（陈望衡：《20 世纪中国美学本体论问题》，湖南教育出版社，2001 年，第 44 页）而提倡美学、加强美育，正好成为提高国民素质进而缔造理想社会的恰当途径。

如果说，由于社会条件的局限，蔡先生的愿望以及他提出的关于家庭美育、学校美育、社会美育方面的许多具体实施，在当时难以实现；那么，今天时代不同了，它们完全应当而且可能在更广的范围内、更高的层次上、更新的目标中得到实现。并且，随着社会的进步，蔡先生的美学思想将越来越显示出它们在培养德、智、体、美全面发展的社会主义一代新人中所具有的重大意义，发挥出越来越大的推动实践的指导作用。

（载《福建师范大学学报》2005 年第 1 期，本文的第二作者江琼，现在是福建农林大学人文社会科学学院副教授）

马寅初：学生心目中坚持真理的好校长

马寅初生于 1882 年 6 月 24 日，是北京大学历史上最著名的校长之一，他是一位享誉海内外的经济学家。1907 年马寅初去美国耶鲁大学官费留学；1910 年在该校获经济学硕士学位，并考入哥伦比亚大学研究院攻读经济学博士学位；1914 年，完成博士论文《纽约市的财政》，获得该校经济学博士学位。此文当时轰动了美国的经济学界，正式出版后，成为畅销书，被该校列为学生的教材。1916 年回国后，他接受蔡元培校长聘请，担任北大经济系的教授，还兼任北大第一任教务长。1927 年他离开北大，1951 年又回到"娘家"，出任校长，直到 1960 年离校。马寅初校长绍兴乡音未改，习惯自称"兄弟我"，大家都亲昵地称他为"马老"。他给我们学生的印象是：为人朴实纯真，语言幽默风趣，关怀师生，平易近人，是一位慈祥、正直、爱国、博学的长者，深受大家的拥戴。

有两件事给我们的印象最深。

其一，是每年元旦零点的钟声敲响时，马校长必定在全校师生跨年度的团拜活动中，向大家祝贺新年，并与师生们联欢。当时北大最大的活动场所就是可供几千人同时进食的大饭厅。它既是学生们就餐的场所，又是全校的政治中心、文化娱乐中心。

最难忘的是 1957 年元旦这一次。正是这一次，马老勉励广大学子努力掌握科学知识，争当优秀，成为"拿摩温"（Number One）。正是这一次，人们在"双百"方针和"向科学进军"号召的鼓舞下，怀着对未来的美好憧憬。正是这一次，聚集在这里的学生的欢乐情绪，因为有马校长、周培源教务长一起组成长龙阵的队形忘情地共舞，从而达到了前所未有的高潮。这件事，至今仍被当年的参与者们引为话题，经久不忘。

其二，是当他请校外的专家、学者甚至是国家的领导人来校作报告时，他从不坐在主持者的席位上，而是自己搬一把椅子，坐在讲台的侧端，近距离地仰脸细听，俯首笔记，活脱脱的一副认真好学、虚心求教的样子。有人说，这是因为他耳朵不好。究竟是否如此，现已无法求证。

马校长性情率真，不拘小节，有时也难免会闹出一些笑话。1955年，有一次，他请李富春副总理来校作报告。一开始，他既不尊称之为"李副总理"，也不用当时"同志"的流行称谓，而是称之为"李先生"。在当年，这种称呼是多少有点忌讳的。当时，他讲话中说道："今天高教部请客，兄弟我多喝了几杯老酒。"所以，学生在私下戏谑地说，看来马老真的是有点醉了。

以上这些，都是作为学生的我们亲眼所见的事情。学生们正是从这些生动有趣的感性的印象中，形成了对马老的大致上的印象与认识：亲切而又纯真。当然，马老能给予我们的，远远不止于此。人们最敬重和佩服的是他的爱国的赤子之心和坚持真理、耿介不阿的人格精神。

早在抗日战争时期，马老就以民主斗士的姿态出现在人们的视野之中。他曾经严厉地抨击过当时的国民党政要，说他们"既未出钱，又未出力，而是发了国难财"。可谓一针见血！

作为经济学家的马寅初先生，"新人口论"是他在1949年以后学术上最重要的贡献之一。全国第一届人大召开时他是人大常委，1957年2月初，在最高国务会议第十一次（扩大）会议上，他曾再一次就"控制人口"问题表明了自己的主张，并得到了毛泽东主席的赞许。这个事情我们学生当然不知道，我们知道马老的"新人口论"，是源于他的一张海报。

1957年4月下旬的某一天，北大的大饭厅门口贴出一张很惹人注目的大字海报，那是马老邀请全校师生听他演讲的公开请柬。上面写道："本人将于4月27日上午在大饭厅作关于'新人口论'的演讲，恭请全校师生前来助兴。"落款：马寅初。作为一校之长，这个请柬真是别开生面，奇特无比。演讲距今60多年了，它的具体内容记得不多，只感觉他对我国人口增长太快非常担心，"50年后中国就是26亿人口，相当于现在世界人口的总和"。这次演讲在听众中引起很大反响，不断引起热烈的掌声。后来他把形成书面文字的《新人口论》，作为一项提案正式提交给同年6月召开的第一届全国人大第四次会议。他强调指出控制人口的必要性与迫切性，1957年7月5日，《人民日报》以第11版整版篇幅，发表了他的书面发言和提案。

但是，由于"新人口论"既是对中国传统的"广土众民"人口思想的挑战，也是对当时盛行的"人多力量大"的人口观的质疑，这就决定了它当时必然要遭到反对的不幸结局。

事实正是如此。"新人口论"提出后，随着形势的发展，很快地就招来了反对之声，甚至无休止的、越演越烈的批判，一场全面批判马寅初及其"新人口论"的闹剧开始了。当时，我们还没有毕业离校，报刊上的批判文章连篇累牍，连校园内也贴满了大字报。

有一次，学校召开大型的批判会，时间过了很久，马老还没有来。当他被"请"来后，仍然拿着一张椅子坐在台前，泰然处之。底下有人喊口号，他十分镇静地说，我这个人每天洗冷水澡，不管多冷的天都不怕。现在天气并不冷，给我洗热水澡，我更不在乎了。（"洗热水澡"者，当时接受批判、做检查之流行用语也！）他不仅硬着头皮顶住，而且还能幽默一番，这最能体现马老的本色。面对来势凶猛的围攻，许多人，包括我们当学生的在内，都为他捏一把汗。但是，马校长并不屈服，着实令人敬佩不已。

当年批判文章或大字报的基调是把"新人口论"等同于马尔萨斯主义。对此，马老曾经严词反驳说："有人说我是马尔萨斯主义者，我不能同意。"人们说："为真理而死，壮哉，为真理而生，难矣！"马老自己曾经对人说："言人之所言，那很容易；言人之所欲言，就不太容易；言人之所不敢言，就更难。我就言人之所欲言，言人之所不敢言。"再难的事也没有能够难倒他。当年的他，没有附和、屈服于非理性的权威，虽然被缴械封营，仍然为了捍卫真理孤军奋战、至死不辞！

后来，马老又写了一篇5万余字的文章——《我的哲学思想和经济理论》，亲自送到《新建设》编辑部，结果招来了更为升级的批判。于是马老又写了一篇众人皆知、广为流传的《重述我的请求》，文中这样写道："我对我的理论有相当的把握，不能不坚持，学术的尊严不能不维护。我虽年近八十，明知寡不敌众，自当单枪匹马，出来应战，直到战死为止，决不向专以力压服而不以理说服的那种批判者们投降。"

1960年1月4日，马寅初先生被迫向教育部正式提交报告，辞去北京大学校长的职务。他退掉北大的住房，回到了北京东总布胡同32号家里。

对马寅初先生的批判与处理，不仅是学术界与教育界的悲剧，也是国家与社会的重大损失。有幸的是，他在去世（1982 年 5 月 10 日）之前，得以恢复名誉，另外增添一个新的荣誉称号："北京大学名誉校长。"

对于马老来说，这当然也算是一件幸事；但是，确切地说，更有幸的应该是北大。幸亏老天给他以百岁的长寿，北大才得以在庆祝他的百岁寿辰的同时，有机会为这位活着的传奇的历史老人平反！

历史的发展，已经无情地向人们证明，马寅初先生的"新人口论"的提出，不仅体现了这位学者的高度的科学预见性，而且，更重要的是，显示出他维护真理的坚定和勇气。他光辉的人格魅力，已经并将继续感染、哺育千千万万北大学子，以及一切有正义感的有识之士。这才是马老留在这个世上的无价之宝！

历史已经证明，马寅初校长的名字同科学、民主、进步的北大校风传统协调一致，是中国最高学府之一的北京大学当之无愧的代表和北大精神的象征。每一个北大人都为有这样一位资深名重、学人景仰、生活经历富于传奇色彩的老校长而倍感自豪！

坚守独立思考的学术争鸣之道
——1957 年中国哲学史座谈会的回顾与反思

　　2012 年 10 月下旬，我以校友、系友的身份，参加了北京大学哲学系成立 100 周年庆典。在为举办这个庆典而推出的一系列学术著作中，有一本由世纪出版集团上海人民出版社出版名为《守道 1957——1957 年中国哲学史座谈会实录与反思》的书，引起我的极大关注。在此之前，该书的编者之一的张翼星先生就向我透露了这个信息，很快我就看到了出版社寄来的样书。该书除了原原本本地再现了由《哲学研究》编辑部主编、科学出版社 1957 年出版的《中国哲学史问题讨论专辑》之外，还增加了两个部分新内容。一是"1957 年中国哲学史会议实录"，它提供了当时的若干背景资料；二是"回顾与反思"，收入近来 10 多位学者写的 15 篇论文和新发现的资料。这些文章从不同的视角，就如何对待哲学与政治的关系、如何对待中国的哲学传统和文化传统、如何看待教条主义以及如何看待唯物主义与唯心主义的关系等问题，进行了有益的探索，阐述了不少富有启发性的看法。披阅之后，我倍感亲切，感慨万千。

　　说它亲切，那是因为 50 多年前召开此会时，我作为在读的高年级本科学生，有幸得以列席旁听。我和戴清亮同学（两人合作、由我执笔）在会后写的一篇文章，也被收入《中国哲学史问题讨论专辑》中。半个多世纪过去了，当年出版的《专辑》已不容易看到，这段在一定程度上承载着反对"左"的教条主义、体现"百家争鸣"盛会的历史，也几近湮没了。现在能够见到此书，当年的许多情景，禁不住又呈现在我的眼前。

一

　　那是一次在难得的、短暂的历史机遇期中召开的学术盛会。说它是"难得的、短暂的历史机遇期”，并非危言耸听。众所周知，前苏共中央政治局委员日丹诺夫，在他亲自主持召开的对《西欧哲学史》（亚历山大洛夫著）讨论会（1947 年 6 月 24 日）上，根据恩格斯关于哲学基本问题和列宁关于哲学的党性原则的观点，给哲学史下了一个定义：“科学的哲学史，是科学的唯物主义世界观及其规律的胚胎、发生与发展的历史。唯物主义既然是从唯心主义派别斗争中生长和发展起来的，那么，哲学史也就是唯物主义与唯心主义斗争并战胜唯心主义的历史。”他还认为，唯物主义是与进步、革命相联系的，唯心主义一般地总是与落后、反动脱不了干系的。（日丹诺夫：《在关于亚历山大洛夫著〈西欧哲学史〉讨论会上的发言》，人民出版社，1954 年，第 4—5 页）

此公的高论一出，苏联哲学界和中国哲学界，都奉为经典、坚决照办。当时，在中国哲学史的教学与研究中，老师们只能按照日丹诺夫的调子，生硬地、不加分析地贴上唯物主义和唯心主义的斗争的标签，这样不仅使丰富多彩的中国哲学史变得越来越贫乏，而且许多被列入唯心主义的重要哲学家，不管他们在哲学的发展中曾经有过什么样重大的影响与作用，都要与反动或落后挂钩，从而备受批判。这种削足适履的简单化的做法，当然难以反映哲学史发展和哲学家思想的全貌。

“百花齐放、百家争鸣”作为党在艺术和科学工作中的基本方针，是在1956 年 4 月的政治局会议上加以论述并得到确认的。接着，5 月 26 日，中共中央宣传部陆定一代表党中央向文艺界、科学界作了题为《百花齐放，百家争鸣》的讲话。正是在这个背景下，1957 年 1 月 22—26 日，北京大学哲学系召开了中国哲学史座谈会。参加者包括从事中国哲学史、西方哲学史以及马克思主义哲学三个方面研究与教学的国内知名专家 100 多人。

这次会议需要讨论的问题主要有两个：一是对唯心主义的评价，二是中国古代哲学遗产的继承。因为 1952 年时，全国高等学校院系大调整后，包括北京大学、清华大学、燕京大学、武汉大学、南京大学、中山大学等校的哲学系都合并到北京大学来，北大哲学系成为当时高校中仅有的一个哲学系，所以，这个会议并不局限于一个学校，实际上是一次全国性的会议。

二

在"关于唯心主义哲学的评价"问题上，坚持认为"唯心主义哲学中有好东西"的是贺麟先生和陈修斋先生。贺先生亲自听了陆定一的报告后，特地找了自己的学生陈修斋，根据他的观点，以贺麟、陈修斋两人的名义，写了题为《为什么要有宣传唯心主义的自由？》的文章，发表在刚创办不久的《哲学研究》1956年第3期上。

该文对唯心主义评价中的教条主义倾向和形而上学思维方法，提出了大胆而尖锐的批评，明确肯定了古典唯心主义哲学家的重要著作的价值和合理因素。在那次座谈会上，贺先生发言指出，哲学史虽然是唯物主义与唯心主义斗争的历史，但这种斗争与"宗教上的斗争，政治上的斗争却有很大的区别"。唯物主义者与唯心主义者的关系，"也不就是革命与反革命的关系"，"有时是'青出于蓝而胜于蓝'的关系，不是红与白的关系"。唯物主义与唯心主义之间，既有"互相斗争的一面，也有互相吸收利用凭借的一面"，两者之间的斗争是一个曲折的、矛盾发展的过程，"并不是唯物主义永远打胜仗"，"唯物主义也有被较晚、较发展的唯心主义代替的时候，唯心主义也有被较晚的唯物主义代替的时候"。（赵修义、张翼星：《守道1957——1957年中国哲学史座谈会实录与反思》，上海人民出版社，2012年，第194—198页）贺先生上述的观点，遭到了中共中央政治研究室的关锋的尖锐批判。关锋认为，"唯物主义和唯心主义是敌对的，其界限是分明的，斗争是尖锐的、没有妥协余地的"。他还指出，贺先生的"'青出于蓝而胜于蓝'的议论，正是和他的唯物主义、唯心主义并没有严格、分明的界限的观点一脉相通的"，"按着他对于唯物主义和唯心主义的统一性的了解，实质上就否定了它们之间的斗争性，它们的根本的敌对性"。（《守道1957》，第209—216页）

针对关锋的批评，贺先生作了反批评，他再次写了《关于对哲学史上唯心主义的评价问题》一文。他认为，唯心主义有好、有坏的提法，黑格尔说过，列宁也同意，而且还指出"聪明的唯心论比愚蠢的唯物论更接近聪明的唯物论"。贺先生认为，有的"唯心论者与唯物论者之间是朋友师生的关系，这并不妨碍他们在思想上的激烈尖锐的斗争。因为朋友师生（甚或今我与昨我）之间的学术思想的论辩与斗争可以达到非常深入细致、尖锐、激烈和艰苦的地步"。他还直言不讳："我对好的唯心主义是有感情的，这是对优秀文化遗产有感情。"（《守道1957》，第202—206页）这句发自肺腑的话，清楚地表明了他之所以肯定好的唯心主义的真实目的。贺先生的学生陈修斋先生在会上发表了支持贺先生观点的意见，会后又写出《关于对唯心主义的估价问题的一些意见》一文，对"唯心主义中有好的东西"这个论断的具体含义，做出细致的说明。（《守道1957》，第224—232页）

三

在"中国古代哲学遗产的继承"问题上，讨论主要是围绕着冯友兰先生提出的"抽象继承法"展开的。冯先生在当时发表的第一篇文章《关于中国哲学史研究的两个问题》中一针见血地指出："我们近来的哲学史工作，大概用的是形而上学的方法，把哲学史中的唯物论和唯心论的斗争，简单化、庸俗化了，使本来是内容丰富生动的哲学史，变成贫乏死板。"（《守道1957》，第71页）因为中国古代的哲学家，不是属于奴隶主就是属于封建地主阶级，他们的哲学是为统治阶级服务的，尽是应该抛弃的糟粕，还有什么可以继承的呢？为了解决这个问题，冯先生提出要区别哲学命题的具体意义和抽象意义。由于哲学命题的具体意义是"跟这些命题的哲学家所处的具体的社会情况有直接关系的，这是不能继承的，我们所能继承的只是它们的抽象意义"。这就是后来被人们概括的著名的"抽象继承法"。这个"抽象继承法"与贺麟先生上述对唯心主义评价问题之所以紧密相关，是因为"抽象继承法"与冯先生在20世纪30—40年代建立的"新理学"的哲学思想体系之间，存在着某种思想上的关联。有人认为，"抽象继承法"与"理在事先"是一脉相承的，"理在事中"与"理在事先"的关系，是唯物主义与唯心主义的斗争。在阶级警惕性无比高涨、大讲阶级斗争的年代，这理所当然地成为事关"哲学的党性原则"的大问题。会议上冯先生的观点属于少数派，争论虽然不可避免，但基本上还能做到平等讨论，允许申辩。正因为如此，座谈会主要筹办者之一的汪子嵩先生在 1994 年为北大哲学系建系 80 周年写的一篇题为《一次争鸣的讨论会》的文章（汪子嵩：《一次争鸣的讨论会》，载《读书》1994 年，第 9 期）中认为，1957 年召开的中国哲学史问题讨论会是"建国后近 30 年中仅有的一次基本上做到自由争鸣的讨论会"。

但是，这次会议结束后不久，形势变化，在此之后，冯先生的这个观点被称为"资产阶级伪科学"，遭到不断的批判。贺先生只能埋头于纯学术的研究，专门从事翻译和讲授西方哲学的工作。后来，他们都曾被迫中断了一切学术工作。直到 1975 年以后，特别是 1978 年党的十一届三中全会以后，贺先生才取得恢复研究和翻译工作，出版译著的权利；冯先生又重新投入中国哲学史的著述，并在中国哲学史的著述与学科建设方面，做出了旁人难以替代的重大贡献。

四

1957 年的那次会议虽然在一定程度上出现了自由争辩的可喜现象，但是，苏式的教条主义仍然笼罩着整个会议。苏式的教条主义带有独断论的特点，他们颐指气使，帽子、棍子满天飞，以"马克思主义哲学权威"自居。贺麟先生对此深有体会。1957 年 4 月 24 日他在《人民日报》上发表题为《必须集中反对教条主义》的文章，指出"教条主义者气焰太盛，使人不敢'放'不敢'鸣'。教条主义即使不会断送科学研究，至少也会大大妨害社会主义文化建设"，"教条主义者虽然以正统的马克思主义者自居，但实际上却是陷入形而上学和唯心主义的反马克思主义者"，"教条主义者每每是应时主义者。他善于看行情，从个人崇拜出发，去揣测领导意图，随意解释教条，并随意在经典著作中挑选适合自己意见的词句"。（《守道 1957》，第 454—457 页）

即使这样，那次会议和自然科学界的生物遗传学会议一样，作为百家争鸣的一种尝试，作为当代中国哲学演进历史中异乎寻常的一件大事，已永远载入中国学术发展的史册。在摆脱哲学与政治捆绑之后，近 30 年来，我国哲学界对那次会议上所提出的问题的研究，不断有所进展，已经大大地深入了。

特别珍贵的是顾红亮先生在哈佛大学访学期间从该校档案中找到的美国

哲学家霍金与陆定一、潘梓年、金岳霖的通信原件和手稿。顾先生把它们作为他所写文章的附件，第一次公开刊载。威廉·霍金在 1956 年 11 月 21 日致陆定一的信中，向中国哲学界提出的问题是："你们如何界定与唯物主义相对的唯心主义？"（《守道 1957》，第 672 页）潘梓年和金岳霖两位先生代表陆定一所写的回信（1957 年 2 月 22 日）中说："什么是唯心主义这个问题，在马克思主义哲学的代表作中已经作出了清晰的、明确的回答，中国马克思主义者对此没有特别的补充。"（《守道 1957》，第 672 页）这些资料从一个侧面反映出 1957 年座谈会所产生的积极的国际影响，也给出了对那次会议进行反思的有益的空间。

那次会议上，以及会前会后许多体现自由思想和独立思考精神的精辟论断，至今经受了历史的检验；那些坚守学术争鸣之道、实现自己文化担当责任的学人风骨，作为精神财富已经垂范于后人。贺麟和冯友兰这两位先生是 1957 年那次会议的核心人物，他们都是立志传承中国古代优秀文化，实现中华民族伟大复兴，有着文化担当的饱学之士。他们在会议上所提出的重要哲学理论问题，在我们"扎实推进社会主义文化建设"的今天，仍然是需要继续研究的。温故知新，以史为鉴，只有真正遵循百家争鸣的方针，才能实现学术的创新和文化的繁荣，全面推进社会主义的文化建设。

（此文的摘要曾在《中华读书报》2013 年 1 月 2 日发表，全文发表于福建社会科学院主办《学术评论》2013 年第 3 期。）

北京大学哲学系求学漫记

——1954—1958 年的远事与近思

引言

我在读高中的时候，曾经做着毕业后考大学的打算，但在 1950 年 4 月参军之后，已经把读大学的想法抛在一边了。没有料到我在东北军区工作期间，为了适应大规模经济建设的需要，政务院（后来改称国务院）和中央军委联合发出通知，号召动员地方和部队的高中毕业生，或具有同等学力的青年报考大学。这就让我重新点燃了读大学的希望。但是，由于时间匆促，又缺乏思想准备，应该报考什么学校、什么专业却十分茫然。

北京大学是国内最享有盛名的高等学校之一，如果从 1898 年创立的京师大学堂算起，她已有 120 多年的历史了。我是 1954 年进入北京大学哲学系开始了为期四年的求学生涯。那时是四年制，1955 年起，改为五年制，所以，我那一届是北大四年制最后一届的毕业生。1958 年我毕业离校，供职于东南一隅的福建师范学院（1976 年后改名为福建师范大学），转眼之间已半个多世纪了。

在这 60 多年的岁月中，作为校友，我当然仍然关心着母校。她的每一个成就，都让我们高兴；同样，她的任何一点被人诟病的事情，也会让我们不爽。

我写这篇文字，以亲身经历的所见、所闻，记述了 1954—1958 年这一段我在北京大学，主要是哲学系所走过的道路。这一段路，应该说是很不平坦的，有起有伏，相当坎坷。有些事件与人物，也许是终生难忘的。由于许多人都能理解的原因，我是没有写日记的习惯的。这样，书中所说，容或有不够准确之处，这是难以避免的，也是可以理解的。由于是在今天来追述昨天，免不了会以今天的眼光来看待昨天的事物，也忍不住对已经成为历史的事件与人物，发些感慨，略作评论。因此，文章中既有"远事"，又有"近思"，既不是单纯的历史记载，也不是无事实的凭空议论。当然，这些感慨与议论，带有个人的印记与色调，不可能尽人皆同，但也不至于完全没有"人同此心，心同此理"之处。

即使也是北大的校友，如果就读的时间不同，对北大的感受与认知也会各有所异。因为北大随着时代的步伐，也在不断地变化与发展。我常常做这样的设想：如果时光倒流，我又变成一名北大的学生，再回到今天的北大去读书。肯定的，我对今天的北大，一定会有些不习惯、不理解，甚至有不以为然的地方。那么，当今的读者，即使也是北大的校友，由于他（她）们的经历与我们当年的经历不同，对我书中所见、所思之事件与人物，产生出惊愕，乃至于不理解，视之为天方夜谭，不也是非常自然的吗？

半个世纪以前，我有机会在北大读了四年书，这是我的幸运。我当时不是个好学生，后来也不是一个可以让母校引以为荣、惦记着的校友。学生也好，校友也罢，我都按自己的认识、自己的良知来读书、来做事。古人云：不能尽如人意，但求无愧我心。反躬自省，庶几近之。

由于本文带有回忆录的某些特点，所以行文不求全面，不求系统。事实上不必全面、系统，以个人的阅历，也不可能做到全面、系统。特别是当时所参加的一些全体学生都必需的政治运动，限于篇幅，不作记述。总之有话则长，无话则短，兴之所至，笔当随之。

为什么报考北京大学哲学系

我在中学时代虽然对文科和理科都有兴趣，但参军四年多，学业都荒疏了，报考什么专业，一时拿不定主意。当时，部队宣传部门的一位老同志建议我报考哲学系，因为按照当时的权威说法，哲学是自然科学和社会科学的概括和总结，而又偏重于文科的一个专业。那是我第一次听到哲学这个名词，还谈不上对它有什么认识。

经过 1952 年全国高等学校的院系调整，当时全国高等学校中的所有哲学系，都合并到北京大学哲学系（1956 年以后，又有几所综合大学恢复了哲学系）。因此，要报考哲学系，北京大学是唯一的选择。以我当时的实力，加上准备不足，要让北大录取，实在信心不足。好在高中时我的学习基础还比较扎实，虽然中断学业四年，想不到经过两个月左右的突击补习，居然以第一志愿，于 1954 年夏天，被北大哲学系录取。从此，我开始了四年终生难忘的大学学习生涯。

1954 年 8 月的某一天，我告别了部队的领导和战友，登上了从沈阳去北京的火车。

在火车上想起了四年多的军旅生活，历历在目。既有对往昔岁月的怀念，也有对未来大学学习的憧憬，千头万绪不禁涌上心头。幸好后来在车厢里，遇到了几位像我一样考上大学也要去学校报到的部队战友。虽然并不认识，但聊着聊着就如同老朋友了。其中有两位是考上北京师范大学的，他（她）们对我考上了北京大学很是羡慕。但是，对于什么是哲学，和我一样，也是一头雾水。

其实，这里还有一个小插曲。我入学后曾经想从哲学系转系到中文系，为了这件事，还专门找过当时任教务长的周培源先生。周先生是享誉世界的流体力学和理论物理学家，年轻时在美国芝加哥大学取得硕士学位，在加州理工学院取得博士学位，还在爱因斯坦领导下从事广义相对论、引力论和宇宙论的研究。他认真听了我的口头申请后，调阅了有关我的高考资料，耐心地说，我的要求虽不无道理，但中文系学生多，哲学系学生少，能够不转系尽量不转系。让我回去再考虑。后来我也就作罢，不再要求了。

四年丰富多彩的校园生活

北京大学是我国一所享誉中外的著名高等学府。北大哲学系，始建于 1912 年，到了 1914 年正式招生，是我国高等学校中最早成立的哲学系。历史上，著名学者蔡元培、马叙伦、章士钊、胡适、熊十力、梁漱溟、张申府等先后在这里执教。陈独秀、李大钊等人也曾在此开设过哲学课程，最早在中国传播了马克思主义。

在这里，我们不但能听到全国第一流学者的讲课和各种学术报告，而且还经常见到一些著名的领导人。他们或者来校参观，或者来做报告。我们听过陈毅、乔冠华、李富春、廖鲁言等领导人做的报告。

因为我是提前来校的，这就有了在开学前饱览校园的充足时间。早就有人说，"诗的北大，散文清华"。北大校园之美，果然名不虚传。

从北大西校门踏入校园，首先映入眼帘的就是一对引人注目的华表。它与那些黄绿琉璃瓦的飞檐宫殿式建筑格局相谐趣，构成了校园古色古香的整体风格。

北大校园，名为燕园，原为燕京大学的校园。而燕园是司徒雷登当校长后在原有的建筑基础上于1921年重新兴建，于1926年基本建成的。那一对华表原先是在圆明园，是当年修建燕园时移来的。那是真迹，绝非赝品。

北大校园，有人给予了"一塌糊涂"之戏称。"一塌"指的是水塔，"糊"指的是未名湖，"涂"是图书馆。这里说的图书馆，实际是指图书馆总馆的那座大楼。它位于办公楼的附近，很有欧洲建筑的风格。馆内一层是个大阅览厅，咖啡色的阅览桌上配有绿色的罩台灯。暗暗的大厅，桌上却有着明亮的灯光，别有一番韵味。校内的水塔具有实用的功能，但它的外形却是一座十三层的中国式宝塔，颇具特色。湖是未名湖，因久不得其名，索性就以"未名"而名之。早晨的阳光透过位于东侧的水塔，照射到湖面上，水塔在水中的影子还是晃动的。夕阳西下，阳光从办公楼方向透过那些小山上松树、杉树的缝隙，照在湖面上。北大校园，面积宽广，布局精致，散落着御花园式的山水，宫殿式的建筑，可谓美不胜收。

北京大学学生会下属有好几个自己组织的社团，课外生活也是丰富多彩的：诗歌、舞蹈、音乐欣赏、摄影、绘画、书法、演戏……应有尽有。我当时曾经先后参加过舞蹈、摄影、音乐欣赏等项活动。最后一项是不定期的，同学们看到海报后，踊跃走向指定教室，陶醉于各个名曲的优美旋律之中，使自己的灵魂得到了升华。现代学子最欣赏的多为古典音乐，偌大的教室鸦雀无声，这与当今流行歌星的通俗唱法的音乐会所呈现的疯狂、喧嚷场面，形成巨大的反差。

当时，我们除了要上一些属于公共必修的课程（政治理论、俄语、体育等）以外，属于哲学类的基础课和专业课主要有：辩证唯物主义与历史唯物主义、马克思主义哲学原著选读、中国哲学史、欧洲哲学史、形式逻辑、数理逻辑、伦理学、美学等。大学四年除了上课、考试之外，老师希望我们写些与课程内容相关的文章。这既能对所学课程加深理解，也可以增强思维能力，提高写作水平。四年学习期间，我所写的文章，除了发表于当时的《中国青年报》外，学术性稍强的几篇，也发表于当时《光明日报》的"哲学"专刊和中宣部主办的《学习》杂志。到了高年级，系里要求我们加修一些选修课。选修课的选择，大体上根据每个同学所确定的专门化的方向。哲学专业所属的专门化包括辩证唯物论、历史唯物论、中国哲学史、外国哲学史、逻辑学、自然辩证法等。我选择的是"自然辩证法专门化"。

我们班的同学并不多，入学时有 40 多名，由于各种原因，毕业时还不足40 人。其中绝大多数都像我一样，是工作了几年之后又考进来读书的，叫做调干生。经过一段工作后，大家深知掌握知识的重要性，都十分珍惜这种读书的机会，学习都非常用功。

在北大四年，作为学生，我们还常常有机会参与一些外事方面的活动。当然，是以听众或观众的身份出现的。

记得在一年级时，印度总理尼赫鲁来华访问。我们学生参加了在飞机场迎接的群众方阵，周恩来总理陪着他绕场走了一圈。我们不仅看到了尼赫鲁，而且是第一次近距离地看到了周总理。大家非常高兴，返校后还一直谈论不休。

1956 年 10 月，印度尼西亚总统苏加诺访问我国。有一天，他在陈毅副总理陪同下，来到清华大学的大操场，为清华、北大两校的学生做演讲。我们北大哲学系、中文系的学生也列队前往。那天，他身着民族服装，头戴黑帽，手中拿着一根闪闪发光的手杖。他的演讲声音洪亮，极富感情色彩与煽动性。年轻学子即使不经过翻译，都能从其声调、表情而受到强烈感染。同年 11月，周恩来总理陪同缅甸政府总理吴努和夫人到北大参观，并在办公楼顶层的小礼堂向 1000 多名北大哲学系和中国佛学院师生以及佛学界人士，做关于佛学的讲演。

1957 年 5 月 5 日，正在中国访问的苏联最高苏维埃主席团主席伏罗希洛夫在邓小平的陪同下，来北大参观。我们学生在西校门的入口处列队欢迎。以上几次活动，让参加的学生开阔了眼界，见到了这几个国家的政要，也有机会在近距离看到了周恩来、陈毅、邓小平等党和国家领导人。这些机会并不是轻易可以得到的。

在"百花齐放、百家争鸣""向科学进军"影响下，当时北大的学术自由气氛

在1954—1958年这段时间里，我感到在政治上、思想上最为宽松的是1956年。正是在这一年，党提出了"百花齐放、百家争鸣"的双百方针；也正是在这一年，党号召广大青年学生努力学习，向科学进军。

党的伟大号召让广大知识分子感到莫大的鼓舞和振奋，当时，国务院组织了科学规划委员会，制定了国家十二年（1956—1967年）科学发展远景规划。该规划包括数学自然科学和哲学社会科学，在后者之中，包括有自然辩证法这个领域，它是哲学这个学科的一个重要组成部分。规划草案拟定了9类研究题目，50多位专家分别写了"说明书"，阐明该课题的研究意义、研究内容、研究现状和发展前景。这个大背景对我在高年级时，在几个专门化之中，选择"自然辩证法专门化"作为我攻读的主要方向，有着直接的影响。

当时，北大曾请来著名科学家三钱（钱学森、钱三强、钱伟长）到校，对学生进行科学演讲。演讲在大饭厅举行，现场坐满了听众。那时的大饭厅，名副其实的大，能够摆得下好几百张桌子。它的功能不仅供学生进膳之用，还是北大的政治中心、文化活动的中心。把饭桌拉到旁边，中间就是一片宽敞无比的开阔地，同学们自带凳子来，顷刻之间就变成了可供数千、近万人开会、听报告、看电影的大礼堂。在节假日，它也是举办舞会的大舞场。跳累了就坐到旁边自带的凳子上边休息，边欣赏其他同学欢快的舞姿。前些年，为了迎接百年华诞，北大在原址上建了一个现代化的大会堂，还起了一个华丽的名字。但在老校友之间，仍然把它叫做大饭厅，它比任何其他称呼都温馨。

当时北大哲学系也是一派学术自由的气象。系主任郑昕教授在《人民日

报》（1956 年 10 月 18 日）上发表了题为《开放唯心主义》的文章。这篇文章的标题就非常另类，让人惊异。因为那时的唯心主义，已是过街老鼠，为何还敢"开放"？该文指出："在人民内部开放唯心主义是解决我们思想中长期存在的学术与政治矛盾的钥匙……而正确地估价唯心主义，是对唯心主义展开斗争和最终战胜唯心主义的前提。"张岱年教授也认为："既然唯心主义存在，与其让它以伪装的、隐蔽的形式存在，何如使其公开化，给它以宣传的自由呢？唯心主义公开化就更便利于哲学思想斗争的开展。"（张岱年：《如何对待唯心主义》，《人民日报》1957 年 1 月 13 日）在这个时候，哲学系相继推出郑昕的康德哲学、贺麟的黑格尔哲学、洪谦的维也纳学派哲学和熊伟的存在主义哲学等西方唯心主义哲学课程，受到学生的欢迎。

当时北京大学哲学系的学生，无论你在高年级时选择什么专门化，在低年级时都要上自然科学基础这门必修课。到我们那一届，又增设自然和自然发展史一课。它的内容除绪论外，还包括物理世界、生物世界和人三个部分。于光远同志亲自讲绪论，理科的几位著名专家，如周培源、王竹溪、黄昆、徐光宪、沈同等老师分段讲授后面三部分。这也是全系同学都要学习的必修课。作为自然辩证法专门化的学生，只学这些当然远远不够，系里安排我们到理科相关的系里，选修一些自然科学的课程。我是到数学系和物理系选修高等数学和普通物理学这两门基础课。因为是跟着数学系或物理系相关的学生班级一起上课，任课的老师对我们哲学系学生的要求，和对所在系学生的要求是一样的，既要听理论课，还要上习题课和实验课。这对于哲学系的学生来说，当然是很吃力的，但却受到了关于科学精神、科学方法的严格训练，养成了按科学规范办事的习惯。课后，复习教材、做作业的任务很重，每天的自修时间都安排得满满的。有时候吃晚饭走进饭厅，抓几个馒头，买一份菜，掉头就走，为的是能到图书馆或其他阅览室里占有一个自修的座位。这简直就是一场紧张的战斗啊！

毕业分配回福建，从教 60 年

1958 年夏天，我们 54 级学生经过四年的学习，面临着毕业分配。那一年全国各省都在"大跃进",都需要毕业生,所以,我们全班 30 多位同学要被分配到 10 多个省份去。哲学系党总支号召大家要服从分配,到最艰苦的地方去,具体地说,就是要支持边疆,到新疆（3 人）、云南（3 人）、贵州（3 人）去。我们班级并没有从这三个省份来的,原籍在这三个省份以外的同学想去就要自愿报名。一下子就有 10 多位同学报名了。我也在其中,第一志愿新疆,第二志愿云南,第三志愿贵州。但是,这三个省只要 9 个人就够了,而福建省有一个名额,福建籍的学生又刚好只有我。领导上动员我回原籍工作。当时我还不大乐意,认为我当年（1950 年）是出来参军,是参加革命工作的。好男儿志在四方,干吗要回家?巧就巧在 1958 年发生了"金门炮战"的军事事件。总支分管学生工作的副书记任宁芬同志对我说,炮声就是命令,你是转业军人,你不去,谁去?在这个前提下,我别无选择地分配回福建,到当时的福建师范学院人事处报到。从那时起,一直坚守在哲学教学与研究的岗位上,长达 60 年!这是后话。

人到老年就会喜欢怀旧,回忆往昔岁月中曾经出现的人与事。在我,也不例外。我出生于 1933 年,到今年（2021 年）已经步入了第 88 个年头。中国的汉字很奇妙,人们通常把 88 岁称为米寿,以笔画造型论之也。又把 108 岁称为茶寿,也是从笔画而言。有好事者又把米寿视为形而下,茶寿视为形而上,所以,米寿者应向茶寿迈进,遂有"何止于米,相期以茶"之说。

古人有云:人生七十古来稀。现在的人,寿命长了,进入耄耋之年者,比比皆是,并不稀罕。近些年来,北大哲学系的学者曾撰文说,该系教师,80 岁者众多,90 岁以上者也不少,去年 9 月逝世的张世英先生已是百岁寿星了,所以,可以把北大哲学系称为长寿系。说者、听者都开怀一笑。我今年虽已 88 岁,但与高寿的老师相比较,实不足道。

在过去的 88 年中,如果把童年、少年抛开不算,从教的时间也有 60 余年。2018 年的教师节,我所在的单位曾因我从教 60 年,而有庆贺之活动。但我自身而言,这 60 年的从教经历,实在没有什么特别之处,遑论庆贺了。倒是在担任高校教师之前的青年时代,有两件深深留在记忆中的经历。一为参加抗美援朝战争,一为求学于北京大学哲学系。近年来,总是想把后一件事比较详细地记载下来,但因惰性而久拖至今,未能实现。现在,总算完成了,了却宿愿，心里轻松了不少。

北大的四年学习生涯，最令人遗憾的是，经历了太多的政治运动，占用了好些本可以进行学习的时间。而那些被称为"资产阶级知识分子"却学有专长的老师，很多人为政治运动所累，没有更多的时间也不大方便对学生进行学术上的指导。

北大的四年学习生涯，使我终生难忘。这并不是因为我在那里学到了多少知识，而在于北京大学那个特有的氛围，给人的潜移默化的影响；在于学术品格、治学作风方面所受到的熏陶；在于学术视野的开拓和人的全面素质的培育。那都是书本以外的东西啊！

（2021 年 1—3 月写于福建师大华庐）

十位哲学名师的人生经历与学术生涯

独辟蹊径　平章华梵　融会佛儒　兼采中西

——熊十力"新唯识论"哲学思想的再认识

熊十力，原名继智，又名升恒，字子真（亦作子贞），晚年自号漆园老人、逸翁。十力这个带有佛教色彩的名字，是他中年学佛以后才改成的，它是梵文 Dasabala 的意译，指佛所具有的十种非凡的智力。

熊先生是湖北黄冈县上巴河张家湾人，1885 年生，早年曾投笔从戎，参加 1911 年的武昌起义。辛亥革命失败后，他告别青年时代的戎马生涯，转向学界，走学术救国之路。当时章太炎在自己主编的《民报》上发表多篇佛学方面的文章，谭嗣同在代表作《仁学》自序中以"华相众生"为笔名，欣赏佛教众生平等之教义，这些都对熊先生产生了思想上的影响。1920 年他经梁漱溟介绍，拜欧阳竟无为师，入南京支那内学院学习佛学。1922 年熊先生应北京大学校长蔡元培之聘，到哲学系任特约讲师（1943 年改为特聘教授），从此开始了在北大长达 30 多年的教学生涯（抗日战争期间曾讲学于四川）。1956 年，因年迈离开北大，定居于上海。1968 年以 84 岁高龄病逝。1954 年我考入北大哲学系时，他也是我们的老师，但没有机会听他上课。

熊先生融通中、印与西方之学，创立了独具一格的"新唯识论"的思想体系，是中国现代著名的新儒家学者。

出佛入儒，贯通中西

熊先生在支那内学院师从唯识学大师欧阳竟无，苦读佛教经卷整整三年，成为一位佛教哲学专家。他研究佛学的主要动机是想通过改造人心，来达到提高道德水平的目的。他欣赏佛学的精湛深奥，认为"古今哲理者，最精莫如佛，而教外别传文旨，尤为卓绝"。（熊十力：《新唯识论》，中华书局，1985 年，第 19 页）

佛教认为，万法皆空，一切事物与现象都可分解为"因"与"缘"，本身都不是独立存在的实体，客观世界只不过是由主观意识变现出来的"假相"，并没有自性。因此，称之为"空"或"假有"。唯识论特别强调"识"的作用，认为一切现象均"依他众缘而得起"，这就是"依他起自性"。而在"众缘"中，"阿赖耶识"最为根本。因为它含有宇宙万有的"种子"，只有它才能引起心识派生万物的活力。但是，这些说法，显然有违于常识，于是，佛教又认为，就现象而言，似乎一切事物都是"有"，但这只是世俗的见解，称之为"俗谛"；与之相对的是"真谛"，这是就本质而言的。若从"真谛"的角度看，一切事物都是"空"的，都没有自性。

熊先生在学习佛学的时候，曾接受唯识宗的观点。他说："识者，心之异名。唯者，显其殊特。即万化之原而名以本心是殊特。言其胜用，则宰物而不为物役，亦足征殊特。《新论》（指《新唯识论》）究万殊而归一心，要在反之此心，是故以唯识彰名。"（《新唯识论》，第 239 页）

可见，他的哲学思想是由唯识宗嬗变而来的。即使如此，他在把佛学与儒学加以比较之后，对之产生疑问，因而走上了批评佛学之路，可谓既能入乎其中，又能出乎其外。他后来舍佛而学《易》，归宗于孔子，推崇《易大传》，提出"摄体归用"的主张。

在熊先生看来，佛家讲生灭，突出了一个"灭"字，实际上是以"灭"否定了生。他从佛学之中走出来后，以哲学家的眼光评点佛教的大乘空宗和大乘有宗。

大乘空宗反复宣传"破相显性"，但熊先生对此持怀疑态度。他说："空宗是否领会性德之全，尚难判定。"所谓性德，就是佛学所谓的真如，相当于西方哲学中说的本体。他为什么会怀疑空宗没有领会性德之全，因为他从空宗的言论中发现，"空宗只见性体是寂静的，却不知性体亦是流行的"，"不要以为性体但是寂静的，却须于流行识寂静，方是见体"。（《新唯识论》，第 381 页、第 383～384 页）这里所说的"流行"，也就是"生化"，而"生化"两字是从《易传》来的。《易传》说，"天地之大德曰生"，"万物化生"就是性德的"流行"。冯友兰先生在评论这个问题时指出，"说到这里，熊十力就破了空宗这一关，而归入儒家了"。（冯友兰：《中国现代哲学史》，广东人民出版

社，1999 年，第 220 页）

大乘有宗不同于大乘空宗，谈论宇宙论，熊先生说："有宗将宇宙之体原与真如本体却打成两片。""有宗所以陷于这种迷谬不能自拔者，就因为有宗谈本体虽盛宣真实，以矫空宗末流之失，然亦以为本体不可说是生生化化的物事，只可说是无为的、无起作的。"（《新唯识论》，第 409 页）从有宗的观点看来，他们并不承认生生化化这个过程，本身就是宇宙的本体，认为在这个过程之外还有一个本体。这样一来，"就把本体和现象分裂了。其实，现象就是本体，并不是现象的背后另有一个本体"。（《中国现代哲学史》，第 221 页）

熊先生批评了大乘空宗和大乘有宗，终于从佛学中走了出来。出佛入儒，或者说，援佛入儒，对于他固有的思想而言，是顺理成章的。本来他就认为佛与儒并无绝对的对立之处，都是建立在"性智"的基础之上的"见体"的学问，就总体而言，与西方哲学并不属于同一类型："佛家虽主灭度，要是从其大体言之耳，若如华严、涅槃等经，其思想亦接受此土儒家矣。"（《十力语要》卷一，第 14 页）

熊先生把孔子创立的儒学视为国学的正宗，在评述先秦诸子学说之后，提出了"诸子皆源于儒"的论断。他认为，孔子在 50 岁以前的思想可概括为"小康学"，维护禹、汤、文、武的"小康"礼教，主张实行开明专制；50 岁以后的孔子，要求废除君主专制，主张建立天下为公的大同社会，可概括为"大同学"。孔子以后的儒学史，其实是一部小康学派的演化史，孔子发明的大同学更无传人。汉武帝采纳董仲舒的建议，"罢黜百家，独尊儒术"，使儒学从一家之言，上升到御用官方哲学，但汉儒对儒学的扶植是假，篡改是真，严重扭曲了孔子之道的真精神，使儒学堕落成封建帝制的婢女。

东汉末年，经学趋于式微，魏晋玄学兴起，佛教传入中国，到唐代，形成了儒、释、道三教并立之局面。宋明理学援佛与道入儒，分为程朱理学与陆王心学两大派系。熊先生把它们放在中国哲学史的重要地位上，认为它们既可推进儒家的本体论，又可启迪民主与科学等现代意识。他自己特别欣赏陆王心学，尤其是王阳明的哲学。他接近陆象山"先立乎其大者"的思想，认同王阳明以"良知为本体""知行合一"等思想。但他对宋明理学也有所批评，认为它没有跳出"小康学"之藩篱，未能将体与用统一起来，内圣与外王、天理与人欲的关系也处理不够好，没有完全摆脱佛学的消极影响。

熊先生十分重视明清之际崇尚实学的启蒙思潮，认为这个时期的启蒙学者上承孔子的"大道"之学，下开向西学吸纳科学与民主精华之先河，是中国文化从传统向现代转型的重要环节。他服膺顾炎武、王夫之的学问，更敬佩他们的为人。

对于从古流传至今的儒家六经，他不同意学术界流行的"六经为后儒陆续补作"之说，认定六经为孔子所作。他对内圣之学极为重视，认为外王的骨髓在内圣，因内圣之学，充分体现出中国哲学的特点，是生命的本体论，是道德的形而上学，是"返己之学"。但内圣必须落实到外王，使两者统一起来。宋明理学由于轻视外王，内圣也随之落空。

熊先生虽然倾心于中国传统文化，重视对儒学的发扬光大，但他并不轻视西方学术。相反地，他对西方文化、西方哲学，有非常精辟的见解。他反对全盘西化与唯科学主义倾向，对民族文化虚无主义也相当反感。

他认为，西学的误区是"蔽于用而不见体"，具体表现在西方哲学家把"本体"当作与人相外在的"东西"来寻找，并且在谈到"本体"时，常常向外寻求"第一因"，过分依赖理智，不知道通过"性智"来把握本体。总括起来说，就是没有把握住"体用不二"与"天人不二"这两条原则。针对西方实证主义者的"哲学就是认识论"的口号，他反其道而行之，提出"哲学就是本体论"的主张。他认为，西方哲学走到"本体不可知"，其实不是"本体不可知"，而是西方哲学家"不知本体"。

熊先生对西方哲学既有批评，也有吸收。在建立自己"新唯识论"的哲学体系时，他直接吸收了罗素的"事素"说和柏格森的生命哲学，并把后者的直觉主义当作建立本体的认识论根据。他还间接地接受了黑格尔概念辩证法思想的影响，借助矛盾学说建立"体用不二"的本体论学说。

《新唯识论》的出版与"新唯识论"的思想体系

熊先生的哲学思想集中地体现在他的代表作《新唯识论》中，这部书的写作可以追溯到1923年。这时，他已在北京大学讲授选修课"唯识学概论"。讲课的讲义《唯识学概论》9万多字，由北大印出，有唯识、诸识、能变、四分、功能、四缘、境识、转识等章。这是他按照旧的唯识论体系写的，但他在书写成后，对唯识宗的教义发生怀疑，只能尽弃全稿，开始自创"新唯识论"，遂有第二种《唯识学概论》讲义的问世。该书于1926年仍由北大印刷，内容只分唯识、转变、功能、境色等四章，删掉原有的关于唯识学名相的解释，增加了批评唯识学的内容，体现了他本人的新观点，使"新唯识论"思想体系初具雏形。此后，1930年公孚印刷所将经他不断修改的书稿《唯识学概论》印出，这是第三种稿本了。他在该书导言中写道："此书前卷，初稿、次稿以壬戌（1922年）、丙寅（1926年）先后授于北京大学，今此视初稿根本变异，视次稿亦易十之三四云。"他之所以视三稿与初稿为"根本变异"，因为两者是新唯识学与旧唯识学之别。与次稿相比，也有很大修改（十之三四），可见这一稿已经较为成熟了。

1932年，文言文本的《新唯识论》由浙江省立图书馆出版发行，终于在学术界以"新唯识论"观点，展示了他的哲学主张，创立了一家之言。

从1938年开始，熊先生开始在文言文本《新唯识论》的基础上改写语体文本，并进一步完善"新唯识论"的思想体系。他所写的"语体文"，实际上是一种介于文言文与白话文之间的文体，既有文言文的典雅，又有白话文的通俗，把两者的优点熔于一炉。《新唯识论》语体文本的上卷于1940年由吕汉财资助印刷200册，上中两卷于1942年由居正募资，北碚勉仁书院哲学组出版。到1944年，全书三卷，中国哲学会把它作为中国哲学丛书甲集之第一部著作，由重庆商务印书馆出版，1947年上海商务印书馆重印。1953年秋，此书壬辰删定本的印刷得到董必武、林伯渠等的帮助。《新唯识论》的语体文本，后又经中华书局重新标点、重新排印，于1985年作为熊十力论著集之一出版。

熊先生论著甚丰，除《新唯识论》外，重要的著作尚有：《破破新唯识论》（1933年北京大学出版部出版）、《十力语要》（原名《十力论学语辑略》，北京出版社于1935年出版，辑录1932—1935年间论学书信、笔记，后来加上1942—1944年笔札及传记若干，编为《十力语要》卷一。《十力语要》卷二由周封岐资助于 1941 年印行,卷三、四编于 1946 年。四卷共 33 万字。1948 年四卷合在一起,正式问世)、《十力语要初续》(1949 年香港东升印务局出版)、《佛家名相通释》(1937 年居正资助,北京大学出版组出版,1985年由中国大百科全书出版社出新版)、《原儒》(1956 年上海龙门联合书局出版,是书为熊先生国际影响最大的一部著作)、《体用论》(1958 年上海龙门书局出版)、《明心篇》(1959 年上海龙门书局出版)、《乾坤衍》(1961 年由中国科学院印刷厂影印)。

在上述著作中,熊先生对《体用论》尤为重视。他在该书的"赘语"中说:"此书既成,新论两本俱毁弃,无保存之必要。"("新论两本"指《新唯识论》的文言、语体两种文本)

熊先生的"新唯识论"的哲学理论体系包含本体论、宇宙论、辩证法、认识论、人生论等诸多方面,研究者们也从不同视角对它进行了概括,见仁见智,看法不尽一致。限于本文篇幅,仅能总体论析,未及逐一详述。

冯友兰先生在他晚年成熟著作《中国现代哲学史》中,以第十章的专门篇幅,对之进行评述。在扼要地阐述了熊先生哲学体系的发展过程后,冯先生指出熊先生哲学体系的中心思想是"体用不二",并认为他晚年所写的《体用论》,是阐述这一中心思想的重要著作。

"体"与"用"是中国古代哲学最基本的范畴之一,但在不同历史时期,在儒家、玄学家、佛学家那里所赋予的含义,并不相同。熊先生认为,"体"的确切含义就是宇宙本体,"用"是指本体的功用或表现,"用"与"体"是一而二、二而一的整合关系。"体"全部显现为"用",从这个意义上说,"体"即是"用","用"也即是"体"。以这个观点来看佛教,佛教所说的"法性"相当于"体","法相"相当于"用"。熊先生认为,大乘空宗的问题在于"破相显性",而大乘有宗的问题是"立相遮性"。大乘空宗和大乘有宗所犯的错误虽然不同,但其所以犯错误,却有一个共同的原因,那就是把"法性"和"法相"割裂开来,对立起来。从熊先生对佛教的批评可以看出,他不仅主张"体用不二",而且主张"性相一如"。两者是一致的,仅是表达有异。(《中国现代哲学史》,第 224 页)

宋朝理学家程颐作《周易传》,把《周易》的要旨概括为八个字:"体用一源，显微无间。"这八个字相当于熊先生的"体用不二，性相一如"，其中"显"对应于"相"，"微"对应于"性"。程颐与熊先生"他们对于哲学中的两个主要问题，所见略同；但比较起来，熊十力对于这两个问题，见得比较透，解决得比较彻底。说是'一源'，意味着体、用还是两件事；说是'无间'，意味着显、微还是两件事。熊十力直截了当地说'体用不二'、'性相一如'，这是因为熊十力经过和大乘空宗及有宗的斗争"。（《中国现代哲学史》，第224—225页）冯友兰先生对熊先生的这个评价是中肯的、深刻的。

冯先生认为，熊先生的宇宙论的两个基本概念是"翕"和"辟"。我们知道，翕和辟这两个术语是从《老子》《周易》那里借用来的。《老子》十六章说："将欲翕之，必固张之。"在这里张与辟的意思是一样的。《易传·系辞上》写道："夫坤，其静也翕，其动也辟，是以广生焉。"可见翕有收敛、凝聚、固定之意，而辟则反之，有伸展、发散、张开之意。熊先生提出"翕辟相反而成变"的说法，认为"翕，动而凝也；辟，动而升也。凝者，为质为物。升者，为精为神"。又说："精神与物质本非两体，不可剖析，实体变成功用，即此功用之内部起分化，而为翕辟两方面。辟，为精神。翕，为物质。质则散殊，精乃大一。翕辟以相反而归统一，完成全体之发展。"（熊十力：《体用论》，上海龙门书局，1958年，第127页）他又把本体叫作"恒转"，认为本体是显现为万殊的用的，"恒转现为动的势用，是一翕一辟的，并不是单纯的"。"物和心是一个整体的不同的两方面"，正如"翕和辟不是可以剖析的两片物事，所以说为整体"。（《新唯识论》，第319—320页）在翕和辟、物和心的关系上，熊先生认为，辟为宇宙的心，宇宙精神，"翕以显辟，辟以运翕。盖翕的方面，唯主受；辟的方面，唯主施"。在这里，"受"是顺承之意，"施"是主动之意，因此，"辟毕竟是包涵着翕，而翕究是从属于辟的"。（《新唯识论》，第328—329页）

冯先生对上述关于翕辟的见解，有过精辟的评论。他说："熊十力所说的翕、辟，就是《周易》的乾、坤两卦所表示者。"他把翕、辟的对立和心、物联系起来，把翕假借为物，辟假借为心。"反对唯物论者把'心'消纳于'物'，也反对唯心论把'物'消纳于'心'，但他的哲学体系并不是心物二元论，因为心、物并不是他的体系中的最高范畴。"（《中国现代哲学史》，第230

～231 页）熊先生认识到宇宙及其间的事物，是因为其内部有矛盾的两个对立面相反相成，斗争而统一。这就是辩证法，正是熊先生哲学思想中最可宝贵的东西。

"物用不二""翕辟成变"是熊先生哲学思想体系中最重要的部分，掌握了这个线索，对他哲学思想的其他方面就不难理解了。

对"新唯识论"哲学思想体系的若干评论

熊先生入佛而又出佛的行动以及对佛学，特别是对唯识宗的批评，引起佛学界的强烈反应。与他同出欧阳竟无大师门下的刘衡如在《新唯识论》文言文本问世不久，即以《破〈新唯识论〉》为题，在支那内学院的院刊《内学》第六辑上，发表长文进行驳斥。该文分为三个部分，除了学理上的质问之外，还对熊先生"背叛师门"的做法，表示了相当的气愤。熊先生读后立即动笔赶写出《破〈破唯识论〉》，也分三个部分，进行答辩与申诉。值得注意的是，他在答辩的文章中，并不掩饰自己意欲融会儒佛的愿望，表示要以真理为准绳，而不株守门户之见。事实上，在佛教诸宗之中，唯识宗虽经唐代玄奘及其弟子窥基的弘扬而兴盛一时，但并未很好解决使之中国化的问题。熊先生致力使儒、佛融会，实与试图解决此问题有关。有的学者看到了这一点，例如，高振农先生曾经撰文指出，熊先生虽然遭人指责与评议，但"他毕竟是把中国儒家固有的思想、概念和语言，搬进了佛学唯识论，使印度大乘有宗的学说具有了中国思想的风味，从而建立起他自己的独具一格的哲学思想体系"，"这比起唐玄奘时那种'抱残守缺'地完全照搬印度佛学那一套做法来，应该说是一个不小的发展"。（《玄圃论学集》，生活·读书·新知三联书店，1990 年，第 296—297 页）应该说，高振农先生的这个评论是客观的、公允的。

对于熊先生学术贡献的评价，可以说，从一个侧面反映出不同时期的社会发展状况和意识形态的差异。从学术领域而言，佛学界对之批评者多，认为他在儒、佛融会方面是失败的；在非宗教界，特别是崇尚儒学的学者却认为，他在儒、佛融会方面是成功的。从历史时期而言，1949 年之前的学术界，虽然对之反应不是太热烈，但总体上的评价是很高的，贺麟在他所著的《当代中国哲学》（南京胜利出版公司1947年版）中，用相当的篇幅加以评述；在1949年之后，学术界则反应不多，比较冷淡，更有甚者，竟然把《新唯识论》与《新理学》（冯友兰著）都视为"与反动派残害人民和投降主义逆流相呼应"的复古主义之作。从地域而言，港台学者特别是他在港台的学生，对之评价甚高；大陆的学者则更多的以他的哲学思想属于唯心主义而持不同的保留态度，相当长一段时间基本上保持缄默，直到20世纪80年代，情况才有所扭转。（宋志明：《熊十力评传》，百花洲文艺出版社，2010年，第187—199页）

这里我想说的是蔡元培、马一浮、梁漱溟、张岱年、牟宗三等先生对熊先生的评价。蔡元培先生是学界泰斗，马一浮先生是儒学大师，梁漱溟先生是他的挚友、知己，张岱年先生是中国哲学史研究专家，忠厚学者，牟宗三先生是他在港台的学生中有学术成就而仍健在的知名学者。他们的观点具有代表性，也颇有权威性。

熊先生的佛学研究与儒佛融合的成就受到了儒学大师马一浮先生的高度评价，马先生欣然答应为《新唯识论》文言文本题签作序。序言说："十力精察识，善名理，澄鉴冥会，语皆造微。早宗护法，搜玄唯识，已而悟其乖真。精思十年，始出境论。将以昭宣本迹，统贯天人，囊括古今，平章华梵。"序言在扼要阐述了该书的基本内容后，认为熊先生的学识，"足使生（道生）肇（僧肇）敛手而咨嗟，奘（玄奘）基（窥基）挢舌而不下。拟诸往哲，其犹辅嗣（王弼）之幽赞易道，龙树之弘阐中观。自吾所遇，世之谈者，未能或之先也。可谓深于知化，长于语变者矣"。道生、僧肇、玄奘、龙树等皆古代著名佛学大家，王弼是魏晋时代的著名玄学家，马一浮先生将熊先生与之相提并论，评价之高，由此可见。1953年，马先生还写七律一首，祝贺熊先生的七十寿辰，中有"天机自发高文在，权教还依世谛传"之句，既叙友情，更有赞赏。

熊先生能于1922年应聘于北京大学，固然得力于好友梁漱溟先生的推荐，更与蔡元培先生与熊先生早有文字之交有关。熊先生是在参加孙中山先生领导的护法运动失败后离开广州，返回德安，决心专门从事学术研究的。

1918 年，他将 1916 年以来写的笔记、短文、书札汇集整理成书，名为《熊子贞心书》，自印行世。蔡元培先生当时就拨冗为之作序，对之赞誉有加。序文说："熊子之所得者至深且远，而非时流之逐于物欲者比也。"还说："熊子之学，贯通百家，融会儒佛。其究也，乃欲以老氏清净寡欲之旨，养其至大至刚之气。富哉言乎！遵斯道也以行，本淡泊明志之操，收宁静致远之效，庶几横流可挽，而大道亦无事乎他求矣。"

可见熊先生后来之所以在《新唯识论》等学术专著中取得卓越成就，是长期研究的结果，非一朝一夕之功也。

最难得是熊先生的老友梁漱溟先生，他与熊先生完全是学术上直言不讳，道义上肝胆相照的诤友、挚友。是他于 1916 年在《东方杂志》13 卷 5—8 期上连载的长文《究元决疑论》中，指名道姓地批评了熊先生早期有关佛学的文章，并与之切磋学问；是他于 1920 年推荐了熊先生到南京支那内学院专门学习佛学，又于 1922 年向蔡元培先生推荐，熊先生得以进入北京大学，开始了长达 30 多年的教学生涯。又是他，于 1961 年，在重新研读了熊先生的所有著作后，摘录其主要论点，编成一册《熊著选粹》，以示世人。尤为可贵的是，在《读熊著各书书后》这篇三万余字的长文中，既有肯定熊著"颇有新意，深表叹服"之赞词，也指出其不足之处。他认为，熊先生在建立本体论、宇宙论时，过分偏爱理论分析，因而在中国文化反躬向内、践形尽性的传统思路方面有所缺失；看到了上层建筑中各个组成部分的交互影响，而未能把上层建筑同经济基础联系起来考察研究；对佛教的理解也有偏差之处，等等。

对于熊先生的"新唯识论"哲学体系，中国哲学史专家张岱年先生曾经有过概括性的评论。张先生指出：《新唯识论》认为"实体"非离心外在的实体，名为"恒转"。恒转包含翕与辟的作用，实体一翕一辟，而有色法（物质现象）与心法（精神现象）。但又说恒转即是本心。熊十力在他晚年所著《体用论》与《乾坤衍》中，不再讲"境不离识"，而强调"体用不二"，认为实体不是离开现象而独立的，是万物的内在根源，"物质与精神，皆实体之功用"，主张"摄体归用"。熊十力将此种观点托之于孔子，认为《易大传》中所谓乾即指生命和精神，所谓坤即指物质与能力，自称此种学说为"新易学"。他企图超越唯物主义与唯心主义的对立，实际上仍然倾向于唯心主义。

（《中国大百科全书》哲学卷，中国大百科全书出版社，1987年，第1041页）张岱年先生的上述评价，在一定程度上代表了大陆哲学界许多学者的共识。

熊先生在港台的弟子中唐君毅、徐复观、牟宗三等最为著名，他们在不同时候当过熊先生的学生。至今健在的牟宗三先生曾指出，"熊十力先生是一代大哲、现代新儒家学派的开创者"，"是五四后老一代佛学专家中屈指可数的几位代表人物之一"。应该说这个评价是客观的、精当的。

熊先生的"新唯识论"哲学思想体系，基本上是属于唯心主义的，他对宋明道学中的心学、理学的分歧，有调和的倾向，但还是归于心学。事实上，熊先生所理解的心与物都是本体的功用，两者相互依存，"一言乎物，已有心存……一言乎心，当有物在"，所以"在宇宙论中所以无唯心唯物之分裂者"。（熊十力：《原儒》下卷，龙门联合书局，1956年，第32页）

在他那里，"天人不二""体用不二"是互相说明的，是他的基本哲学思想的不同表述。这一点是十分清楚的。他是在1949年后留在大陆的哲学教授中，唯一没有宣布放弃自己原来思想体系的哲学家。他曾表示过，他是不能改造的，改造了就不是他熊十力了。这一点也是他有别于人的地方，是很不容易的。因为在"左"的思潮占统治的年代里，人们心目中是把"唯心主义"与"反动""反对革命"等政治概念画上了等号的。在这种氛围中，要客观、准确地对他的哲学思想做出评价是不可能的。好在后来的历史，终于证明了他的思想价值，确立了他在哲学发展史上应有的学术地位。

随着熊先生的仙逝，许多事情虽已事过境迁，人们应当反思的是：要如何正确地评价作为学术思想的唯心主义，如何正确对待持有唯心主义哲学思想的哲学家？什么时候我们才能做到把学术思想与政治态度不要混为一谈？在考察、评价熊十力先生的哲学思想体系及其一生为学、为人的时候，这些问题是无法回避也不应该回避的。

（载《福建论坛》，2013年第1期）

梁漱溟和他的《中西文化及其哲学》等著作

　　梁漱溟（1893—1987），原籍广西桂林，曾祖一代移居北京，父名济，字巨川，举人出身，曾任清王朝内阁中书、内阁侍读等职。梁漱溟 1893 年 10 月 18 日生于北京，原名焕鼎，字寿铭，后改为漱溟。由于他的父亲梁济在当时社会改革潮流的冲击下，是个主张经世致用的改革者，他对梁漱溟的启蒙教育，不是采取传统的八股旧途，而是让儿子读新学，《地球韵言》是梁漱溟记忆最深刻的一本新书。而梁漱溟在启蒙学堂（当时一所中西兼容的学校）里读到的《启蒙画报》，引起了他极大的兴趣，他一生自学成名的道路由此发端。1906 年，梁漱溟考入北京顺天中学堂，在此学习期间，激流奔涌的时代与亲朋师友的影响，使他过早地以人生问题和中国社会问题作为思索的课题，并为此而投身于社会政治活动之中。为了解决中国社会问题，他在 1949 年之前和之后所从事的社会活动，及其走过的坎坷不平之道路，已为学人、国人所知晓。其中的是非曲直，也已经由历史做出了公允的结论，无需笔者在此赘言。本文仅就他的几部重要著作，看看他所走的思想历程，谈谈他作为新儒家的学术人生。

　　梁漱溟先生早期曾以救国救世之目的，把求佛出世作为他上下求索的路数之一。1913 年以后的一个时期，他苦读佛典，开始吃素，拒绝父母为他成婚，并曾一度要出家为僧。他写了万余字的佛学论文，题目是《究元决疑论》，于 1916 年在《东方杂志》5、6、7 三期上连载。此文是他钻研佛学和研究印度文化的结晶，也是后来被蔡元培赏识，聘请他到北京大学任教，主讲印度哲学的重要依据。而他在北大任教的七年（1917—1924 年），正是他从佛到儒的转变时期。这除了当时社会思潮的重大冲击的原因之外，也和佛与儒两家宗旨的迥异有关。梁漱溟既然以救国救世为人生的目标，舍弃佛家之出世虚无，崇尚儒学之入世务实，乃是顺理成章之必然结局。如果说 1919 年他为教学需要所写的《印度哲学概论》由商务印书馆印行之日，是他表示归宗儒家之时，那么，1921 年《东西文化及其哲学》的出版，则是他最后由佛转儒的标志，是他成为当代新儒家创始人的奠基之作。

梁漱溟是现代新儒学的重要代表人物。"所谓现代新儒学，是指'五四'以来，在强烈的民族文化危机的刺激下，一部分以承续中国文化之使命自居的知识分子，力图恢复儒家传统的本位和主导地位，重建宋明理学的'伦理精神象征'，并以此作为基础来吸纳、融合、会通西学，建构起一种'继往开来'、'中体西用'式的思想体系，以谋求中国文化和中国社会的现实出路。"（方克立：《现代新儒学与中国现代化》，天津人民出版社，1997 年，第 448 页）

这股思潮产生于五四时期，梁漱溟是第一代的重要代表，迄今已有三代人薪火相传，新儒家与马克思主义、西方文化派形成三足鼎立之势。梁漱溟有关新儒学的著作很多，最重要的是《东西文化及其哲学》、《中国文化要义》、《东方学术概观》和《人心与人生》等。

《东西文化及其哲学》：西方、中国、印度"三种路向"说

梁漱溟在《东西文化及其哲学》中，系统地阐明了儒家的人生哲学、文化哲学，提出了解决中国文化危机和改善人类生活模式的设想。它的出版使梁漱溟成为举国知名的人物，从 1921 年到 1929 年，从第 1 版连续出版到第 8 版。影响之大，由此可见。在此书中，他提出了一个新概念："意欲"（这个概念与叔本华所说的意欲略相近）。他认为，文化是一个民族的"生活样法"，而生活就是无尽的"意欲"。虽说不同民族的文化表现为不同的特质，但只要看这个民族生活样法、最初"意欲"的出发点就可以了。据此，他提出了"三种文化类型""三种路向"的说法。西方、中国、印度分别代表着三种文化类型，这三种类型因为所采取的路向不同，从而在历史上展现出从低级向高级发展的三个阶段。

西方文化所代表的是第一阶段。这个阶段自然生存的基本问题尚未解决，"意欲"表现为要求现世幸福，努力向前去征服环境，以满足基本的生活欲望。古希腊的科学、哲学、美术、文艺由此发生。这是初级阶段的文化。经

过中古黑暗时代之后，终于出现了文艺复兴时代，又回到了追求物质文明的路上去，并进而向着发展自然科学和发展人的本性的方向，终于走到了科学时代和民主时代。科学与民主是西方文化的两大异彩。

中国文化所代表的是第二阶段。在征服自然以获得物质方面，在发展科学技术和社会生活的民主方面，中国远不及西方；这不是因为中国迟钝走得慢，才导致如此，而是中国人走的与西方文化不同的道路。中国人的思想是"安分、知足、寡欲、摄生"，东方文化"无征服自然态度而为与自然融洽游乐的"态度，持这种态度就不会有近代科学技术的出现；在社会生活方面，持容忍礼让态度，也就不会有民主的出现。（梁漱溟：《东西文化及其哲学》，商务印书馆，1923年，第65页）

印度文化所代表的是第三阶段。印度文化独重宗教，精神生活畸形发展，宗教生活畸形发达。印度宗教的因明学、唯识学秉承严苛的理智态度，理应走上科学之路，但印度人不如西方人之追求物质幸福，也不像中国人之安遇知足，而是努力于求得解脱，反身向后要求出世。

梁先生认为，以上三种文化、三种路向，其哲学上的特点是：西方宗教与形上学起初很盛，后遭批评失势至于路绝，宗教自身变化以应时需，知识论有掩盖一切之势，成为哲学的中心；中国宗教素淡，绝少注意知识，而人生之部分极盛与形上学相连，占哲学之全部；印度宗教问题占思想之全部，宗教概括了人生思想，其哲学之全部为宗教问题。（《东西文化及其哲学》，第68—69页）

梁先生指出，人类文化都必须按照三个路向的顺序走。中国人开始也走了第一路，但未走到头就折到第二路上了；印度文化第一路、第二路都未走完，便折到第三路上了。中国文化、印度文化都是"人类文化的早熟"。西洋文化虽然在征服自然、发展科学、倡导民主方面，取得了成功，但是，"西洋文化的胜利，只在其适应人类目前的问题，而中国文化印度文化在今日的失败，也非其本身有什么好坏可言，不过就在不合时宜罢了"。（《东西文化及其哲学》，第199页）

据此，中国人应当排斥印度的文化，而承受西方文化，吸取他们的科学与民主；但又绝不能全盘西化，而要改造其人生的态度。当今世界文化正处于第一路走尽、第二路到来之际，因此，最要紧的是，应当批评地拿出中国原来的态度，站在世界的高度，促进第二路（中国文化）全面的落实与普遍的实现。

从《东西文化及其哲学》一书来看，梁漱溟哲学思想的来源是比较广博的。他吸收了法国柏格森的生命哲学和直觉主义的某些观点，又引入了佛教唯识宗的神秘主义，与中国儒家的天人合一、存天理灭人欲的伦理思想相结合，从而创造了一套"生机主义"的宇宙观和直觉主义的认识论，并由此着力阐述了以孔子为代表的中国古代儒家的生命哲学。

《东西文化及其哲学》的出版在当时的思想界引起了很大的反响，不少文化名人都发表了评论文章。例如，张君劢的《欧洲文化之危机及中国新文化之趋向》（1922 年 2 月）、张东荪的《读〈东西文化及其哲学〉》（1922 年 3 月）、严既澄的《读〈东西文化及其哲学〉》（1922 年 3 月）、胡适的《读梁漱溟先生的〈东西文化及其哲学〉》（1923 年 3 月），等等。（参见罗荣渠主编的"五四以来有关中国的文化趋向和发展道路论争文选"：《从"西化"到现代化》，黄山书社出版，2008 年）这些文章无论赞同还是质疑乃至反对，都在情理之中。必须指出的是，新儒家对于中国实现现代化之需要科学与民主，是明确认同的，认为这两种精神"完全是对的"，应"无条件承认"；他们还严厉批评腐儒冬烘之顽固不化。梁漱溟曾经公开宣布："我有一个最大的责任，即为替中国儒家作一个说明，开出一个与现代学术接头的机会。"（梁漱溟：《梁漱溟全集》第 2 卷，山东人民出版社，1990 年，第 136 页）

可见，新儒家并不是不要科学与民主，而是主张在保持民族文化自主性的前提下来消化、整合、涵育这些现代内容。这就是梁先生多次阐述的"开新"必须"返本"，从"老树"上发出"新芽"的意思。平心而论，他针对全盘西化派的偏弊所作的反击，无疑是新文化运动的对立互补的因素，应该是五四文化启蒙运动中的不可或缺的一环。

《中国文化要义》："认识老中国，建设新中国"

《中国文化要义》是继《东西文化及其哲学》之后的又一部体现新儒家思

想的专著，是梁漱溟先生多年研究中国文化的结晶。这部著作从开始动手到出版，前后历时9年。1941年他在桂林时，曾为广西大学师生作过专题讲演，1942年初就开始动笔，到1944年陆续写成6章，约8万字，以后因故辍笔。1946年11月来四川北碚办学，重新整理旧稿，到1949年终于写成，11月由路明书局正式出版。全书共14章，计20万字。

梁先生在自序中说，他写此书是"为解决中国问题"，而解决中国的现实社会问题，必须从中国文化入手。为了解中国文化的现状，就必须了解"老中国社会"的全部文化及其特征。用他自己的话说，为了"建设新中国"，必须"认识老中国"。在绪论中，他提出了中国文化的七大个性和十四个特征。

七大个性是：1. 中国文化的独自创发，慢慢形成，非从他受；2. 中国文化自具特征，自成体系，与其他文化差异较大；3. 中国文化绵永其独立之民族生命，至今岿然独存；4. 中国文化能包容吸收外来文化，同化他人之力量最为伟大；5. 中国文化涵盖广阔，非惟时间绵延最久，空间之拓大亦不可及；6. 中国文化数千年不变，显示出自身具有高度妥当性、调和性，已臻成熟之境；7. 中国文化对四周之影响，既远且大。（梁漱溟：《中国文化要义》，上海人民出版社，2005年，第7—8页）

十四个特征是：1. 广土众民；2. 众多民族之同化融合；3. 历史久长；4. 造就以上三个特征之内在的伟大力量；5. 历久不变的社会，停滞不进的文化；6. 几乎没有宗教的人生；7. 家族本位的社会特色；8. 中国学术不向着科学方面发展；9. 民主、自由、平等一类要求不见提出，法制制度不见形成；10. 道德气氛特重，建国之基础不靠法律制度而靠伦理纲常；11. 中国长期组织松散，不属普通国家类型；12. 不重视武力，不重视军队，重文轻武；13. 中国文化的重视孝，或可称为"孝的文化"；14. 中国隐士的文化风尚。（《中国文化要义》，第8—24页）

这七大个性和十四个特征的影响与陶冶，造成了整个中华民族的十大特点：1. 自私自利（身家观念重，不讲公德，不能合作，缺乏组织能力，对国家及公共团体缺乏责任感，徇私废公及贪私等）；2. 勤俭（刻苦耐劳，好节省以至于吝啬）；3. 爱讲礼貌（重形式、爱面子）；4. 和平文弱（耻于用暴，调和妥协，不为已甚，适可而止）；5. 知足自得（知足安命，安分守己）；6.

守旧（好古薄今，因循苟安）；7. 马虎（不求精确，不惜时间，不讲数字，敷衍，没有一定规律）；8. 坚忍及残忍（坚忍指能忍耐，克己、自勉、忍辱、吃亏；残忍指对人对物少同情心）；9. 韧性及弹性（有温炖汤、牛皮糖之称喻）；10. 圆滑老到（悠悠然不慌不忙、稳、老成持重、心眼多、有分寸、近情理、不偏不倚、不露圭角而具有极大适应性及潜力）。（《中国文化要义》，第 25 页）

梁先生认为，中国人重家庭而不重集团生活，以道德代宗教作为人生信仰；中国社会是以伦理为本位，没有阶级对立，只有职业分途；中国的国家松散，不像国家；中国历史只是一治一乱的循环，而没有革命可言；中国是人类文化早熟的国家。相对于西方文化，中国文化是理性文化，西方文化是理智文化。这种理智文化是与物质文化相联系，这种文化向上发展，才进入理性文化。理性文化考虑的是人而不是物，是人心对人心的问题。中国文化未经物质文化的充分发展，就走上了理性文化的高级阶段，所以它是"人类文化的早熟"。

《东方学术概观》和《人心与人生》：晚年精思之作

《东方学术概观》这本书收集了三篇学术论文：《儒佛异同论》（1966）、《今天我们应当如何评价孔子》（1974）和《东方学术概观》（1975）。它们都是在 1966 年至 1976 年间，在遭受批评的逆境中写成的。1986 年，巴蜀书社将这三篇文章合集出版。其中《今天我们应当如何评价孔子》一文已经先在1985 年 5 月、6 月的《群言》杂志上发表，它是在当时那个"批林批孔"的特殊年代，他自己也被点名为"现代的大儒"而不断地受批判的情况下，为捍卫儒家真义而同"四人帮"作抗争的产物。他认为，对于孔子"绝对的肯定或绝对的否定，都是不对的"，要站在今天的高度，一分为二地评价孔子在中国文化史上的地位。他还驳斥了"毛主席一直是批孔反孔"的观点，指出"毛主席反孔只是一个方面，还有肯定孔子的一面，就是说孔子的学说，有糟粕，也有精华"。这就给"四人帮"假借"批林批孔"用以篡党夺权的阴谋以沉重的打击。《儒佛异同论》和《东方学术概观》通过比较儒与佛，以及儒、佛、道三家的对比，进而阐明东方文化的真谛。

《人心与人生》是梁漱溟先生在晚年总结其终生思虑、实践和体验而写成的重要著作。从《东西文化及其哲学》到《中国文化要义》，再到《东方学术概观》和《人心与人生》，人们可以看出他的新儒家思想发展的清晰脚步。

《人心与人生》写作过程的时间跨度很大。梁漱溟在 1926 年、1927 年、1934 年前后三次用这个题目，在不同的场合做过演讲。1926 年、1955—1957 年两次写了序言，都因故没有写正文。1960 年到 1966 年夏，陆陆续续写成了前七章，又因红卫兵抄走了资料而未能继续写下去。直到 1970 年才再次动笔，1975 年终于完成全书。1984 年他倾平日节余之全资自费出版该书，1985 年又由三联书店再版并向国外发行，1987 年日译本出版。

在该书的序言和书成自记中，他说明了写作的缘起与相关的情况。

早在他写成《东西文化及其哲学》、在北京大学讲授儒家哲学课时，就发现该书中的认识错误并打算加以改正。"其改正的要点全在辨认人类生命（人类心理）与动物生命（动物心理）异同之间。此一辨认愈来愈深入与繁密，遂有志于《人心与人生》专书之作。"（梁漱溟：《人心与人生》，上海人民出版社，2005 年，第 220 页）

对于人心，他当时只认识了人心的本能和理智两个方面，没有认识到人心的理性一面，因而相信克鲁泡特金的"本能、理智"两分法，而反对罗素的"本能、理智、灵性（理性）"的三分法。对于这个错误当时虽做了口头的改正而未及成文。到了写作《中国文化要义》一书时，他就明确指出，理性的最大特点是"没有自己只有别人"的无私感情，是"宇宙间顶可贵的东西"，是"中华民族的精神所在"。

在《人心与人生》中，他反复论述了人类生命（人类心理）与动物生命（动物心理）之间的异同，认为，本能是一切动物与生俱来的，也是"人类生活所不可少的工具"；理智是人类静以观物的心智，得到的是外界的物理，夹杂着个人好恶的感情；而理性（罗素称之为灵性）则是人的清明自觉的感情，是人类站在公正无私的理性感情上观物，得到的是情理。用他的话来说："理智者人心之妙用，理性者人心之美德。"他认为，"人类之所贵于物类者在此焉"，"世俗但见人类理智之优越，辄认以为人类特征之所在。而不知理性为

体，理智为用，体者本也，用者末也；固未若以理性为人类特征之得当"。（《人心与人生》，第 86 页）

他认为，"理智、理性不妨说是人类心思作用之两面。知的一面曰理智；情的一面曰理性；二者密切相联不离"。《东西文化及其哲学》不足之处"就是滥以本能冒充了人心"。（《人心与人生》，第 12 页）

梁先生认为，人心与人生是密不可分的，"心非一物也，固不可以形求"，"讲到人心必于人生求之"，或者说要"即人生以求人心"。（《人心与人生》，第 15 页）他还认为，心为主宰之义，"以主动、宰制分析言之，是一种方便。其又曰自觉的能动性者，是另一最好的说法，来说明此主宰之义"。（《人心与人生》，第 27 页）

据此，他又以主动性、灵活性、计划性三点作为自觉的能动性的内涵，分三章对之进行论述。此外，他还具体分析了自然与人的关系、身与心的关系，谈到了人的性情、气质、习惯，社会的礼俗、制度，宗教与人生，以及作为人生实践的道德，等等。在进行这些论述时，梁先生都十分注意东西方文化、东西方哲学之比较，并且对资本主义与社会主义的发展前景做出了明确的论断，他说："人类社会发展在最近的未来，无疑地要从资本主义阶段转入社会主义阶段；随着社会经济这一转变的到来，近代迄今盛极一时向着全世界展开的西洋文化即归没落，而为中国文化之复兴，并发展到世界上去。"（《人心与人生》，第 77 页）

梁漱溟先生于 1917—1924 年间执教于北京大学哲学系，余生也晚，无缘与先生谋面。当我进北大时，先生早已离开那里。大学读书期间，当时我们能够看到的是报纸杂志上对他进行批评的文章，和后来出版的两辑《梁漱溟思想批判》。改革开放以来，我陆陆续续地读了梁先生的若干旧作；近年以来，由于教学的需要，又重新读了他的一些哲学著作，才得以对他有了重新的认识。

前面已经提到，梁漱溟先生以解决中国社会问题和人生问题作为他的毕生志向。他既是学者，又是社会实践活动家。人们当然可以不同意他的政治观点和改革社会的主张，但绝对不能否认他是热爱祖国的，是赞成社会主义的，是拥护中国共产党的。梁漱溟先生以及新儒家的学术主张（特别是要从儒家传统中发掘出不为特定的历史时期和社会形态限定的、具有世界意义的东西的看法），虽然与当时出现的新思潮相左，但毕竟为激进派提供了一个独特的参照系，促使他们调整、完善现代化方案。人们也可以不同意他的学术观点和新儒家的思想，但他那好学深思的执着精神，锲而不舍的坚韧态度，他对传承中国古代文化的强烈的使命感和责任心，不由你不为之而感动。中国宋代著名哲学家张载曾经有这样的名言："为天地立心，为生民立命，为往圣继绝学，为万世开太平。"对于梁漱溟先生来说，难道他不是"为往圣继绝学"而终其一生？他那种为国家、为民众、为社会的未来发展，而坚持自己认为正确的主张，不畏强权，直言不讳，敢于触犯权威的铮铮铁骨，是多么难能可贵！他的一些具体主张是否正确，可以由社会实践来检验，但是，他的人格操守，将永远为正直、善良的人们所景仰、所铭记！

（载《中华读书报》2009 年 12 月 9 日）

昌明国故，融化新知，为往圣继绝学
——汤用彤的中国佛教史和魏晋玄学研究

汤用彤（1893—1964），字锡予，湖北黄梅人。在辛亥革命后入北京清华学堂，1917 年毕业。1918 年留学美国。1922 年回国后，历任东南大学、南开大学、北京大学、西南联大等校教授。1947 年一度赴美国加利福尼亚大学讲学。1949 年后，历任北京大学校务委员会主席、副校长，中国科学院哲学社会科学学部委员等职。

汤先生通晓梵语、巴利语等多种外国语言，治学严谨，精于考证而又不流于烦琐；善于吸取中外学者的成果，而又不囿于成说；注意统观古代各家学术思想全貌，并揭示其发生发展的线索。他采用西方学者研究哲学史的方法，再参以乾嘉诸老的考证方法，在中国佛学思想史、魏晋玄学以及印度古代哲学史的研究上，都有可贵的创见，为中外学术界所重视。已出版的主要著作有《汉魏两晋南北朝佛教史》《隋唐佛教史稿》《魏晋玄学论稿》《印度哲学史略》等。

《汉魏两晋南北朝佛教史》和《隋唐佛教史稿》：
打通中国哲学史研究中所碰到的礁石，至今无人超越

汤先生最初是以治佛学而名世的，《汉魏两晋南北朝佛教史》原为汤先生在北京大学等校讲课时用的讲义，从 1933—1934 年就开始写作，历时数载，经过多次增订后，1937 年完成，由长沙商务印书馆于 1938 年 6 月正式出版。全书资料丰富，考订精审，共分两个部分："汉代之佛教"和"魏晋南北朝佛教"。

"汉代之佛教"有五章，重点是总结汉代佛道的性质，指出当时的佛教信仰是被当作中国所谓道术的一种而得以流传。汤先生指出：

佛教在汉世，本视为道术之一种，其流行之教理行为，与当时中国黄老方技相通。其教因西域使臣商贾以及热诚传教之人，渐布中夏，流行于民间。上流社会，偶因好黄老之术，兼及浮屠，如楚王英、明帝及桓帝皆是也。至若文人学士，仅襄楷、张衡略为述及，而二人亦擅长阴阳术数之言也……及至魏晋，玄学清谈渐盛，中华学术之面目为之一变，而佛教则更依附玄理，大为士大夫所激赏。[汤用彤：《汉魏两晋南北朝佛教史》（增订本），北京大学出版社，2011年，第67页]

第二部分"魏晋南北朝佛教"，共十五章。先着眼于三国时佛教玄学之滥觞，以及两晋之际名士与名僧之间的交往。接着综论魏晋佛法兴起的原因，并详述释道安时代之般若学兼及鸠摩罗什及其门下，包括对僧肇之学的评价。此外，还分析了慧远与竺道生等人在中国佛教史上的地位，论述了南北朝佛教的性质、存在问题、发展方向，以及对隋唐佛教宗派的影响等。此书根据社会各个时期的不同特点，以及各派思想的相互影响，着重阐明了这个时期佛教发展的线索，中国佛教与印度佛教不同的发展道路，等等。汤先生说：

汉末以来，世风渐变。孔教衰微，《庄》《老》兴起。中朝文物，经乱残废。北方仕族叠次渡江。于是魏晋释子，袭名士之逸趣，谈有无之玄理。其先尚与正始之风，留迹河、洛。后乃多随永嘉之变，振锡江南。由是而玄学佛义，和光同流，郁而为南朝主要之思想。[《汉魏两晋南北朝佛教史》（增订本），第295页]

这是南朝的状况。北朝却是另一番景象了：

反观北方，王、何、嵇、阮，本在中州。道安、僧肇，继居关内。然叠经变乱，教化衰熄，其势渐微，一也。桓、灵变乱，以及五胡云扰，名僧南渡，玄学骨干，不在河、洛，二也。胡人入主，渐染华风。而其治世，翻须经术，三也。以此三因，而自罗什逝世，北方玄谈，渐就消

沉。［《汉魏两晋南北朝佛教史》（增订本），第 295 页］

接着，汤先生分析了经学与佛学之间的关系：

> 后魏初叶，仕族原多托身于幽、燕，儒家师抱晚汉经学之间残缺于
> 陇右。而燕、陇者，又为其时佛法较盛之地。则佛教之于经学，在北朝
> 开基已具有因缘。及北方统一，天下粗安，力鼓励文治，经术昌明，而
> 昌明经术之帝王，又即提倡佛学最力之人。于是燕、齐、赵、魏，儒生
> 辈出，名僧继起，均具朴质敦厚之学风。大异于南朝放任玄谈之习气。
> 盖其所谓儒学，仍承炎汉通经致用之义，终成北周之政治。而致用力行，
> 乃又北方佛子所奉之圭臬也。［《汉魏两晋南北朝佛教史》（增订本），第
> 295—296 页］

胡适对《汉魏两晋南北朝佛教史》给予非常高的评价，由衷赞叹其权威
性，说"此书极好"，"锡予训练极精，工具也好，方法又细密，故此书为最
有权威之作"。（《胡适日记》1937 年 1 月 17、18 日，见《汉魏两晋南北朝佛
教史》附录，北京大学出版社，2011 年，第 499 页）

贺麟在 1945 年写的《五十年来的中国哲学》一书中，曾经从总体上介绍
当时哲学界对中国哲学史的研究，把它与胡适的《中国哲学史大纲》、冯友兰
的《中国哲学史》三部著作联系起来评论。他说：

> 写中国哲学史最感棘手的一段，就是魏晋以来几百年佛学在中国的
> 发展，许多写中国哲学史的人，写到这一时期，都碰到礁石了。然而这
> 一难关却被汤用彤先生打通了。汤先生以缜密的头脑，渊博的学问，熟
> 悉东西方哲学文学，学习过梵文及巴利文，以治印度哲学，承继他家传
> 的佛学，并曾在支那内学院听过欧阳竟无先生讲佛学，同时他又得到了
> 西洋人治哲学史的方法，再参以乾嘉诸老的考证方法。所以他采取蔡勒
> 尔（Zeller）治希腊史一书的方法，所著的《汉魏两晋南北朝佛教史》一
> 书，材料的丰富，方法的谨严，考证方面的新发现，义理方面的新解释，

均胜过别人。（贺麟：《五十年来的中国哲学》，商务印书馆，2002 年，第
21—22 页）

贺先生在这里不仅肯定了该书崇高的学术价值，而且也分析了取得如此
成就的原因。

《隋唐佛教史稿》是汤先生在 20 世纪 20 年代末至 30 年代初的授课讲义，
生前虽经多次修订终因病而未能正式出版。从汤一介先生在 1979 年所写的整
理说明来看，此书是他以 30 年代北京大学铅印讲义为底本，并根据 20 年代
末原中央大学油印讲义补齐所缺章节，经整理后出版。全书共分五章，有隋
唐佛教势力之消长、隋唐传译之情形、隋唐佛教撰述、隋唐之宗派、隋唐佛
教之传布等。

汤先生指出，佛教势力之消长除了士大夫的态度之外，与帝王的好恶关
系甚大。"隋炀帝之尊智者大师，唐太宗、高宗之敬玄奘三藏，武宗之于神
秀，明皇之于金刚智，肃宗之于神会，代宗之于不空，佛教最有名之宗派均
因之而兴起。"反之，"有开元之禁令，三阶教由之而亡；有会昌之法难，我
国佛教其后遂衰"。由于佛教来自异域，所以传译工作对于开发宗派，以及往
后的盛衰，关系极大。除了传译原来的经典，还要义理的发挥，这就直接影
响到支派的出现和宗派的变迁。在隋唐之前，佛教中只有不同的学派之分歧，
还没有出现宗派。到隋唐时期，佛教经过数百年的发展，宗派产生了，而且
五花八门，自立门户，"争道统之风渐盛"。书中考察的宗派有：三论宗、天
台宗、法相宗、华严宗、禅宗、净土宗、真言宗、三阶教等等。隋唐时期佛
教逐渐成为传法之中心，"高丽、日本遂常来求法"。

隋唐时期佛教极盛，汤先生曾经有过如下概括性的阐述：

> 佛教入华，约在西汉之末，势力始盛在东晋之初……自陈至隋，我
> 国之佛学，遂大成。三论之学，上承般若研究。陈有兴皇法朗，而隋之
> 吉藏，尤为大师。法相之学，原因南之摄论，北之地论，至隋之昙迁而
> 光大。律宗唐初智首、道宣，实承齐之慧光。禅宗隋唐间之道信、弘忍，
> 上接菩提达摩。而陈末智𫖮大弘成实，隋初昙延最精涅槃，尤集数百年

来之英华，结为兹果。又净土之昙鸾，天台之智𫖮，华严之智俨，三阶佛法之信行，俱开隋唐之大派别。且自晋以后，南北佛学风格，确有殊异，亦系在陈隋之际，始相综合，因而其后我国佛教势力乃达极度。隋唐佛教，因或可称为极盛时期也。（汤用彤：《隋唐佛教史稿》，江苏教育出版社，2007年，第1页）

在佛教的诸多宗派中，汤先生在书中所说的禅宗，可以说是"纯粹之中国佛教"。包括家喻户晓的唐僧取经中的玄奘所属的法相宗等，都只能是"佛教在中国"，而不能称之为"中国的佛教"。汤先生说："禅宗自谓教外别传，盖谓灵山会中，如来拈花，迦叶微笑，即是付法。"迦叶成为印度初祖，秘密相传到第二十七祖，就是菩提达摩。他在梁武帝时来中国，就成为中国禅宗的初祖。以后有二祖慧可、三祖僧璨、四祖道信、五祖弘忍，弘忍传慧能，世称其为六祖。他与其同学神秀分为南北二宗，慧能为南宗，神秀为北宗。南宗下传有神会的荷泽宗，此外又有青原行思、希迁下传的法眼、云门、曹洞三个宗，加上怀让、道一洪州宗下传的沩仰、临济两个宗，共为五宗。其余"旁出派徒不可胜数"，"至唐末他宗衰歇，而禅风益竞矣"。（《隋唐佛教史稿》，第148—152页）

唐朝以后，从总体而言，"灿烂光辉之佛教，再不能恢复矣"。其具体细节，当然不在此书论述之范围。《汉魏两晋南北朝佛教史》和《隋唐佛教史稿》是汤先生研究中国佛教的代表作，此外，他对印度佛教与哲学亦深有研究，可于《印度哲学史略》见之。

《印度哲学史略》是汤先生在北京大学教学而编写的一部讲稿，1945年由重庆独立出版社出版，1960年又由中华书局重印出版。汤先生早在1924年6月就曾在《学衡》杂志第30期上发表了题为《印度哲学之起源》的文章，对之进行了探讨，揭示出印度的有史之初到婆罗门教，再到小乘佛教暨尼犍子六师学说的产生，再到商羯罗，从此到印度教的产生的发展线索。其中阿瑜迦至商羯罗为印度哲学的极盛时代。文章中还谈到后来伊斯兰教的扩张，以及现代西方教化的影响等。

《印度哲学史略》一书则以时间先后的顺序，起自上古，讫于商羯罗，分十二章，对印度古代和中世纪的哲学做出分析，论及印度古代的典籍和哲学的派别。印度最古老的典籍是吠陀，是关于神的颂歌和祷文的文集，包括《犁俱吠陀》（又名《赞诵明论》，主要是对自然诸神的赞歌和祈祷文）、《娑摩吠陀》（赞歌配曲后的歌曲集）、《夜柔吠陀》（如何应用诗歌进行祭祀的集子）、《阿闼婆吠陀》（巫术、咒语的汇集）等，共四部。

后吠陀时期有《焚书》《奥义书》，《焚书》是对吠陀的解释，《奥义书》的梵文为 Upanisad，原义是"近坐""秘密的相会"，引申的意思就是近坐所传的"秘密教义"。如果说《焚书》是敷陈礼仪属于"法"之事，那么，《奥义书》深探哲理，则属于"智"之事。

瑜伽是梵文 Yoga 的音译，在《犁俱吠陀》中已多次出现。瑜伽是印度六派哲学之一，可视之为修行方法。汤先生以之与佛经相比较，认为它与佛教关系甚为密切。而业报轮回、解脱之道以及人我关系，则为整个印度哲学的特点。（麻天祥：《汤用彤评传》，百花洲文艺出版社，2010 年第 2 版，第236—247 页）

汤先生对中国古代佛教史的研究中，涉及印度古代哲学史研究，这是研究中国古代佛教史所必需。在中国魏晋时期，佛学是外来文化，而魏晋玄学则是当时中国本土文化的典型形态，佛学必须依附于玄学，才能为中国知识分子和普通民众所接受，才能在中国得到发展。为了理清佛学与玄学冲突及调和的过程，便必须进一步理清玄学自身的理论根源和学术性质。因此，汤先生从对佛学的研究，顺理成章地进入到对魏晋玄学的研究，并在这两个领域同时取得开创性的成果，是完全合乎逻辑的。

《魏晋玄学论稿》：在现代学术意义上
魏晋玄学学科的奠基之作

在对魏晋玄学的评价方面，自两晋、南北朝以至 20 世纪前，中国历史上大多数史家与学者总是以清谈误国视之。20 世纪以后，随着中国学者对西方文化了解的深入，受西方文化学术的影响和启发，人们开始重新审视和评价魏晋玄学。经过数代学人的共同努力，魏晋玄学同周秦诸子、两汉经学、隋唐佛学、宋明理学以及清代学术一样，终于成为中华民族学术、思想、文化发展史上一个不可或缺的重要环节，获得了全新的肯定和评价。

中国近代以来的学者中，虽然刘师培肯定了魏晋六朝时期的士格之高、学风之善，章太炎于 1910 年撰《五朝学》一文，就历史上学风之得失进行比较，批评了历史上的史家与学人认为"魏晋之俗衰敝愈于前朝"的成见，但中国现代学术意义上的魏晋玄学的研究，则开始于 20 世纪三四十年代这一时期。当时中国正国难当头，中华民族正处于生死存亡之秋，然而正是在这一时期，形成了一个从哲学、史学、文学、美学等不同的学科领域，对魏晋南北朝时期的文化学术展开研究和讨论的学者群体。如果说，胡适的《中国哲学史大纲》和冯友兰的《中国哲学史》是中国哲学在通史方面研究的典范的话，那么，汤用彤对魏晋玄学的研究，则是中国哲学专门史或断代史方面研究的典范。汤先生在研究佛学的基础上，又进一步深刻地研究了玄学与佛学的关系问题，开辟了魏晋玄学研究这一个新的学科研究领域，从而扭转了人们由于重视佛学而忽视玄学的倾向，对魏晋玄学做出了具有创造性和系统性的研究，使之成为中国哲学、思想、文化史上一个具有现代学术意义上相对独立的学科，受到学者们的高度重视。

《魏晋玄学论稿》集中地反映了汤先生关于魏晋玄学研究的学术成果，汇集了 1938—1947 年期间陆续写成的九篇论文。除《言意之辨》以外的各篇论文，均已先后发表在当时的国内报纸杂志上。其中《王弼之周易论语新义》曾由奥人李华德译成英文，于 1947 年在美国《哈佛亚洲研究杂志》发表后，引起国外学术界的重视。1957 年人民出版社第一次将九篇论文结集出版，题名《魏晋玄学论稿》，1962 年 9 月，由中华书局再版。在这些论文中，汤先生对魏晋玄学的思想渊源、学术方法、哲学性质、发展阶段以及历史影响等各个重点，进行了专门研究，形成了较为全面系统的学理体系。尤其是他首创从哲学本体论的角度，将魏晋玄学作为一个整体加以系统的研究，从而对整个 20 世纪魏晋玄学研究的基本方向和规模，产生了决定性的影响。

该书的首篇论文《读〈人物志〉》，是关于魏晋玄学思想探源的专门论文。汤先生在中国哲学史研究中，非常注意各个不同时代学术的"变迁之迹"。他对刘劭《人物志》的研究，以及对王弼大衍义的研究，揭示了由汉代经学向魏晋玄学转折的"变迁之迹";而他对谢灵运《辨宗论》的研究,又揭示了由魏晋玄学向隋唐佛学、宋明理学转折的"变迁之迹"。这充分显示出了他研究哲学断代史或专门史的学术特色。他从刘劭《人物志》的研究中发现了汉末晋初学术变化的过程及原因,指出正始时期玄学家的学说,已开始脱离具体的人物和事物,成为一种形上学说。(汤用彤:《魏晋玄学论稿》,北京三联书店,2009 年,第 23 页)

自汉魏以来,人们曾经就"圣人是否可学、是否可至"的问题开展了讨论,依据不同的传统,得出不同的结论。中国传统的说法认为,圣人不可学不可至;印度传统却认为,圣人可学亦可至。谢灵运采纳了竺道生的顿悟之说,调和两种不同说法,主张圣人虽不可学,但却能至,只是这个"至",不是由"积学所成",而是在于"顿得自悟"。这不啻宣告圣人之可至,显示出魏晋思想的一大转变。自此以后,成圣、成佛不仅仅是一种理想,而且"为众生均可企及之人格"了。这种看法,不仅下接隋唐禅门之佛学,而且开创宋明理学圣人可学、可至之先河。(《魏晋玄学论稿》,第 121—122 页)

《魏晋玄学流别略论》是全书的纲领,魏晋玄学思想发展史在此得到了扼要的评述。汤先生从时间上的分段、各流别所受学说的影响等外部特征,以及各流别所具有的内在理论特征、逻辑关联等方面,清晰描述并深入分析出玄学从"佛学与玄学的纠缠"中,逐步独立出来的发展轨迹。汤先生指出,"汉代偏重天地运行之物理,魏晋贵谈有无之玄致",魏晋玄学与汉代思想的根本不同在于:它"已不复拘拘于宇宙运行之外用,进而论天地万物之本体。汉代寓天道于物理。魏晋黜天道而究本体,以寡御众,而归于玄极(王弼《易略例·明象章》);忘象得意,而游于物外(《易略例·明象章》)。于是脱离汉代宇宙之论(Cosmology or Cosmogony)而留连于存存本本之真(ontology or theory of being)"。(《魏晋玄学论稿》,第 23 页)

他还指出,玄学家何晏、王弼立论"以无为本"中所说的"无",虽然说的是"无",但非人们在有无的意义上所理解的什么都没有的虚无,乃是"无对之本体(Substance)","因其为道之全,故超乎言象,无名无形"。(《魏晋玄学论稿》,第 49 页)由此确立了魏晋玄学作为一种本体之学(本体论)在中国哲学史上的学术性质和地位。这就为后来的学者以历史与逻辑相统一的方法，研究魏晋玄学的发展过程提供了重要的线索。

汤先生在该论文中，还将魏晋时期玄学家的思想与佛家的教义，予以对照，以明其异同与相互联系，最后得出结论：

> 王弼注《老》而阐贵无之学，向、郭释《庄》而有崇有之论。皆就中华固有学术而加以发明，故影响甚广。释子立义，亦颇把其流风。及至僧肇解空第一，虽颇具谈玄者之趣味，而其鄙薄老、庄，服膺佛乘，亦几突破玄学之藩篱矣。（《魏晋玄学论稿》，第 60 页）

这表明，佛学首先是依附于玄学才能发展，而僧肇思想的产生，既是魏晋玄学的继承和发展，又是佛学中国化的开始。

《言意之辨》在综论魏晋玄学方法论的同时，比较了过去烦琐的汉代经学与新起的魏晋玄学的根本不同之点。汤先生指出："新学术之兴起，虽因于时风环境，然无新眼光新方法，则亦只有支离片断之言论，而不能有组织完备之新学。故学术，新时代之托始，恒依赖新方法之发现。"（《魏晋玄学论稿》，第 25 页）

这里所指的新方法，便是言意之辨。他认为，言意之辨的重要性有四：首先，言意之辨"用之于经籍之解释"，可以"会通其义而不拘泥于文字"，并削除去汉人之芜杂；其次，言意之辨"深契合于玄学之宗旨"，是玄学作为一种本体之学的内在要求；第三，言意之辨中"得意忘言"的方法，可以"会通儒道二家之学"；第四，言意之辨不仅是理论方法问题，而且对于魏晋士人之立身行事产生重大影响。"大凡欲了解中国一派之学说，必先知其立身行事之旨趣"，"理论上言意之辨，大有助于实用上神形之别"，"魏晋名士谈理，虽互有差别，但其宗旨固未尝致力于无用之言，而与人生了无关系。清谈向非空论，玄学亦有其受用"。（《魏晋玄学论稿》，第 25 页）总之，汤先生通过对魏晋玄学的学术方法言意之辨的阐述，将之与最能反映玄学的哲学特点的思维方法问题（抽象的体用、有无之辨），与当时最为人们所关注的社会政治问题（即名教与自然之辨），以及与魏晋士人最为切身的生活实践问题（即形、神之辨）等几个方面的问题很好地贯穿起来，构成了一个较为完整的玄学研究的基本理论框架。

《魏晋思想的发展》原来是作者在一次专门会议上所做学术演讲的记录稿，经整理而作为附录收入书中。这篇论文全面总结了魏晋玄学的产生、玄学的流变与派别，及对后世学术影响较大的论文，它涉及到它的产生是否受到外来佛教的影响的问题。汤先生明确指出："玄学的产生与佛学无关"，因为"玄学是从中华固有学术自然的演进，从过去思想中随时演出'新义'，渐成系统，玄学与印度佛教在理论上没有必然的关系，易言之，佛教非玄学生长之正因。反之，佛教倒是先受玄学的洗礼，这种外来的思想才能为我国人士所接受。不过以后佛学对于玄学的根本问题有更深一层的发挥。所以从一方面讲，魏晋时代的佛学也可说是玄学。而佛学对于玄学为推波助澜的助因是不可抹杀的"。（《魏晋玄学论稿》，第 133 页）

中国哲学界对魏晋这一特定时期的文化，包括哲学思想，还没有形成一个固定的名称。有人称之为清谈之学，也有人称之为思辨之学，等等，不一而足。汤先生第一次用魏晋玄学这个名称来概括这个时期哲学的特点，并且已被多数哲学史家所采纳。除此以外，他对魏晋玄学的思想内容的分析与概括，对不同阶段代表人物的深刻剖析，至今仍为研究这个时期的学者所遵循。魏晋玄学研究在汤先生等学者的共同努力之下，依靠他们对中国传统文化的深切理解，并借助于西方的学术观念和方法，建立起基本的现代学术形态，为后来的进一步研究奠定了坚实的基础。

汤先生学术研究取得成就的原因，他的文化观与研究方法以及在学术史上的重要地位

汤先生在《汉魏两晋南北朝佛教史》一书出版的 1938 年，专门为此书写了跋。言虽简约，其意深远。他说：

> 中国佛教史未易言也。佛法，亦宗教，亦哲学。宗教情绪，深存人心，往往以莫须有之史实为象征，发挥神妙之作用。故如仅凭陈迹之搜讨，而无同情之默应，必不能得其真。哲学精微，悟入实相，古哲学慧

发天真，慎思明辨，往往言约旨远，取诸虽近，而见道深弘。故如徒于文字考证上寻求，而缺心性之体会，则所获者其糟粕而已。且说者谓，研究佛史必先之以西域语文之训练，中印史地之旁通。[《汉魏两晋南北朝佛教史》（增订本），第 487 页]

他认为，佛法既非纯粹哲学，又非普通宗教，具有"亦宗教，亦哲学"的特征。他不是从一般宗教徒的视角，而是以哲学的眼光来探究佛教和佛学。在研究过程中，既要"同情之默应""心性之体会"，又要并览今古，兼容中西，多维比较，因革损益，以探寻不同文化之真谛，并理清其发展的历史脉络，达到选择吸收来自各方面精华的结局。明乎此，我们就可以懂得，汤先生为什么在研究中国佛教史时，不能不涉足魏晋玄学的领域，并进而探明两者的相互联系；在探求中国佛教的源头时，必须弄清印度哲学的起因及其特色。印度哲学具有探求宇宙大本，重视真我、无我之辨，擅长理性思维并蕴含出世与人生辩证统一之特点，这与汤先生在佛教研究的过程中，始终如一地贯穿着的重本体而不离人生的旨趣是相契合的。

汤先生在跋中还说，他"幼承庭训，早览乙部……稍长，寄心于玄远之学，居恒爱读内典。顾亦颇喜疏寻往古思想之脉络，宗派变迁"。这可以说是汤先生学术生涯的真实写照。汤先生生长于书香门第，家学渊源。他的父亲汤震（字雨三）素喜汉易，爱吟诗词，对他起着潜移默化的作用，使他自幼对历史产生了浓厚的兴趣，并以同情之眼光理解历史，看待人生。对于国学，他崇尚宋明理学，视之为中国之"真文化真精神"；到美国留学期间，主攻哲学及梵文、巴利文，认真苦读，与陈寅恪、吴宓被称为"哈佛三杰"。他以新人文主义者白璧德为师，接受了"同情加选择"的新人文主义的思想。学成回国后，作为《学衡》杂志的主要撰稿人和该学派的重要成员，以"昌明国故，融化新知"为己任，发表了一批阐发中西圣哲思想的高水平文章。在 20 世纪的三四十年代，教学南北，既没有卷入当时的政治大潮而与世浮沉，又不忙于构建自己的理论体系，而是以"同情之默应"，毕生致力于冷僻的中国佛教史与魏晋玄学的研究，为往圣继绝学，"俾古圣先贤之人格思想，终得光辉于世"。汤先生的学术成就从而得到了国内外学术界的高度评价。季羡林先生说：

> 中国十九世纪末至二十世纪初叶学术发展有一个大转变。俞曲园能熔铸今古；但是章太炎在熔铸今古之外，又能会通中西……太炎先生以后，几位国学大师，比如梁启超、王国维、陈寅恪、陈垣、胡适等，都是既能熔铸今古之外，又能会通中西的……我认为，汤用彤（锡予）先生就属于这一些国学大师之列，这实际上是国内外学者之公言，决非我一个人之私言。（季羡林：《国故新知——汤用彤先生诞生百周年纪念文集》序，北京大学出版社，1993 年）

季先生说，这是"国内外学者之公言"。的确如此，像胡适、钱穆这样的学术大家，都不乏对汤先生的高度评价。胡适在 1937 年 1 月 18 日，看了《汉魏两晋南北朝佛教史》尚未出版的书稿后，除了称赞"此书为最有权威之作"之外，还在当天的日记写下这样一段话。

> 到北大，与汤锡予先生畅谈。他自认胆小，只能作小心的求证，不能作大胆的假设。这是谦词。锡予的书极小心，处处注重证据，无证之说虽有理亦不敢用，这是最可效法的态度。（胡适《胡适日记》1937 年 1 月 18 日，见《汉魏两晋南北朝佛教史》附录，北京大学出版社，2011 年，第 503 页）

钱穆先生对汤先生的为学、为人向来评价甚高，有"与时而化""极高明而道中庸"之赞誉。他专门写了题为《忆锡予》的纪念文章，对汤先生道德文章的特点，给予深入的分析。他说："居今之世，而一涉及学问，一涉及思想，则不能与人无争。而锡予则不喜争。"他还说，真正认识一个人是很难的，"读其书不易知其人，交其人亦绝难知其学"，汤先生之不喜与人争，并不是因为是"无学问""无思想"，而是体现了中国学人"致中和"的优秀品格。钱先生根据世人在人性、品格方面的差异，分为欧洲主进型的"伊尹之任"，印度主退型的"伯夷之清"，以及中国执两用中型的"柳下惠之和"。汤先生的为学为人与世无争而又纵论今古、爕理内外，乃中国学人的大家风范。（参见麻天祥：《汤用彤评传》，百花洲文艺出版社，2010 年第 2 版，第 57—58 页）

汤先生的《汉魏两晋南北朝佛教史》等著作半个世纪以来，一直被许理和等国外学者誉为"价值至高的工具与导引"。

前面讲到，汤先生是当时学衡派的重要成员，而当时的学衡派是作为文化保守主义的派别，在当时与自由主义、激进社会主义并立，而载入史册的。汤先生的学术成就充分地说明了，学衡派"昌明国故，融化新知"的学术主张在当时虽备受冷遇，但这种文化观的正确性终究经受历史的检验而得到了证明。

汤先生之所以能在同辈学者所未予重视的学术领域中，取得不凡的学术研究成果，除了家庭背景、社会环境之外，重要原因还在于，他有一个正确的文化观，对文化交流的冲突与调和等问题，有深入的思考。他曾撰有《评近人之文化研究》（《学衡》1922 年第 12 期）、《文化思想之冲突与调和》（《学术季刊》1943 年第 1 卷第 2 期）等文，提出"文化之研究乃真理之讨论"的口号。他既不同意"思想是民族或国家各个生产出来的，完全和外来的文化思想无关"的说法，也不同意一种文化思想"根本受外方影响，而外方思想总可完全改变本来的特性与方向"的说法，而同意"以为外来文化和本地文化接触，其结果是双方的而决不是片面的"的观点。基于这种观点，他认为，外来文化与本地文化接触、融合的步骤（或阶段）是："（1）因看见表面的相同而调和，（2）因看见不同而冲突，（3）因为发现真实的相合而调和。"当外来文化与本地文化接触时，必须经过冲突与调和两个过程，这样，外来文化才能被吸收而"加入本有文化的血脉中"，在本地生根，发挥作用。这是一个外来文化被同化、本土文化被转化同步而行的过程。以印度佛教传入中国为例，外来文化必须经过很大的改变，以适应中国本地文化，成为中国化的佛教，才能为中国人广泛接受。"在这个过程中与中国相同、相合的能继续发展，而和中国不合、不同的则往往昙花一现，不能长久。"由此，他得出一个重要结论："一个国家民族的文化思想实在有他的特性，外来文化思想必须有所改变，合乎另一文化性质，乃能发生作用。"（汤用彤：《汤用彤全集》第五

卷，河北人民出版社，2000年，第277—281页）

汤先生从研究佛教史中得出来的这个结论，至今仍然具有重要的现实意义，理应引起足够的重视。

1949年以后，在相当长的时期内佛教史与魏晋玄学的研究，都未能受到应有的重视，更谈不上学术活动应有的创新了。直到20世纪80年代以后，佛教史和魏晋玄学研究才重新焕发出生机。许抗生、李泽厚等人相继撰文指出，魏晋南北朝"这个时代是一个突破数百年统治意识，重新寻找和建立理论思维的解放历程"，汤先生当时的见解"比较能揭示出玄学的本质特征"。（参见许抗生：《略论魏晋玄学》，《哲学研究》1979年第12期；李泽厚：《魏晋风度》，载《中国哲学》第2期，三联书店，1980年出版）

这充分说明，国内的许多学者在具体的研究取向和研究方法方面，开始向上个世纪三四十年代汤用彤先生等人开辟的道路复归。

在20世纪90年代前期，人文社会科学界在进一步学习和掌握中国传统学术重考据的方法的同时，也注重对西方学术观点和方法的借鉴、吸收，如对西方解释学、现象学、存在主义等观念和方法的借鉴、吸收，从而在研究方法上呈现出更加多元化的趋势，涌现出像余敦康、蒙培元等一批优秀的后继学者。

这里值得特别关注的是《郭象与魏晋玄学》一书的问世（汤一介著，湖北人民出版社，1983年出版）。作者把哲学史看作是人类认识的发展史，注重对概念、范畴的逻辑发展的分析研究。该书全面论述了魏晋玄学产生与发展的历史进程，以及玄学与佛教、道教之间的关系；具体分析了郭象的哲学体系与方法，及其同向秀、裴頠、王弼、张湛等人的思想联系与区别。在研究方法上，注重对玄学家所使用的基本概念和范畴的把握，以及在描述思想演进过程时强调历史与逻辑的统一。这是上个世纪80年代前期中国学者努力摆脱政治与意识形态的束缚，在继承前辈学者的研究成果并借鉴西方哲学史研究经验基础上，取得的一项具有很高学术价值的成果。汤一介先生还发表了许多有关佛学以及魏晋玄学方面有影响的文章，深得其父（汤用彤先生）学术思想之真传。他对汤用彤先生学术研究的方法、风格和成果，有着独到的理解与领悟，能言人之所未言。在整理汤用彤先生的旧稿，促成其正式出版方面，更是做出了他人无可替代的贡献。

汤先生于 1964 年离开我们，至今已近半个世纪，他的学术研究后继有人，研究成果也在不断发扬光大，这正是他生前所期盼的。倘若先生有知，必定倍感欣慰。

笔者就读于北京大学哲学系期间，无缘直接聆听汤先生授课，那时他作为校领导，出现在有关场合。先生敦厚长者的风度，给广大学生留下了深刻的印象。今年是北京大学哲学系建系 100 周年，谨撰此文以为纪念，并表达祝贺之意。

（收入《愿随前薪作后薪》一书，北京大学出版社，2012 年，第 113—126 页。汤先生与学衡派以及《学衡》刊物的关系，参见拙作《以"昌明国粹，融化新知"为己任——《学衡》杂志纵横谈》，载《中华读书报》，2011 年 11 月 30 日）

西方逻辑分析方法与中国传统哲学的完美结合
——金岳霖哲学著述与学术人生

金岳霖（1895—1984），字龙荪，湖南长沙人。1911 年入北京清华学堂，1914 年毕业后以官费留学美国。先后在宾夕法尼亚大学、哥伦比亚大学学习，获哥伦比亚大学政治学博士学位。1921—1925 年，又访学于英、德、法、意等国。1925 年回国后，创办清华大学哲学系，任该系教授、系主任。1937—1945 年抗战期间，任西南联大哲学系教授。1949—1952 年任清华大学哲学系教授、系主任、文学院院长，1952—1955 年任北京大学哲学系教授、系主任。1955 年 9 月，金先生离开了北大哲学系，调到中国科学院新成立的哲学研究所，任研究员、副所长，哲学社会科学部学部委员和中国逻辑学会会长等职。

金岳霖先生长期从事哲学和逻辑学的教学与研究，学术造诣很深。他把西方哲学与中国哲学相结合，以西方逻辑分析方法来构建形而上学，因此，他的哲学思想具有中西哲学相结合的特色，有着自己独特的哲学思想体系。换言之，他建构哲学体系的逻辑方法和致思路径是西方的，但蕴藏于深处的思想感情和学术韵味却是中国的。他是最早把西方现代逻辑系统介绍到中国来的逻辑学家之一。他的代表作有《逻辑》（1936 年）、《论道》（1940 年）和《知识论》（1948 年）等。

1984 年金岳霖先生去世后，中国社会科学出版社于 1990 年出版了刘培育选编的《金岳霖学术论文选》，甘肃人民出版社于 1995 年出版了周礼全主编的《金岳霖文集》（1—4 卷）。此外，多种研究金岳霖学术思想的著作相继出版，如，中国社会科学院哲学研究所编的《金岳霖学术思想研究》（四川人民出版社，1987 年），刘培育主编的《金岳霖的回忆与回忆金岳霖》（增补本，四川教育出版社，2000 年），刘培育主编的《金岳霖思想研究》（中国社会科学出版社，2004 年），等等。

《逻辑》：国内唯一具新水准之逻辑教本

金岳霖先生初到美国时，读的是商业科，但总是引不起兴趣，因为它只是雕虫小技，而他要学的是直接关乎国家的前途和命运的、称得上"万人敌"的大学问。于是，不久就改学政治学，1918年和1920年先后获政治学的硕士和博士学位。

据金先生自己说，他对哲学发生兴趣是开始于1919年。这时，他正在研究政治思想史，他的博士论文的题目是《T. H. Green 的政治学说》。格林（T. H. Green）是英国新黑格尔派的哲学家，他的政治思想与他的哲学体系有着内在的联系，这是格林和其他哲学家不同之处。格林的著作使金岳霖先生"头一次感觉到理智上的欣赏"。金先生还说，1922年，在英国伦敦时，有两本书对他后来的思想影响特别大。一本是罗素的《数学原理》，另一本是休谟的《人性论》。（金岳霖：《论道》，中国人民大学出版社，2010年，第4页）休谟的书能够对许多重大问题作出深刻的讨论，给他以洋洋乎大观的感觉，从此，政治学或政治思想史不再是他致力的方向，而进入了哲学的研究领域。

在哲学领域中，他对逻辑又情有独钟。据说，金先生早在念中学时，就有很强的逻辑意识。他曾觉察到"金钱如粪土"和"朋友值千金"这两句民间谚语不可能同时成立，因为从中可以推出"朋友如粪土"的荒谬结论来。他在读罗素的书时，事实上已经接触到逻辑了；当他欣赏分析哲学，发出"精深的分析就是哲学"的赞叹时，再进而欣赏分析哲学所使用的逻辑工具，也就是顺理成章的事情了。

《逻辑》一书是金先生在清华大学讲授逻辑学课程时写的讲稿，于1935年由该校出版部印成讲义，内部使用。1936年又列入"大学丛书"由商务印书馆正式出版。该书的开头，作者以现代逻辑的眼光，介绍传统逻辑的推理的理论；进而对传统逻辑所存在的问题进行批评；接着介绍了一个节略的逻辑系统（即选取怀特海和罗素合著的《数学原理》中近300个定理，组成一个精干的逻辑演算系统）；还阐述了逻辑和逻辑系统的种种问题，对之进行了整体性的哲学思考。

金先生的逻辑课受到了学生们的普遍欢迎，他是"边教边学"而且是"自学成才"的。1931年他到哈佛大学向谢非教授学习逻辑时，曾有过"教过逻辑，可是没有学过"之说，引起谢非教授大笑一阵。（刘培育主编：《金岳霖思想研究》，中国社会科学出版社，2004年，第405页）

《逻辑》一书的出版受到学术界的高度评价，贺麟先生曾誉之为"国内唯一具新水准之逻辑教本"。（贺麟：《五十年来的中国哲学》，商务印书馆，2002年，第29页）

殷海光也曾撰文盛赞说它"观点纯粹、严格，解析精密"，是"中国有逻辑以来，亦即中国有史以来的第一部纯粹逻辑著作"。（《金岳霖思想研究》，第407页）

金先生不仅在逻辑学的教育方面成绩卓著，培养了一代又一代杰出人才，像沈有鼎、王浩等人，就是其中的佼佼者，而且在普及逻辑学方面也做出了重大贡献。1959年，他组织哲学所逻辑组的同仁编写了《逻辑通俗读本》，并亲自撰写书中"判断"这一章，此书在1962年出版后的20年间出了5版，印刷了100多万册。1961年主编《形式逻辑》，此书于1963年写成，1979年正式出版，是"文革"后出版的一部高校逻辑教材，后被许多高校所选用，发挥了重要的作用。

《论道》：一部用西方严格的逻辑方法阐发中国哲学传统范畴的本体论著作

金岳霖先生在西南联大期间所写的《论道》一书，是一部独创性的本体论哲学著作。众所周知，形而上学，或者说本体论，它要探讨的是关于宇宙整体、人类存在意义以及现象世界的终极性根据等等具有无限性、普遍性的问题，历来是哲学中最重要的部分，曾被古希腊亚里士多德称为第一哲学。但在20世纪的二三十年代，西方蓬勃兴起了分析哲学运动，公然提出拒斥形而上学的主张。到了40年代，分析哲学运动更是达到了巅峰状态。在分析哲学家们的手中，现代逻辑得到了高度发展，但是，他们当中没有一个人愿意用现代逻辑来重建形而上学体系。而作为中国哲学家的金先生却反其道而行之，在这方面做了大量的工作，并取得了卓越的成就。从这个意义上说，金先生超越了当时西方的分析哲学家，或者说，他是一个能够熟练地运用逻辑分析方法的形而上学家。

他把哲学中的本体论（亦称形而上学）叫做元学，是哲学的中心。别人问他，为什么用"论道"作为书名？他说："道字有中国味。"他在绪论中说：

> 现在这世界底大文化区只有三个：一是印度，一是希腊，一是中国。它们各有它们底中坚思想，而在它们底中坚思想中有它们底最崇高的概念与最基本的原动力。欧美底中坚思想，我们现在所急于要介绍到中国来的，追根起来，也就是希腊精神……印度底中坚思想我不懂，当然也不敢说甚么。中国底中坚思想似乎儒道墨兼而有之……中国思想中最崇高的概念似乎是道。所谓行道、修道、得道，都是以道为最终的目标。思想与情感两方面的原动力似乎也是道……各家所欲言而不能尽的道，国人对之油然而生景仰之心的道，万事万物之所不得不由，不得不依，不得不归的道才是中国思想中最崇高的概念，最根本的原动力。对于这样的道，我在哲学底立场上，用我这多少年所用的方法去研究它，我不见得能懂，也不见得能说得清楚，但在人事底立场上，我不能独立于我自己，情感难免以役于这样的道为安，我底思想也难免以达于这样的道为得。（《论道》，第16—17页）

因此，他把《论道》作为安身立命之作来写，全书弥漫着一股诗人气质和浪漫精神，充分体现中西哲学相结合的特色。他在晚年曾经表示，这是他"比较满意的书"。

在绪论中他阐明了对研究元学与研究知识论的不同态度，他说：

> 关于道的思想我觉得它是元学底题材。我现在要表示我对于元学的态度与对于知识论的态度不同。研究知识论我可以站在知识论底对象范围之外，我可以暂时忘记我是人，凡问题之直接牵扯到人者我可以用冷静的态度去研究它，片面地忘记我是人适所以冷静我底态度。研究元学

则不然，我虽可以忘记我是人，而我不能忘记"天地与我并生，万物与我为一"，我不仅在研究底对象上求理智的了解，而且在研究底结果上求情感的满足。虽然从理智方面说我这里所谓道，我可以另立名目，而另立名目之后，这本书底思想不受影响；而从情感方面说，另立名目之后，此新名目之所谓也许就不能动我底心，怡我底情，养我底性。知识论底裁判者是理智，而元学底裁判者是整个的人。（《论道》，第17—18页）

《论道》一书共有八章，分别阐发了"道，式—能""可能底现实""现实底个体化""共相底关联""时—空与特殊""个体底变动""几与数""无极而太极"等问题。在这本书中，他借用中国传统哲学的一系列范畴，例如，道、能、式，理、势，性、情，体、用，几、数，无极、太极，天演、道演，等等，运用西方严格的逻辑方法，在分析、推演和论证的基础上，借助于逻辑学的形式，阐述了他关于宇宙、人生的总看法，从而把中国传统哲学的研究水平提到了一个新的高度。

金先生认为，个别事物都有许多殊相，而殊相表现着共相。但是，在个别事物中，还有一种既不是殊相也不是共相的因素，这就是能。这个范畴相当于西方哲学史上亚里士多德的"质料"和中国哲学史上宋明理学家的"气"，但又有所差别。有能而不必有能的样式，这就是可能；把所有的可能析取地排列起来，就是式。而式与能的综合，就是道。"道，式—能"是现实世界和宇宙万物变动生灭的总历程和总规律。由于式包含了所有的可能，而能必然要使式中的一些可能现实化，因此，既没有无式之能，也没有无能之式。居式而能，莫不为道。从"道，式—能"的关联中，引申出理。因为式是可能与可能之间的关联，这种关联就是必然之理，简称纯理。共相与共相之间的关联，称为固然之理；殊相与殊相之间的关联，称为势。由于殊相是变动不居的，所以，"理有固然，势无必至"，换言之，现实世界中既有必然性，又有偶然性。一个事物所包含的共相，对于该事物自身而言是性，对其他事物而言是体；一个事物所包含的殊相，对于该事物自身而言是情，对其他事物而言是用。所谓"情不尽性，用不得体"是指一个特定时空中的事物所具有的殊相，总不能完全地表现相应的共相。能之入于可能是一类或一个事物的生，能之出于可能是一类或一个事物的灭。能之即出即入，称之为几。相应于前面所说的"理有固然，势无必至"，就有理几与势几之别。能不仅有即出即入，还有会出会入。会入是指虽未入而不会不入，会出是指虽未出而不会不出。能之会出会入称为数。正如理有理几与势几之别那样，数也分理数与势数。几与数的结合谓之时。现实世界的时间空间都是无穷的。从时间上说，以往的无穷的极限称之为无极，未来的无穷的极限称之为太极。金先生指出，"无极而太极是为道"。在太极中，事物的情尽性，用得体，势归于理，达到至真、至善、至美、自如的最高境界。（周礼全：《金岳霖同志的哲学体系》，载《金岳霖学术思想研究》，四川人民出版社，1987年）

金先生解释说：

> 太极是绝对；势归于理也可以说是万归于一。在这种情形之下真就是美，美就是真，而它们也都是善。太极既是绝对的，真善美也都是绝对的，所以本条说至真、至善、至美……在日常生活中，因为情不尽性用不得体，万事万物都在不完全地自如……在太极情尽性，用得体，万事万物莫不完全自在，完全自如。（《论道》，第212—213页）

对于《论道》一书，我国学术界给予了高度的评价。北京大学哲学系教授胡军在研究金先生哲学思想方面卓有成效，他曾经这样写道：

> 金岳霖向往中国传统思想中的最崇高的概念——道，但他并不是照抄照抄，而是在中西文化交流融合的大背景之下吸收了西方文化发达的逻辑、认识论意识来丰富道的含义，从而建构起一新的形而上学思想体系。这种继承—创新的哲学重建模式即使对于中国现代化或思想的建设仍然具有十分重大的意义。（《金岳霖思想研究》，第29页）

胡军教授的这个评价，可以说是人们的共识。

《知识论》：中国哲学家建构的
第一个关于知识论的完整体系

金岳霖年先生在完成了《论道》的写作之后，就集中精力撰写《知识论》，这是一本他"花精力最多、时间最长"的书。他说，他早在昆明时，就把这本书写完了。但在一次空袭警报躲防空洞时，"席地坐在稿子上"。警报解除后，他站起来就走，致使稿子遗失。抗战胜利返回北平之后，又重新写作。他说："这是几十万字的书，重写并不容易。可是，得重写。"到了1948年12月终于写完，交给商务印书馆，但"这已经是解放前夕，没能出版"。到了1983年由商务印书馆正式出版。所以，他非常感慨地说：这是一本"多灾多难"的书，"它今天能够正式出版，我非常非常之高兴"。（金岳霖：《知识论》，中国人民大学出版社，2010年）

金先生认为，知识论并"不指导我们怎样去求知识"，它的主旨是"理解知识"，是"研究知识底理底学问"。在《知识论》的"导言"中，他精辟地阐明了知识论是什么、它与别的学问的区别。他说：

> 知识论对于知识作理论的陈述。它不是指导我们怎样求知识的学问……知识论是以知识底理为对象的学问。它底对象是普遍的，所以它不是记载学，虽有人把它看成人类知识史，而根本不是知识史。它的目标是通，不是真，所以它底对象虽是普遍的理，而它仍不是科学。它是哲学类中的学问。（金岳霖：《知识论》，中国人民大学出版社，2010年，第1，12页）

此书以17章、近70万的皇皇巨著，提出了一个系统、完整的知识论体系。由于此书是在他去世前一年（1983年）才正式出版，所以，在他生前，多数人似乎还来不及很好地消化。随着人们对此书的学习与理解的进展，对它的评论也日益增多了。

刘培育在他主编的《金岳霖思想研究》一书中写道：

金岳霖的《知识论》是中国学者写的一部技术性很强的哲学专著。它是接着西方哲学讲的，它把西方经验主义和理性主义两大思潮统一起来，在西方认识论发展史上具有重要意义，也为中国哲人在世界哲学领域里争得较高地位做出了贡献。在中国，近代以来，哲学界长期停留在纯理性和社会伦理的研讨中，远离经验和事实，不利于科学和哲学的发展。金岳霖研究知识论，把分析方法引进知识论，把分析方法和知识论引到中国哲学界，在中国哲学史上树起了一个新的里程碑。

应该说，这个评价是非常恰当的。

金先生的哲学体系既是西方的，又是中国的，是现代化与民族化的完美结合

金岳霖先生的《逻辑》《论道》《知识论》是构成他的哲学体系的代表作，被称为"哲学三书"。他的哲学体系既是西方的，又是中国的，是现代化与民族化的完美结合。

冯友兰先生对《论道》一书评价极高，认为金岳霖的《知识论》和《逻辑学》都是体大思精的著作，但它们都是"知识论、逻辑学在中国"，而不是"中国知识论"和"中国逻辑学"；而《论道》则不然，它把中国哲学与西方哲学融合为一，现代化与民族化融合为一，它的体系确切是"中国哲学"，并不是"哲学在中国"。（冯友兰：《中国现代哲学史》，广东人民出版社，1999年，第198页）

在《中国现代哲学史》中，冯先生以第八章整章的篇幅介绍金先生的哲学，认为它"不仅是现代化的，而且是民族化的"。冯先生还提到，当他在写作《新理学》时，金先生也正在写《论道》。冯先生比较了这两本书，认为他自己是接着程朱理学讲的，是"旧瓶装新酒"，而金先生在《论道》中，在提出了一些新看法的同时，还创造了一些新名词，是"新瓶装新酒"。他们两人互相看稿子，也互相影响：金先生对冯先生的影响"在于逻辑分析方面"，冯

先生对金先生的影响，"可能在于'发思古之幽情'方面"。如果说冯先生的长处是"能把很复杂的事情说得很简单"，那金先生的长处就在于"能把很简单的事情说得很复杂"，"表面上看起来没有问题的事情，经他一分析，问题会层出不穷"。（冯友兰：《三松堂自序》，人民出版社，1998年，第239—240页）

冯先生还正确地评价了金先生在中国现代哲学史上的地位与作用，他说：

> 金先生是中国第一个真正懂得近代逻辑学的人……金先生又是中国第一个懂得并且引进现代逻辑学的人。说到这里，金先生在《中国哲学》中所说的那一句话倒是对了。他说："逻辑、认识论的意识仍然不发达，几乎一直到现在。"金先生可以说是打破这种情况的第一个人。他是使认识论和逻辑学在现在中国发达起来的第一个人。（冯友兰：《怀念金岳霖先生》，载《金岳霖学术思想研究》，四川人民出版社，1987年，第30页）

这就是说，金先生是把西方的逻辑尤其是现代逻辑系统地介绍引进中国的第一人，又是以逻辑分析方法重建哲学体系的第一人，还是以逻辑分析方法建立庞大的知识论体系的第一人。

对于金先生哲学所体现的中西融合的特点，逻辑学家周礼全对此做出了这样的评价，他说：

> 金岳霖精通中国哲学与西方哲学，并且精通西方的现代哲学和现代逻辑。在他的哲学体系中，可以看到从赫拉克利特哲学到康德哲学中的许多合理的因素，也可以看到西方现代哲学中的许多精密思想。但是，他的哲学的根本精神，还是中国哲学传统的。我倾向于认为，他的哲学是先秦老庄哲学和宋儒道学的创造性发展。这是融合了西方哲学的发展，是运用了严密的逻辑分析的发展，并且是向唯物主义的发展。（《金岳霖同志的哲学体系》，第21页）

林志钧曾撰文指出，《论道》一书"组织之严密，思想之精辟，感情之深挚，规模之伟大，皆不易及，为研究中国哲学而要会通逻辑学及西洋哲学，参合新旧，由分析而综合，自成一新哲学学者所不可不循之大路"，并称"此亦'道'之一端也"。（《金岳霖思想研究》，第 411 页）

总而言之，在金先生的哲学体系中，逻辑学、认识论和形而上学三者是统一的，这三者的统一，实质上也就是真、善、美的统一。这种统一，既不完全是西方的，也不完全是中国的，而是中西哲学完美的会通与融合。

金岳霖先生在《中国哲学》（1943 年写于昆明）中，曾经指出："如果说这种逻辑、认识论意识的发达是科学在欧洲出现的一部分原因，那末这种意识不发达也就该是在中国不发达的一部分原因。"金先生深刻地认识到中国传统哲学的这个缺陷，运用西方逻辑分析方法，构建的形而上学体系和知识论体系，并以致力于逻辑、知识论的研究的实际努力，对于推进中国的现代化，起着直接的积极作用。

在他的哲学体系中，最能展示出西方哲学特色与长处的精彩篇章，正是他熟练地运用逻辑分析方法所取得的硕果。也许正因为如此，人们对于金先生所具有明显的西方哲学的思路，擅长逻辑分析，讲究科学方法，注重理性思维的这一面知之较多；而对于他在内心深处同时拥有的中国感情、中国韵味的这个特征，人们可能未加详察。

金先生曾经坦率地说："在感情上我向往中国哲学的思想及其韵味。"这里，我们不妨举出他对老庄哲学的态度作为例证。他对《庄子》一书，不仅赞赏其思想，而且推崇其文体，并且认为，读《庄子》除了运用理智，更要倾注自己的感情。他说：

> 也许应该把庄子看成大诗人甚于大哲学家。他的哲学用诗意盎然的散文写出，充满赏心悦目的寓言，颂扬一种崇高的人生理想，与任何西方哲学不相上下。其异想天开烘托出豪放，一语道破却不是武断，生机勃勃而又顺理成章，使人读起来既要用感情，又要用理智……中国哲学非常简洁，很不分明，观念彼此连结，因此它的暗示性几乎无边无涯。（金岳霖：《中国哲学》，中译文载刘培育编：《道、自然与人》，三联书

店，2005年，第53—54页）

从上述他对庄子哲学以及整个中国哲学的评价中，我们似乎可以看到，作为一个深受西方思想影响的现代哲学家，他对中国传统哲学的真切理解与深厚感情。

金先生认为，"中国哲学家都是不同程度的苏格拉底人物"，之所以这样，是"因为伦理、政治、反思和认识论集于哲学家一身"。在中国哲学家那里，知识和美德是不可分的一体，哲学和哲学家也是不可分的。对于哲学家而言，"他的哲学要求他身体力行，他本人是实行他的哲学的工具。按照自己的哲学信念生活，是他的哲学的一部分。他的事业就是不断地把自己修养到进于无我的纯净境界，从而与宇宙合而为一"。（《中国哲学》，第59—60页）金先生本人就是这样一位具有西方思维方法、西方科学视野，又深知中国哲学、承载中国哲学传统的中国式的哲学家。

金先生不仅对中国传统的哲学有深厚的感情，而且对中国古代的文学艺术的某些门类也情有独钟。据他自己在回忆录中所说，他喜欢作对联，喜欢山水画，对古树有兴趣，等等。他喜欢在所作对联中，把朋友的名字嵌入其中。例如，"梁上君子，林下美人"这个对联就是送给梁思成、林徽因夫妇的。他对后者的情感，还表现于1955年4月1日林徽因病逝后所作的挽联中，联曰："一身诗意千寻瀑，万古人间四月天。"既充满感情，又无限遗憾，千言万语都蕴含在这个对联之中了。

金先生说，他对中国山水画的兴趣与偏爱来自和邓叔存（邓以蛰）先生的交往。众所周知，邓以蛰是中国现代美学的奠基人之一，与宗白华有"北宗南邓"之称，是金先生"最雅的朋友"。叔存经常请金先生欣赏古画并乐于讲解。金先生认为，"中国对世界文化最大贡献之一，就是山水画"。而"中国山水画和西洋的山川风景画不一样。它没有西洋画的'角度'或'侧画'，它有的是'以大观小'"，"它没有要求人自外于他自己的小天地（天性），也不要求人自外于广大的天"。金先生对钱松喦所作山水画中的"空白"赞叹不已。（金岳霖：《金岳霖回忆录》，北京大学出版社，2011年，第176、77、84—86页）

1954年夏，我考入北京大学哲学系读书时，金先生虽然没有直接给我们讲课，但他是哲学系的系主任，无论在会议上，还是在平时，和我们学生也有不少的接触。我们当时已经听到在老同学中广为流传的一些轶事。例如，他在清华大学时，曾经主持过艾思奇的讲演会。那时，以及再前一段时间，有人对形式逻辑抱有错误的看法，把它等同于那种坚持孤立静止观点的形而上学思维方法，并与辩证法相对立。艾思奇也免不了这种成见，在讲演中，也骂了形式逻辑几句。讲完之后，金先生与之边走边说："你骂了形式逻辑之后，所说的话完全合乎形式逻辑，没一点错误。"这就婉转地反驳了艾思奇。（《金岳霖回忆录》，第139页）

在我的印象中，金先生经常戴着一顶帽舌很长的遮光帽，衣着朴素，举止大方；对我们学生和蔼可亲，没有架子，循循善诱，而又不乏幽默感。

（载《中华读书报》，2010年5月19日，发表时标题改为《从西方思路到中国韵味——金岳霖哲学著述回眸》）

世纪哲人冯友兰的学术贡献与人生际遇

冯友兰，字芝生，是中国现代哲学家、哲学史家、教育家，1895年12月4日生于河南省唐河县祁仪镇。1990年11月29日逝世于北京友谊医院，享年95岁，是一位与20世纪几乎同龄的"世纪哲人"。

冯先生一生经过清末帝制、民国、中华人民共和国三个时期，阅历极为丰富，遭遇非常坎坷。面对复杂多变的外部环境，特别是1949年后的思想斗争的历程，他又是一位受到批评最多，却又"屡批屡不倒"的奇特人物。

他之所以"屡批屡不倒"，既由于他的"迹"，也由于他的"所以迹"。"三史释今古，六书纪贞元"，这是他在95岁时自撰的对联，是他在学术文化，尤其是哲学方面所作贡献的简明概括。这就是他的"迹"。他还撰写"阐旧邦以辅新命，极高明而道中庸"对联以自勉。"旧邦新命"一语贯穿着他一生从事哲学著述与学术活动的强烈的爱国情怀与文化使命感，是他的"所以迹"，是他取得以哲学为主体兼及历史、教育等方面文化学术贡献的巨大动力。

在中国现代学者中，他的哲学成就最多，贡献最大，但受到的责难争议也最多、最激烈。也许正由于这个缘故，在他逝世之后，他的影响并不因此而消减，对他的各个方面进行研究的学术论著反而有增无减、持续不断。

冯先生留下的学术文化遗产（特别是哲学方面）值得后人认真研究。后人可以超过他，但却无法绕过他。他的坎坷人生和曲折的心路历程，是中国现代知识分子遭遇的见证，也是中国现代学术文化曲折历程的缩影，具有典型意义。

一、冯友兰先生的生平及主要著作

冯友兰先生的先辈原籍山西省高平县，清康熙年间至河南省唐河经商，定居于此，繁衍为当地望族。他父亲冯台异为进士，当过湖北省崇阳知县，母亲吴清芝曾任唐河端本女学学监。伯父、叔父皆为秀才。

冯先生六岁入私塾，曾随父到崇阳，受父亲教诲，后因父病故，随母返故里，仍读私塾。1910年考入唐河县高等小学预科，次年，以第一名考入开封中州公学中学班。1912年转入武昌中华学校，当年冬，应试考入上海中国公学大学预科。对逻辑感兴趣，原立志学习西方哲学。1915年夏，从中国公学毕业，考入北京大学法科。入校后改文科，因西方哲学门未开，到中国哲学门就读，对东西文化问题甚感兴趣。1918年夏毕业于北京大学，1919年冬赴美留学。

1920年1月，冯先生入纽约哥伦比亚大学研究院哲学系，师从杜威。1923年通过博士论文答辩，毕业回国。回国后，历任河南中州大学教授兼文科主任（1923—1925）、广州大学哲学教授（1925）、燕京大学教授（1926—1928），清华大学教授（1928—1952）兼系主任，并担任文学院院长（1939—1946）、校务会议代主席（1949）。1952年全国高校院系调整后，调任北京大学教授（1952—1990），兼任中国科学院哲学研究所研究员。1948年被选为中央研究院院士。

美国普林斯顿大学于1947年，印度德里大学于1951年，美国哥伦比亚大学于1982年，先后授予他名誉文学博士学位。

1954年他当选为中国科学院哲学社会科学学部委员。

冯先生在晚年曾以"三史释今古，六书纪贞元"来概括他的学术贡献。"三史"是指《中国哲学史》《中国哲学简史》和《中国哲学史新编》（七卷）。"六书"是指《新理学》《新事论》《新世训》《新原道》《新原人》《新知言》。对于"三史"与"六书"，本文将分别加以阐述。

冯先生在撰写《中国哲学史新编》的过程中，还在80年代初撰写了《三松堂自序》。该书先由三联书店于1984年12月出版，经校勘后，改由人民出版社于1998年7月出版。这是一本回忆录，亦可视之为自传。这本自序，按冯先生的话，"非一书之序，乃余以前著作之总序也。世之知人论世、知我罪我者，以观览焉"。全书包含四个部分：社会、哲学、大学、展望，分别为"志环境""明专业""论教育""申信心"。冯先生在北京大学的燕南园宿舍住的时间长达 30 年，庭院中有三松，"抚而盘桓"，以松寄意，名之为三松堂，故此书题为"三松堂自序"。该书的写作下限为 1982 年，为方便读者，作为附录，收入"冯友兰先生年谱简编"（1983—1990）。

冯先生的主要著作除了上述"三史""六书"和一个总的《三松堂自序》外，还有《人生哲学》（商务印书馆，1926 年），《中国哲学小史》（上海商务印书馆，1933 年 12 月），《中国哲学史补》（上海商务印书馆，1936 年 11 月），《三松堂学术论文集》（北京大学出版社，1984 年 3 月），《冯友兰英文著作集》（外文出版社，1991 年）。

河南人民出版社出版的《三松堂全集》从 1985 年 9 月开始出版第 1 卷，到 1994 年 10 月，已经出版了第 1—9 卷，第 11—14 卷。因第 10 卷拟收《中国哲学史新编》的第 5、6、7 册，但其中的第 7 册未由河南人民出版社出版，而尚待出版。

冯先生作为一位哲学家、哲学史家、教育家，一生写了 30 多部书，500 多篇文章，仅就已发现的来估算，已达 600 万—700 万字之多。这就是冯先生说的"迹"。他多次引用《诗经》上"周虽旧邦，其命维新"来说明他要为实现"旧邦新命"而作出自己的贡献。这就是他的"所以迹"。

"春蚕到死丝方尽，蜡炬成灰泪始干"，冯先生所喜欢的这个诗句，恰恰是他毕生的最好写照。他终生坚守教坛，笔耕不辍，著作等身，充分体现出他的强烈的爱国情怀和文化使命感。这永远值得后人的景仰。

二、《中国哲学史》（两卷）：第一本用现代科学方法写成的完整著作

冯友兰先生在《三松堂自序》中，曾经回顾了他一生哲学思想发展的脉络。他在上海公学读书时"当时对逻辑很有兴趣"，对于逻辑的兴趣，很自然地使他"特别想学西方哲学"。当时只有北京大学有哲学系，西洋哲学课又开不成，已经开的课只有中国哲学方面的。这就是他选择中国哲学作为学习和后来终生从事的专业的来由。他是作为北京大学中国哲学系第二期学生，于 1915 年入学，1918 年毕业的。

1919 年，冯先生考上了公费留学，1920 年初入美国哥伦比亚大学研究院哲学系当研究生。他是带着中西两种文化的矛盾这个中国的实际问题去留学的。1919 年五四运动发生时，冯先生已经毕业离校了。虽然如此，他还是深切地感受到中与西两种文化的矛盾与冲突的。到了美国，直接地接触到西方文化之后，他对中西矛盾问题有了更深的体会。

他逐步认识到，19 世纪后半叶以来，中国学者对新、旧文化的理解经历了三个阶段。第一时期是以中国的旧文化来理解西方传来的新文化，以康有为作为代表；第二个时期是用新文化来批判旧文化，以陈独秀、胡适为代表；第三个时期是注重中国传统文化和西方文化的相互阐明，用新文化阐明旧文化。把中西文化看作是"人类进步同一趋势的不同实例，人类本性同一原理的不同表现"，东西文化不只是联结起来了，而且是合一的。这就是冯先生既不赞成对传统文化全盘肯定的"信古"，也不支持对传统文化全盘否定的"疑古"，而是采取"释古"态度的根据。

冯先生说，他的哲学活动就是要从哲学上解答中西矛盾问题，60 年来，可以分为四个时期。第一时期是从 1919 年到 1926 年，其代表作是《人生哲学》；第二时期是从 1926 年到 1935 年，其代表作是《中国哲学史》；第三时期是从 1936 年到 1948 年，其代表作就是抗战中写的"贞元六书"（日本已有书店把它们合印为一部书，题为《贞元六书》）；第四时期是 1949 年以后，其代表作是《中国哲学史新编》。（《三松堂自序》，人民出版社，2008 年第 2版，第 175 页）

西方近代科学的突飞猛进，给冯先生一个强烈的印象，西方富强与中国贫弱的根源在于是否有了近代自然科学。中国为什么没有近代自然科学，是"为之而不能"，还是"能之而不为"？冯先生当时认为是后者，而要说明何以"能之而不为"，应该从中国哲学中寻找答案。这就是《中国为什么无科学——对于中国哲学之历史及其结果之一解释》一文写作的动机。此文由冯先生在哥伦比亚大学哲学系的讨论会中宣读后，发表于《国际伦理学杂志》（32卷 3 号，1922 年 4 月）上。文章的中心意思是：中国所以没有近代自然科学，是因为中国的哲学向来认为，人应该求幸福于内心，不应该向外界寻找幸福。这个看法与当时流行的东方的文明是"精神文明"，西方的文明是"物质文明"的说法相吻合。问题在于，冯先生又认为，向内与向外的对立，并不是东方与西方的对立，因为向内与向外的两种倾向，是东方哲学和西方哲学中都有的。

在这种看法的驱动下，冯先生把中国哲学史和西方哲学史联合起来，选出一些哲学家为代表，以为说明。于是就有了冯先生在 1923 年写成并作为毕业论文的、名为《天人损益论》的英文著作（此书在 1924 年由上海商务印书馆出版，更名为《人生理想之比较研究》）。而《人生哲学》一书就是《人生理想之比较研究》的中文版本，于 1926 年出版。后来在《人生哲学》为题的书中，除了《天人损益论》外，还有《一个新人生论》（原名为《一种人生观》）。冯先生认为，《天人损益论》不是一本教科书，是一种作学术研究的论文；也不是一部哲学史，不过它引用哲学史中的大量材料。"引用既多，也引起我对于哲学史的兴趣，为以后的哲学史工作开辟道路。"（《三松堂自序》，第 183 页）

冯先生哲学工作的第一时期及其代表作《人生哲学》简述至此。以下，阐述的是他在第二时期的代表作：《中国哲学史》（两卷）。

两卷本的出版及两位专家的审读意见

两卷本的写作始于 20 年代后期，完成于 30 年代的初期。其中上卷的写作，开始于他在燕京大学任教之时，完成于他从燕京大学转到清华大学之后的 1929 年。上海神州国光社于 1931 年 2 月先行出版。下卷写完后，连同上卷，由上海商务印书馆 1934 年 8 月一起出版。

此书用西方的科学方法，整理研究中国传统哲学，既是冯先生个人的成名之作，也是近代意义上的中国哲学史学科的奠基之作。该书中文版多次重印，英文版由荷兰裔美国学者布德（Derk Bodde）译，由普林斯顿大学出版社于 1952 年出版。为国内外学习中国哲学史的标准教科书，在海外有很大的影响。

1919 年 2 月胡适写的《中国哲学史大纲》（卷上）已经出版，此书的基础是胡适在哥伦比亚大学完成的题为《先秦名学史》的博士论文。《中国哲学史大纲》有蔡元培写的一篇序，序文的开头就指出要编中国古代哲学史的两层难处：一为材料问题，二为形式问题。"周秦的书真的同伪的混在一起"，而且"中国古代学术从没有编成系统的记载"。蔡元培认为，胡适这本书的特长，第一是证明的方法，第二是扼要的手段，第三是平等的眼光，第四是系统的研究。冯先生认为，"蔡元培给这部书以这样高的评价，就当时学术界的水平说，并非溢美"。（《三松堂自序》，第186页）

两卷本的上卷出版后，清华大学把它列为"清华大学丛书"送给陈寅恪、金岳霖两位专家审查。

陈寅恪的审查报告说："窃查此书，取材谨严，持论精确，允宜列入清华丛书，以贡献于学界。""凡著中国古代哲学史者，其对于古人之学说，应具了解之同情，方可下笔。盖古人著书立说，皆有所为而发；故其所处之环境，所受之背景，非完全明了，则其学说不易评论。而古代哲学家去今数千年，其时代之真相，极难推知。吾人今日可依据之材料，仅为当时所遗存最小之一部；欲藉此残余断片，以窥测其全部结构，必须备艺术家欣赏古代绘画雕刻之眼光及精神，然后古人立说之用意与对象，始可以真了解。所谓真了解者，必神游冥想，与立说之古人，处于同一境界，而对于其持论所以不得不如是之苦心孤诣，表一种之同情，始能批评其学说之是非得失，而无隔阂肤廓之论。否则数千年前之陈言旧说，与今日之情势迥殊，何一不可以可笑可怪目之乎？""今欲求一中国古代哲学史，能矫傅会之恶习，而具了解之同情者，则冯君此作庶几近之；所以宜加表扬，为之流布者，其理由实在于是。"

金岳霖的审查报告说："所谓中国哲学史是中国哲学的史呢？还是在中国的哲学史呢？……写中国哲学史就有根本态度的问题。这根本的态度至少有两个：一个态度是把中国哲学当作中国国学中之一种特别学问，与普遍哲学不必发生异同的程度问题；另一态度是把中国哲学当作发现于中国的哲学。""我们可以根据一种哲学的主张来写中国哲学史，我们也可以不根据任何一种主张而仅以普遍哲学形式来写中国哲学史。胡适之先生的《中国哲学史大纲》就是根据于一种哲学的主张而写出来的。我们看那本书的时候，难免一种奇怪的印象，有的时候简直觉得那本书的作者是一个研究中国思想的美国人；胡先生不知不觉间所流露出来的成见，是多数美国人的成见……哲学要成见，而哲学史不要成见。哲学既离不了成见，若再以一种哲学主张去写哲学史，等于以一种成见去形容其他的成见。""冯先生的思想倾向于实在主义；但他没有以实在主义的观点去批评中国固有的哲学……冯先生当然有主见，不然他可以不写这本书。他说哲学是说出一个道理来的道理，这也可以说是他主见之一；但这种意见是一种普通的哲学的形式问题而不是一种哲学主张问题。冯先生既以哲学为说出一个道理来的道理，则他所注重的不仅是道而且是理，不仅是实质而且是形式，不仅是问题而且是方法。"

两卷本的下卷出版后，陈寅恪对下卷又写出了审查报告。报告再次高度肯定此书，指出"今此书作者取西洋哲学观念，以阐明紫阳之学，宜其成系统而多新解"。还指出："真能于思想上自成系统，有所创获者，必须一方面吸收输入外来之学说，一方面不忘本来民族之地位。此二种相反而适相成之态度，乃道教之真精神，新儒家之旧途径，而二千年吾民族与他民族思想接触史之所诏示者也。"（冯友兰：《中国哲学史》下卷附录，华东师范大学出版社，2011年，第331—337页）

此书中文本出版后，陆续有卜德的英译本，柿村峻、吾妻重二的日译本，郑仁在的韩译本。因其为中国哲学史学科奠基之作，也成为各国大学通用的基本教材，在全世界产生广泛影响。

此书全书出版后，冯先生于1936年还将研究子学起源问题发表于《清华学报》的几篇论文，汇成一本题为《中国哲学史补》的论文集，于1936年由商务印书馆出版。

冯先生对两卷本的自我评价

冯先生在两卷本的自序中，曾对两卷本的写作有过若干自我评价。半个世纪后写成的《三松堂自序》中，又有更为详尽的自评。

在"自序一"中，冯先生说："吾于写此哲学史时，对于中国古代史，亦往往有自己的见解。积之既久，乃知前人对于古代事物之传统的说法，亦不能谓为完全错误。""吾亦非黑格尔派之哲学家，但此哲学史对于中国古代史所持之观点，若与他观点联合观之，则颇可为黑格尔历史哲学之一例证。黑格尔谓历史进化常经'正''反''合'三阶段。前人对于古代事物之传统的说法，'正'也；近人指出前人说法多为'查无实据'，此'反'也；若谓前人说法虽多为'查无实据'，要亦多'事出有因'，此'合'也。"

在"自序二"中，冯先生对"合"，作了解释："此书第一篇出版后，胡适之先生以为书中之主要观点系正统派的。今此书第二篇继续出版，其中之主要观点尤为正统派的。此不待别人之言，吾已自觉之。然吾之观点之为正统派的，乃系用批评的态度以得之者。故吾之正统派的观点，乃黑格尔所说之'合'，而非其所说之'正'也。"

这在实际上表明，冯先生不是信古，也非疑古，乃是经过疑古而后达到的释古。冯先生认为，胡适的书作为当时文化批判运动的产物，实际上是一部批判中国哲学的书，而且他对儒家、道家的批判是基于功利主义与实用主义。冯先生在《三松堂自序》中，摘抄了他在 30 年代写的《秦汉历史哲学》一文中所阐明的历史观，指出这篇文章是他 1933—1934 年在欧洲所见所闻的理论的结论，"标志着我的思想上的转变，认识到所谓东西之分，不过是古今之异"。（《三松序自序》，第 209 页）这也是冯先生与胡适的不同之处。如果说，传统的说法是信古，反对传统的说法是疑古，那么，冯先生的主张是释古，是正、反、合三者之中的那个合。

在《三松堂自序》中，冯先生说，随着马克思主义在中国的传播，唯物史观也流传开了，而且对他也"发生了一点影响"。就是有了这个影响，使他"在当时讲的中国哲学史，同胡适的《中国哲学史大纲》有显著的不同"。（《三松堂自序》，第 189 页）这种不同，既表现在对时代的看法上，还表现在研究的方法上。

冯先生认为，在中国历史上，有两个社会大转变的时代。一个是春秋战国时代，一个是清朝末年中外交通的时代。前者是由奴隶制向封建制过渡，后者是由封建制向半殖民地、半封建过渡。这两次大转变使得中国社会历史和哲学思想发展的历史分为三个阶段。第一次大转变时期为第一阶段，第一次大转变时期至第二次大转变时期的两者之间为第二阶段，第二次大转变时期及其以后为第三阶段。"通史既然有三个阶段，哲学史也应该有三个阶段。但我的哲学史只打算讲前两个阶段。因为我认为，在第二次大转变以后，还没有大的哲学体系出来，新的哲学体系还正在创造之中。"（《三松堂自序》，第 189 页）

冯先生把他写的这两个阶段的哲学，称之为子学时代和经学时代。子学时代是诸子百家争鸣的思想自由、言论自由、学术高涨的时代；而经学时代，儒家已定为一尊，儒家的典籍，已变为经了。人们的思想只能活动于经的范围之内，依傍于古人，才能有思想。即使有什么新见解，也只可以用注疏的形式才能得以发表。

子学的特点是标新立异，生动活泼；经学的特点是思想僵化，停滞不前。采用这两个名词，称呼这两个时代的思想状况，是冯先生的首创，从而可以"看出它们所反映的这两个时代的整个社会的情况，从反映看出所反映。可以说是'画龙点睛'"。（《三松堂自序》，第190页）

正是根据春秋战国时期社会大转变的总体形势，冯先生把孔子这位第一位私人讲学、私人立说并且创立学派的人，作为"中国哲学史中第一个出现的人"。根据这种认识，因此，冯先生的《中国哲学史》是从孔子讲起，胡适的《中国哲学史大纲》是从老子讲起。这个不同是与对社会形势的看法的差别相关的。

两种哲学史的不同，还体现为汉学与宋学的不同。汉学的长处是对于文字的考证、训诂，短处是对于文字所表示的义理的了解比较肤浅。宋学正相反，注重义理的了解，而不注重文字的考证、训诂。考证、训诂与义理的了解，本来是一件事情发展的两个阶段，后来却成为两种治学方法的差别。胡适的著作近于汉学，冯先生的著作近于宋学。

冯先生的《中国哲学史》，按他自己的说法，有两点"可以引以自豪"。第一点，向来的人讲先秦名家时，都只是笼统地说是"坚白同异之辩"，认为是"一些强词夺理的诡辩"。冯先生明确指出，"其实辩者之中分为两派"，一派主张"合同异"，以惠施为首领，另一派主张"离坚白"，以公孙龙为首领。第二点，向来的人都认为程颢、程颐两兄弟的哲学思想是完全一致的，统称"程门"。朱熹引用他们的话，往往都统称"程子曰"。而冯先生认为，"他们的哲学思想是不同的"，程颢（明道）是"以后心学之先驱"，而程颐（伊川）是"以后理学之先驱"，"兄弟二人开一代思想之两大派"。冯先生认为，以上两点都是"发前人之所未发，而后来也不能改变的"。（《三松堂自序》，第195页）

冯先生认为，他的著作存在着讲佛学失于肤浅，讲明清时代失于简略的两个大弱点。

学术界对《中国哲学史》的评论

无论是《中国哲学史》两卷本出版的当时，还是后来，学术界对它的评价都还比较一致，给予很高的赞语。陈寅恪、金岳霖两位专家的审查报告，代表着当代的公允评定。该书从 20 世纪 30 年代出版至今，将近一个世纪了，学术界现在的赞语仍然不减，仍然是许多国家大学里的本学科的"典范"式教本。

陈来先生曾在他编选的《中国哲学的精神——冯友兰集》所写的前言中指出，冯先生的两卷本是完整的中国哲学史，是"二十世纪中国哲学史研究的典范"。近几十年来，学术界总有人批评冯先生用新实在论讲中国哲学史，其实，冯先生当年在美国学的如果不是新实在论，而是其他诸如实用主义等流派的哲学，是否能写出这样一部影响深远的《中国哲学史》来，倒是值得怀疑的。陈来指出，该书"确定了中国哲学史教科书体系的代表人物、基本派别"，"提出了重要的学术论断和哲学分析"。他"统之有宗"，"会之有元"，实有所见，而自成一家。

就基本的派别而言，除了冯先生自己说的，把名家分为"合同异""离坚白"，把二程分为心学先驱、理学先驱之外，还把法家分为重势、重术、重法三派，而由韩非集大成。冯先生还指出，道家中的老学与庄学有异：老子重分别，庄子主张无异无别；佛教中应区分华严真心论与唯识论；宋明道学中，有继承程颐的程朱理学和继承程颢的陆王心学两个派别。

就基本的概念而言，冯先生提出中国哲学中的"天"有五种含义，即物质之天，主宰之天，运命之天，自然之天，义理之天。认为《庄子注》的"无"，即数学上的"零"。认为公孙龙所说的"指"，实即"共相"。认为理学中的"理"，如希腊哲学的"形式"，"气"如希腊哲学的"质料"。认为程朱理学的"理"是超越的，王夫之、戴震的"理"是内在的。

就哲学思想而言，冯先生认为孔子有正名主义；孟子为理想主义；墨子为功利主义；孟子、庄子皆有神秘主义；《墨经》近于西方中世纪的唯名论；

公孙龙近于西方的新实在论；荀子为唯物论，其宇宙观是自然主义；老子、《易传》的宇宙观亦自然主义；古文经学汲取老、易的自然主义，下开王充的自然主义；朱熹为新实在主义。

就中西哲学比较而言，冯先生以早期儒家如古希腊智者；以孔子如苏格拉底；以孟子如柏拉图；以荀子如亚里士多德；以墨子如霍布士。认为庄子以理化情，以神秘主义和自然主义合为一体，近于斯宾诺莎；认为汉代象数之学与毕达哥拉斯派相同；以郭象如巴门尼德和赫拉克利特；以列子中的快乐主义与施勒尼派及伊壁鸠鲁派相合。

就提出的哲学论断而言，冯先生认为，先秦诸子是在王官失守后，流为各种职业，由这些职业导出诸子之学。认为老庄思想与楚人精神有关。认为玄学即魏晋时期的道家之学，其所讲的孔子学说已道家化为另一派的经学。王弼发明"应物而无累于物"的对付情感的方法，影响了宋儒。佛教宗密开宋明理学的理气论、心论之先河。邵雍的宇宙发生论受到佛教成住坏空说的影响。张载的宇宙论为一元论，性论则为二元论。朱熹所说的理为超时空潜存的共相，无实例的即已在先。理在气先是逻辑上在先，不是时间上在先。朱陆异同，朱主性即理，陆主心即理，朱是新实在论，陆是唯心论。朱王异同，朱熹系统中理离心而独存，王阳明系统中无心即无理。清代汉学之义理学表面上反道学，实际上仍是道学之继续。

两卷本中的上述特识，至今仍为学术界沿袭或汲取，大部分的分析和定位已成为本学科的研究典范。（陈来编选：《中国哲学的精神——冯友兰集》，上海文艺出版社，1998年10月，第6—9页）

三、"贞元六书"：用现代西方哲学方法构建的新理学哲学体系

冯友兰先生在完成了两卷本的《中国哲学史》后，他的兴趣就由"研究哲学史转移到哲学创作"；他立志实现从梳理旧学的哲学史家到创立新说的哲学家的转变。抗战期间，冯先生在国立西南联合大学任教期间，于国难当头、颠沛流离之中，完成了"贞元六书"，创建了自己具有现代意义的新理学哲学

思想的体系，从而实现了从哲学史家转变为哲学家的愿望。

新理学之所以为"新"，是因为它不是对中国哲学史上的程朱理学"照着讲"，而是"接着讲"。"接着讲"就是接着中国传统哲学，特别是宋明理学中的程朱理学讲的。它们构成了冯先生的新理学哲学的完整体系。冯先生撰写这套书的主要动力是抗战，是他自觉参加民族复兴大业的信心与决心，充分体现了他的爱国思想与哲学创新。

抗日战争是中华民族复兴的时期，冯先生取《易经》中之元、亨、利、贞，有表示春、夏、秋、冬之意，所谓"贞下起元"就是冬尽春来，表示最大的困难正在度过，中国一定要胜利，这次"南渡"的人一定要活着回来。这个时期就叫"贞元之际"，"贞元六书"的主要内容是对中华民族传统精神生活的反思。

"六书"实为一部书的六个部分，相互联系，构成完整的体系。其中由长沙商务印书馆于 1939 年 5 月出版的《新理学》，是整个新理学哲学体系的理论基础。《新事论》又名《中国自由之路》，上海商务印书馆 1940 年 5 月出版，讲的是实现中国自由之路，必须工业化，以完成 19 世纪末遗留下来的历史任务，是《新理学》实际应用的一个例证。《新世训》又名《生活方法新论》，上海开明书店 1940 年 7 月出版，讲的是为人处世之规。《新原道》又名《中国哲学之精神》，重庆商务印书馆 1945 年 4 月出版。该书应国立编译馆之邀而写，意在用"极高明而道中庸"为线索，简明扼要阐述中国哲学发展的趋势。此书另有友人牛津大学讲师休斯（E. R. Hughes）之英译本，于 1947年在伦敦以《中国哲学之精神》为书名出版。《新原人》由上海商务印书馆 1946 年 12 月出版，讲的是人在生活中所遇见的各种事物的意义所构成的精神世界，该书把这种精神世界称之为境界。《新知言》讲的是方法，指出人们除了广泛地应用"正"的方法之外，还有一种叫做"负"的方法，即烘云托月的方法。正的方法讲"是什么"，负的方法讲"不是什么"。此书由上海商务印书馆 1946 年 12 月出版。

哲学的对象有自然、社会和人三部分，《新理学》讲自然，《新事论》讲社会，《新原人》讲人生。后两者都是前者的应用。

新理学体系中最重要的两个部分：一个是形而上学，讲理与气，道与器，形而上与形而下的关系；另一个是人生的精神境界问题。

新理学体系中最重要的理论基础：新形而上学

形而上学这个词是从西方哲学移植过来的概念。与形而上相对应的是形而下，与此相关联的是共相与殊相。中国哲学讲的是道与器，道是形而上，器是形而下。冯先生把新理学的本体论学说叫做新形上学。《新理学》探讨的就是这些问题。

《新理学》中，冯先生提出了"理""气""道体""大全"这四个最重要的逻辑概念。新理学的形上学受西方实在论的影响很大，而新实在论派继承了柏拉图主义，肯定共相是客观存在的。而共相的存在与时空之内存在的事物是不同的，是"超时空的潜存"。任何一个事物总是属于某一类的事物，而一类事物必有其所以为这一类的共相。有了这个共有的规定性，此类事物才能与别类事物区别开来。新理学把一类事物所以为一类事物的规定性称之为理。作为共相的理是抽象的，它必须有一定的物质基础才能具体化，而这个具体世界的总的物质基础，称之为气。理与气的关系是程朱理学讨论的重要问题，中国哲学用有形与无形来区别具体与抽象，理与气的关系和道与器的关系是一致的。理与道是共相，是抽象的，属于形而上；而气与器是殊相，是具体的，属于形而下。

这样，世界就一分为二：理的世界与气的世界，或者说，道的世界与器的世界，共相与殊相，抽象与具体。对于抽象的共相的认识，不能用感觉得来，只能用逻辑分析得来。不是事实上不可能，而是原则上不可能。理是体，具体事物是用。

以上这些是程朱理学的基本观点。

冯先生在《新理学》中，把理的世界称为"真际"，把器的世界称为"实际"。真际比实际更广阔，实际中的某一类东西，就是真际中某一理的例证。可能真际中某些理在实际中还没有例证，但不可能实际中有了例证而真际中还没有那个理。真际比实际更为根本，因为必须先有理，然后才能有例证。

新理学中关于理的说法与程朱理学的说法，既有相同，也有不同。两者相同之处在于，都把理视为宇宙万物的本体，贯彻理在事先的原则；不同之处在于，程朱理学讲的是综合的理本体论，而新理学讲的是分析的理本体论。

程朱理学认为，"一理之实而万物分之以为体"，"人人有一太极，物物有一太极"，在万物之先的理是一综合的精神实体，每个事物都是全体之理的体现。而新理学则不然，它认为，在万物之先的理，组成一个无限的理世界，每个事物并不分有整个理世界，只是依照它所对应的那个理。这就是说，每个理是与其相对应的事物的"形式因"。这样，新理学就把程朱理学的思想与西方柏拉图、亚里士多德的思想融会贯通了。

但是，新理学又不能回避程朱理学的综合本体的问题。于是，冯先生从理的概念通过"极"，引申出"大全"的概念。既然每个事物都有每种事物的"极"，那么，众理之全体便成了整个实际世界的"太极"。太极既然为众理之全，故又称为大全。大全作为真际中的一切，由无限多的理所构成，把一切理包容于自身，不仅是现存事物所表现出来的理，还包括未来事物将表现出来的理，它不断地表现于实际世界，并超然于实际世界，是由有限的事物组成的实际世界的总根源。

由于大全是"不可思议的观念"，不可言说，不可了解，不能成为思维的对象，因而带有神秘性。这个神秘的、观念性的大全，从范围上说，大于实际世界；从逻辑上说，先于实际世界。既然如此，作为思维世界的大全，成了物质世界的追求的目标，这就等于从形上学的角度说明了物质世界的"目的因"。通过对事物及其存在的分析，冯先生又提出"道体"观念。他把理与气相结合的运动过程，称之为道体，或无极而太极。他认为理与气在运动过程中结合起来而派生出事物。对于事物来说，道体构成了"动力因"，成为运动的主体。

总之，新理学的形上学把感觉可及的客观世界说成实际世界，由此出发，进一步抽象出分析的本体理，并把理作为解释事物的"形式因"，总括出综合的本体大全作为解释事物的"目的因"，抽象出经验材料气作为解释事物的"质料因"，总括出纯粹的运动流变过程道体作为解释事物的"动力因"。这就是新理学的四个最重要的概念，从而构成了新理学形上学的理论框架。

阐述新理学的形上学，一个回避不了的问题，就是它的思想来源问题。冯先生留美时所在的哥伦比亚大学，是新实在论哲学的重镇，他的思想受到影响是不言而喻的。新理学是接着宋代程朱理学讲的，这更是众所周知的事实。因此，有的学者说，冯先生的新理学是糅合柏拉图、朱熹和新实在论而成的。对此，冯先生在《三松堂自序》中作出了明确的回应。

冯先生认为，糅合这两个字不妥。"凡是一个哲学家，只要他的思想成为一个体系，就是他对自然、社会和人生有所理解和体会，以致形成一种见解。""这些见解，可能有些与前人的相同或相似的地方，或者是得到前人的启发，因此把前人的言论作为思想资料来应用，但这并不是'糅合'。"如果是糅合，那就成为一个拼盘，而新理学并不是拼盘。冯先生还说，新理学虽然"不是临摹柏拉图和朱熹，却也犯了他们的错误：那就是'理在事先'，'理在事上'。现在我开始认识到，'理在事中'是正确的"。（《三松堂自序》，第 238 页）

新理学中关于人生的精神境界说

冯先生指出，人类精神生活所涉及的范围很广，可以分为自然、社会、个人这三个部分。自然就是中国传统哲学中所说的天；社会和个人就是中国传统哲学中所说的人；人和自然之间的关系就是中国传统哲学中所说的天人之际。《新理学》中所讲的理与气，是关于自然方面的问题，前面已经说过了。关于社会与个人方面，在新理学体系中，人的精神境界是引人关注的论题，也是冯先生自己认为最为满意、最为看重、最值得珍惜的部分。《新原人》集中地阐发了这个问题。

冯先生认为，人总是对宇宙、对人生有所觉悟与了解，他把这两个词合称为觉解。人的觉解也就是他所了解的宇宙人生对于他的意义。人的这种觉解即构成了一个人的精神境界。宇宙及理虽然是客观的，但各人的觉解各不相同，因而境界是主观的。由于各人的觉解程度不同，这样导致人的精神境界有高低之别，依次为自然、功利、道德、天地四种境界。

自然境界。这是最低的一种。就社会发展说，是原始社会中的人的境界；就个人发展说，是儿童的境界。在原始社会中，社会组织对于他们没有什么意义，他们也不觉得他们的纯朴生活有什么值得羡慕与歌颂，如同儿童并不知道他们是天真的一样。

功利境界和道德境界。这两种比自然境界高，因为这两个境界中的人是自觉的。他们做什么事，同时他们知道自己是在做什么，至少他们对其眼前的意义和近期的后果是知道的。这就是自觉。这两种境界的区别在于是为私，还是为公。功利境界中的人，无论做什么事，都是为了个人的利益，都是为私。而道德境界中的人，无论做什么事，都是为社会的利益，都是为公。而公私之分，就是中国传统哲学上所说的义、利之辨。这个利既是指物质利益，也指自私自利的动机。公与私是相对而言的，都是从人与社会的关系而言的。

天地境界。这是最高的一种精神境界，是就人与宇宙，特别是人与自然的关系而言的。人对自然的最初的了解和自然所持的态度，表现于神话，继而系统化为宗教，再提高为哲学。按照新理学所说，对于理，对于真际的认识，就是对宇宙、对自然的一种更深一层的认识。殊相是可以通过感觉来认识，共相是感觉所不能认识的。这并不是感觉的能力不够，而是由于感觉从本质上就不能认识共相。对于共相的认识，要靠"思"，而"纯思"就是纯粹的、以共相为对象的"思"。人的最高的"安身立命之地"，就是这个天地境界。如果说自然境界中的混沌是一种原始的混沌，那么，天地境界中的混沌就是一种后得的混沌。在自然境界中，是无我，功利境界和道德境界是有我，天地境界是忘我，或物我两忘。

对于天地境界，人们总感到不大容易理解，总有一点神秘之感。冯先生认为文天祥的《正气歌》所说的"当其贯日月，生死安足论"，张载的《西铭》中所说的"民胞物与""存，吾顺事；没，吾宁也"等论述，都具有超生死、超社会的意义，是人的安身立命之地，可以帮助理解天地境界是个什么样子。

在西南联大教学期间，冯先生与金岳霖先生，一个在写"贞元六书"，一个在写《论道》，他们互相交换看所写的文稿，彼此了解各自的观点。于是，就有以下一段冯先生当时的学生郑敏关于这两位先生见面对话的生动描写：在西南联大校舍的土径上，郑敏和另一位同学也跟着冯先生后面，朝着那间教室走去，在那里，人生哲学将展开它层层的境界。"正在这时，从垂直的另一条小径走来一位身材高高的，戴着副墨镜，将风衣搭在肩上，穿着西裤衬衫的学者。只听那位学者问道：'芝生，到什么境界了？'回答说：'到了天地境界了.'于是两位教授大笑,擦身而过,各自去上课了."(转引自刘宜庆:《先生之风:西南联大群英谱》,辽宁人民出版社,2020 年 1 月,第 214 页)后面这位发问的教授就是金岳霖先生。

问话与答话中所讲的天地境界,是指当时讲课已经讲到的内容,还是指个人当时修养所已经达到的程度,两位先生已经作古,人们尽可以意会而不必言传了。金先生在学术上的代表作有《逻辑学》《论道》《知识论》等。冯友兰先生对金先生有过评价,说"他对我的影响在于逻辑分析方面;我对他的影响,如果有的话,可能在于'发思古之幽情'"。金先生对冯先生的评价则是:冯先生的长处是"能把复杂的事情说得很简单"。而金先生的长处在于"能把简单的事情说得很复杂"。诚哉斯言。

新理学体系中的社会观、伦理观、方法论和对中国哲学精神的阐发

"贞元六书"中的《新事论》又名《中国到自由之路》,是新理学体系中的社会观。事与理相对应,理属于形而上,事属于形而下。《新事论》是《新理学》实际应用的一个例证。冯先生认为,古今之分,其实是社会各种类型的不同,也是共相与殊相的关系问题。当时西方的社会是"以社会为本位的社会",当时的中国是"以家庭为本位的社会"。而"中国到自由之路",就是要工业化。冯先生在《三松堂自序》中还说,现在的中国是"以社会为本位的所有制为前提",这样的工业化成功了,"就不仅是'中国到自由之路'而已"。(《三松堂自序》,第 224 页)

《新世训》是新理学体系中的伦理观,主要是选择中国传统生活道德修养具有普遍意义的问题加以现代意义的阐释。它不是家庭的"家训",是有社会意义的"世训",读者的范围扩大到社会。冯先生认为此书"说不上有什么哲学意义","境界也不高",但有相当的学者对它的评价,比冯先生的自我评价更高。

《新原道》的副题为"中国哲学之精神"。主旨讲的是"中国哲学主流之进展,批判其得失,以见新理学在中国哲学史中之地位"。从这个意义说,它是"贞元六书"中的哲学史观,不仅是新理学的应用,更广泛地说,也是哲学的应用。《新原道》写于《新原人》之后,《新原人》把"天地境界"当作人生的最高精神境界，这并不意味着达到这个境界的人要做什么特别的事，也只是过一般人的生活，做一般人所做的事。"不过这些日常的生活，这些一般的事，对于他有不同的意义。这些不同的意义，构成他的精神境界，天地境界。"（《三松堂自序》，第 233 页）这个道理，借用《中庸》里边一句现成的话说，是"极高明而道中庸"。冯先生以这句话为线索以中国哲学史为例，说明中国哲学发展的趋势，以之证明"极高明而道中庸"的这番道理。

《新知言》是新理学体系的方法论。新理学中有四个最基本的范畴、概念，就是理、气、道体、大全。其中的气和大全两个是不可思议、不可言说的。因为气是一切事物的原始材料，如果对它加以思议与言说，它就不成其为"原始材料"了，不"原始"了。大全也是这样，如果对它加以思议与言说，那么，从逻辑上说，这个大全就不成其为大全了，因为这个大全并不包括这些思议与言说在内。这样一来，不可思议、不可言说就成为新理学体系中方法论的重要问题了，《新知言》讲的就是这个哲学方法论问题。

《新知言》指出，有一种叫做"负"的方法，它是相对于"正"而言的。要想言说某个东西，怎么办？"正"的方法解决"是什么"，"负"的方法解决"不是什么"。这就是佛学中所说的"想入非非"。"非非"的意思，就是不是什么（非），而又不是不是什么（非非）。中国传统画在画月亮时，固然可以直接画一个圆圈，以表示月亮，也可以画一大片云彩，在中间留出一块空白，以显现出一个月亮。这种画法，叫做烘云托月。所谓"负"的方法，有这样的意义。

《新知言》是"贞元六书"中最后写成的一部书。冯先生在它的自序中说："此书论新理学之方法，由其方法，亦可见新理学在现代世界哲学中之地位。承百代之流，而会乎当今之变，新理学继开之迹，于兹显矣。"由此可以看到，"负"的哲学方法的提出，对于构建新理学哲学体系的重要作用，以及它在世界哲学的普遍意义。

四、西南联大时期执笔的两篇文稿

冯先生作为哲学史家、哲学家的学术贡献已于上述。他在西南联大时期执笔的两篇文稿，影响广泛，也不能不提。

致西南联大常委会的函

1939—1940 年间，陈立夫以教育部长的身份三度训令联大，务必遵守教育部核定的应设课程，统一全国院校教材，统一考试等新规定。面对这个来自上面的训令，联大教授们并不以为然，教务会议以致函联大常委会的方式，由冯先生根据同仁的意见，执笔为文，驳斥教育部的三度训令。现摘录如下：

"部中（指教育部）重视高等教育，故指示不厌其详，但准此以往则大学将直等于高等教育司中一科，同人不敏，窃有未喻。

"夫大学为最高学府，包罗万象，要当同归而殊途，一致而百虑，岂可刻板文章，勒令从同。世界各著名大学之课程表，未有千篇一律者；即同一课程，各大学所授之内容亦未有一成不变者。惟其如此，所以能推陈出新，而学术乃可日臻进步也……今教部对各大学束缚驰骤，有见于齐，无见于畸，此同人所未喻者一也。

"教部为最高教育行政机关，大学为最高教育学术机关，教部可视大学研究教学之成绩，以为赏罚殿最。但如何研究教学，则宜予大学以回旋之自由。律以孙中山先生权、能分立之说，则教育部为有权者，大学为有能者，权、能分职，事乃以治。今教育部之设施，将使权能不分，责任不明，此同人所未喻者二也。

"教部为政府机关，当局时有进退；大学百年树人，政策设施宜常不宜变。若大学内部甚至一课程之兴废亦须听命教部，则必将受部中当局进退之影响，朝令夕改，其何以策研究之进行，肃学生之视听，而坚其心志，此同人所未喻者三也。

"师严而后道尊，亦可谓道尊而后师严。今教授所授之课程，必经教部之指定，其课程之内容亦须经教部之核准，使教授在学生心目中为教育部之一科员不若。在教授固已不能自展其才，在学生尤启轻视教授之念，于部中提倡导师制之意适为相反。此同人所未喻者四也。

"教部今日之员司多为昨天之教授，在学校则一筹不准其自展，在部中则忽然周智于万物，人非至圣，何能如此。此同人所未喻者五也。

"全国公私立大学之程度不齐，教部训令或系专为比较落后之大学而发，欲为树一标准，以便策其上进，别有苦心，亦可共谅，若果如此，可否由校呈请将本校作为第……号等训令之例外。盖本校承北大、清华、南开三校之旧，一切设施均有成规，行之多年，纵不敢谓极有成绩，亦可谓为当无流弊，似不必轻易更张。"

此函上呈后，西南联大没有遵照教育部的要求统一教材，仍是秉承学术自由、兼容并包的原则。此函措辞说理均臻至妙，实为难得，其功不可没。这说明斗争是有效果的。（《旧事与新说》，第12—14页）

国立西南联合大学纪念碑碑文

抗战胜利后，西南联大结束北返之际，为纪念三校八年联合办学，决定树立国立西南联合大学纪念碑。冯友兰先生长于哲思，工于文字，被公推为碑文执笔之最佳人选。

这篇碑文记叙了中华民族教育发展中的一段历史，流传甚广。碑文的前半部概述了三校奉命南渡办学的过程及其成绩，接着阐明可为纪念的四条理由。现摘录如下：

"缅维八年支持之苦辛，与夫三校合作之协合，可纪念者，盖有四焉。

"我国以世界之古国，居东亚之天府，本应绍汉唐之遗烈，作并世之先进。将来建国完成，必于世界历史，居独特之地位。盖并世列强，虽新而不古；希腊、罗马，有古而无今。惟我国家，亘古亘今，亦新亦旧，斯所谓'周虽旧邦，其命维新'者也。旷代之伟业，八年之抗战已开其规模，立其基础。今日之胜利，于我国家有旋乾转坤之功，而联合大学之使命，与抗战相终始。此其可纪念者一也。

"文人相轻，自古而然，昔人所言，今有同慨。三校有不同之历史，各异之学风，八年之久，合作无间。同无妨异，异不害同；五色交辉，相得益彰；八音合奏，终和且平。此其可纪念者二也。

"万物并育而不相害，道并行而不相悖，小德川流，大德敦化，此天地之所以为大。斯虽先民之恒言，实为民主之真谛。联合大学以其兼容并包之精神，转移社会一时之风气，内树学术自由之规模，外来'民主堡垒'之称号，违千夫之诺诺，作一士之谔谔。此其可纪念者三也。

"稽之往史，我民族若不能立足于中原，偏安江表，称曰南渡。南渡之人，未有能北返者；晋人南渡，其例一也；宋人南渡，其例二也；明人南渡，其例三也。'风景不殊'，晋人之深悲；'还我河山'，宋人之虚愿。吾人为第四次之南渡，乃能于不十年间，收恢复之全功。庾信不哀江南，杜甫喜收蓟北。此其可纪念者四也。

"联合大学初定校歌，其辞始叹南迁流离之苦辛，中颂师生不屈之壮志，终寄最后胜利之期望。校以今日之成功，历历不爽，若合符契。联合大学之终始，岂非一代之盛事，旷百世而难遇者哉！

"爰就歌辞，勒为碑铭，铭曰：

"痛南渡，辞宫阙。驻衡湘，又离别。更长征，经峣嵲。望中原，遍洒血。抵绝徼，继讲说。诗书丧，犹有舌。尽笳吹，情弥切。千秋耻，终已雪。见仇寇，如烟灭。起朔北，迄南越。视金瓯，已无缺。大一统，无倾折。中兴业，继往烈。维三校，兄弟列。为一体，如胶结。同艰难，共欢悦。联合竟，使命彻。神京复，还燕碣。以此石，像坚节，纪嘉庆，告来哲。"

纪念碑按照传统的款式，署名"文学院院长冯友兰撰文，中国文学系教授闻一多篆额，中国文学系主任罗庸书丹"。（《三松堂自序》，第306—308页）

冯先生晚年曾说，这篇碑文"有见识，有感情，有气势，有词藻，有音节，寓六朝之俪句于唐宋之古文"。平心而论，联大的教授们之所以公推冯先生执笔作此碑文，不是因为他文学院院长的身份，更是由于他出众的学识与文笔。整篇文字，如泣如歌，掷地作金石声，使人感到一种文化传统的生命，一种民族精神的亢奋，体现出中国人民深沉的历史感悟和博大的人生关怀。

五、《中国哲学简史》：形神自足、哲思敏睿的前期巅峰之作

《中国哲学简史》是冯先生在抗战胜利后 1946 年去美国在宾夕法尼亚大学讲授中国哲学史的英文讲稿。经整理，于 1948 年由麦克米伦公司出版，后来又有法、意和南斯拉夫文字的译本。该书起初题名为《中国哲学小史》。因为在此之前的 1933 年 12 月商务印书馆曾经出版过作为"万有文库"百科小丛书之一的《中国哲学小史》，为了避免书名的重复，书名改定为《中国哲学简史》。

《中国哲学简史》的英文稿出版之后，又有法、意、日、韩等 12 种语言的译本出版，在欧美及世界各国颇有影响。此书的中译本有两种，一为涂又光的译本，1985 年 2 月由北京大学出版社出版；另一为赵复三的译本，2005 年 10 月由天津社会科学院出版社出版。此书是继《中国哲学史》之后"三史"中的另一本经典。

该书语言风格深入浅出，思想涵蕴，出神入化，是冯先生构建了哲学思想体系后思想学术圆熟之时的著作，冶哲学史经验与哲学心得于一炉。冯先生在《中国哲学简史》的自序中写道：这部著作"非徒巨著之节略，姓名、学派之清单也。譬犹画图，小景之中，形神自足。非全史在胸，曷克臻此。惟其如是，读其书者，乃觉择焉虽精而语焉犹详也"。

赵复三先生在该书中文本书首写道，此书虽出版多年，但读时"会觉得如同新著"，原因有二：一是因为冯先生"不仅是迄今无出其右的中国哲学史家，而且是'贞元六书'的作者，自己就是一位哲学家"，"运用史料时是史家，探讨问题时却是哲学家"。二是因为，"冯先生轻松驾驭着中国哲学史和西方哲学史这两部历史，来写作这部《简史》，思想资料是中国的，考虑哲学问题的眼光却是世界的，这是迄今在国际学术界还未见有第二位能做到的"。

冯先生的《简史》既进一步发展了他在两卷本和新理学中的若干观点，又提出了若干过去未有的新看法。

冯先生认为，哲学是对人生有系统地反思的思想。中国哲学的特点是在

哲学中来满足人对超乎现世的要求，欣赏超道德的价值，哲学的功用就是按照一定的哲学去体验超道德的精神境界。孟子提出的浩然之气说，庄子所谓的无知之知就是这种超道德的精神境界。他还认为，孟子是先秦儒家的理想主义，荀子是现实主义。汉代今文家是先秦儒家理想派的继续，古文家是现实派的继续。道家主张个人的绝对自由，法家主张绝对的社会控制，两者都趋于极端。《易传》中的道类似西方哲学中的共相，是宇宙万物各类分别遵循的原理，代表了先秦儒家形而上学的最后阶段。在魏晋玄学中，有主理派与主情派之区分。

总之，《简史》完全不是《中国哲学史》的缩写，而是形神自足的新作，其文笔流畅，深入浅出，哲思敏锐，意蕴丰厚，是冯先生前期的巅峰之作。

六、《中国哲学史新编》（七卷）：几经坎坷，呕心沥血完成的皇皇巨著

《中国哲学史新编》是冯先生在 1949 年之后"在忏悔中重新研究中国哲学史"，历尽坎坷与责难，几经反复，终于在 95 岁高龄完成的 160 万字的皇皇巨著。该书分七卷，因在 60 年代（1962 年 9 月、1964 年 6 月）出版的前两卷被抛开不用，1979 年后以 84 岁高龄重新写起，集中写作时间长达 10 余年。这是冯先生"修辞立其诚""海阔天空我自飞"的呕心沥血的传世之作。

《中国哲学史新编》的前六册分别由人民出版社于 1982 年 1 月、1984 年 10 月、1985 年 3 月、1986 年 9 月、1988 年、1989 年 10 月出版。第七册于 1990 年 6 月脱稿，7 月交人民出版社，1991 年 12 月台湾兰灯文化事业股份有限公司出版，后由香港中华书局于 1992 年用《中国现代哲学史》书名出版。广东人民出版社于 1999 年 8 月、三联书店于 2009 年 5 月出版该册时，用的书名也是《中国现代哲学史》，三联书店出版的版权页上注明"内部发行"四字。

《中国哲学史新编》是冯先生前后历时 40 多年，遭遇坎坷与反复，在非常艰难的条件下完成的。要阐述其中的具体状况，不能不涉及到以下这些方方面面。

60 年代出版的两册，只能当作"试稿"

用马克思主义重新写中国哲学史，说起来容易做起来困难。冯先生在该书第一卷的自序中，回顾了他走过的思想历程：50 年代的向苏联"学术权威"学习，学到的只是生搬硬套马克思主义的词句；后来的"评法批儒"，又使他的工作走入歧途。经过这两次折腾，他吸取了经验教训，决定继续撰写《新编》时，只写他自己"现有的马克思主义水平上所能见到的东西"，直接写他"对中国哲学和文化的理解和体会，不依傍别人"。

他还说，他生在旧邦新命之际，深知一个哲学家所处的政治社会环境对其哲学思想的发展变化所具有的重大影响。因此，他在写《新编》时，"除了说明一个哲学家的哲学体系外，也讲了一些他所处的政治社会环境"。这样，《新编》就可能成为一部"以哲学史为中心而又对于中国文化有所阐述的历史"。（《中国哲学史新编》上，人民出版社，1998 年 12 月，第 2—3 页）

冯先生说这番话的时间是 1980 年 8 月，用这个标准来重新审视他在 20 世纪 60 年代出版的《新编》的第 1、2 两册，自然是不能满意。

事实上，虽然在 1962 年 9 月和 1964 年 6 月，人民出版社先后出版了《新编》的前两册，但随着很快到来的"文化大革命"，他的工作被迫中断。经过了"文化大革命"的几年折腾，他受尽磨难，到了 1979 年，当他可以继续写作时，已经到 84 岁了。这时，有几位学生出于对他身体的考虑，劝他使用已经出版的前两册（先秦两汉）和虽未出版但已经写出的魏晋—隋唐部分，直接从宋明道学（理学）写起。但冯先生不满已经完成的书稿的教条化、概念化、简单化，强调要"写不同于一般的哲学史，不是我注六经，而是六经注我，故必须从头写起"。（《三松堂自序》，第 328 页）因此，他决定将已出版的两册作为"试稿"。读者可以从广东人民出版社出版的《新编》第七册（即《中国现代哲学史》）冯先生于 1990 年 7 月 11 日所写的序言中得到印证。

还是在这一篇序言中，冯先生告诉读者，1977 年他的妻子任载坤去世时，曾写了一副挽联："同荣辱，共安危，出入相扶持，碧落黄泉君先去；斩名关，破利索，俯仰无愧怍，海阔天空我自飞。"在写《新编》第 81 章时，他真正感觉到"海阔天空我自飞"的自由了。

《新编》的特色及其与《中国哲学史》（两卷本）的若干比较

《中国哲学史新编》既然名为新编，当然有它的特点，以之与 30 年代的两卷本做些比较，是挺有意思的。

《新编》与原来两卷本旧作相比较，它的特色是非常明显的，主要有三点。

第一，《新编》的写作并不是像旧作以及一般的哲学史那样，把哲学史写成单纯的哲学家个人哲学思想的简单衔接。那是以人为纲的做法。《新编》采取的是以时代的思潮为纲，不仅写哲学家个人的哲学思想，还同时写哲学家所处的时代背景、社会环境及相关的思潮。这样，《新编》就成为"以哲学史为中心而又对中国文化史有所阐述的历史"。

第二，《新编》是以一般与特殊、共相与殊相之间的相互关系问题作为全书的基本线索。冯先生认为，一般与特殊、共相与殊相的关系问题，作为"一个真正的哲学问题"，是贯穿全书的基本线索。先秦儒家讲正名，道家讲有与无，名家讲名与实，归根到底都是这个问题。魏晋玄学所讲的有与无，宋明道学所讲的理与事，归根到底还都是这个问题。对比而言，写两卷本旧作时，冯先生还没有构建自己的哲学思想体系，只是在讲程伊川、朱子两章中讲到这个问题，未能以之贯穿全书。而《新编》的写作，是在写了"贞元六书"之后，所以，就更加自觉地把这个问题贯穿于全书，使《新编》与"贞元六书"形成了一脉相承的联系。

第三，《新编》把考察并阐述中国哲学发展中的精神境界问题作为一个基本的着眼点。冯先生认为，哲学的作用主要就是能够提高人的精神境界。放眼世界，在其他民族的文化中，超道德的最高精神境界是由宗教所提出的，并且是以宗教信仰为基础。而中国文化中，是由哲学来提高人的精神境界，主张不脱离人的日常生活达到超道德的最高精神境界。中国哲学的特色，中国哲学对人类文明之所以能有较大的贡献，正表现于此。冯先生在讲到魏晋玄学的"体无"时，强调指出，这代表了一种混沌的精神境界。这种没有经过分别的、自然而有的混沌，可称之为"原始的混沌"。诗人在诗中常常乐草木之无知，羡儿童之天真。其实，草木并不知其无知，儿童也不知他们的天真。经过分别之后而达到的无分别，乃是一种高一级的混沌，可称之为"后得的混沌"。"原始"与"后得"的区别在于"无自觉"与"自觉"。在中国哲学史上，魏晋玄学代表的就是这种自觉的无区别、无计较的精神。这种精神境界也就是道家所说的逍遥、玄冥。达到这种精神境界的人并不需要脱离人伦日用，也不意味着对外物没有反应。所以，从玄学中，很自然、顺理成章地发展到道学的"即其所居之位，乐其日用之常"，"物来而顺应，豁然而大公"。

对于宋代程明道的道学气象，冯先生是津津乐道的，他特别推崇程明道的《秋日》诗："闲来无事不从容，睡觉东窗日已红。万物静观皆自得，四时佳兴与人同。道通天地有形外，思入风云变态中。富贵不淫贫贱乐，男儿到此是豪雄。"人们深知冯先生的新理学是接着程伊川讲的，殊不知在精神境界、道学气象方面尤近于程明道。

重视一般与特殊、共相与殊相的关系，强调提高人的精神境界，这两个基本之点，是《新编》的特色。不难看出这两点也是新理学哲学体系的基本之点。30年代的两卷本写于"贞元六书"之前，而《新编》却写于"贞元六书"之后，由此之故，《新编》就具备了提出一些与旧著不同的学术见解的条件。这是不言而喻而且顺理成章的。

冯先生的学生陈来先生正是从这个视角在他的若干阐释冯先生哲学思想的文章中，剖析了《新编》的学术贡献。

在先秦部分，《新编》区分了晋法家与齐法家，指出齐法家的核心是稷下黄老之学。黄老之学的要点是把养生与治国两者相统一。还指出，《月令》与《易传》两者的宇宙图式的区别在于，前者讲五行而不讲八卦，后者讲八卦而不讲五行，汉代的宇宙观则将两者结合起来。

在玄学部分，冯先生既用逻辑方法分析魏晋玄学的有与无的关系问题，又以人生境界学说把握玄学的精神境界，绝好地应用了新理学的方法，得出了一些新结论，使之成为《新编》最重要的成果之一。《新编》指出，魏晋玄学的演变，表现为肯定—否定—否定之否定这三个阶段的发展过程。以何晏、王弼为代表的崇无论是肯定，以裴頠为代表的贵有论是否定，而郭象为代表的无无论则是否定之否定。在这种分析中，对郭象思想的重要把握是起着决定性作用的环节。冯先生认为，贵无论从有的内涵讲，认为有就是无；崇有论从有的外延讲，有就是天地万物，故有不能是无；郭象的无无论则破除了贵无论的本体的无，而保留、肯定、发展了精神境界的无，即玄冥之境。这是一种混沌的精神境界，但不是"原始的混沌"，而是"后得的混沌"，因为是经过了辨名析理后达到的高一级的混沌。

在宋明道学（理学）部分，《新编》提出了许多新的哲学睿见，是冯先生撰写过程的特别着力之处。他认为，个人既是个体，又寓人的共相；个体是主体，他人是客体。宋明道学既然是讲关于人的学问，可以称之为人学。共相与殊相、主体与客体的关系，体现了人的矛盾统一。在中西哲学史上，有三种解决这种矛盾的路向，即本体论的路子、认识论的路子和伦理学的路子。西方哲学史上的柏拉图把共相看成本体，而视人的感性欲望为殊相加以排斥，走的是本体论的路子。康德则不同，他走的是认识论的路子。康德主张，主体无法认识客体事物本身，主体所认识的只是加上了它自己的形式和范畴的东西。中国宋明道学，走的是伦理学的路子。它认为人通过道德行为的积累，就可以在殊相中实现共相，达到两者的统一。在道学发展的前期，二程是肯定，张载是否定，朱熹是否定之否定。朱熹又是道学发展后期的肯定，陆象山、王阳明是否定，王夫之是后期的否定之否定，是整个道学发展的集大成者。

在道学发展过程中，穷理问题是最重要的理论问题。朱熹在"格物补传"中，前段说"即物而穷理"，这是指增进知识，是为学；而后段说"吾心之全体大用无不明"，这是说提高精神境界，是为道。"为学"与"为道"本来是两回事，而朱熹把"为学"作为"为道"的方法，这就有了矛盾，引起了心学对他的批评。冯先生认为，这其中的问题是宋明道学未能处理好"穷人理"与"穷物理"的关系。穷人之理，是要增加知识；穷物之理，是要提高精神境界。这两者是可以统一的，但这个统一并不像朱熹所说穷了物理也就穷了人理；也不像陆九渊讲的只穷人理，不必去穷物理。

冯先生认为，人如果有了"事天"的觉解，把在社会中做的事都看成有"事天"的意义，则穷物理也就是提高精神境界。否则，即使穷人理也只是道德境界，不是天地境界。在天地境界的意义上，穷人理与穷物理，两者不但没有矛盾，而且融为一体。

以上这些从文本分析的方面，可以为我们提供《新编》与两卷本旧作相比较的若干信息。此外，冯先生还有过口头上的明确表达。

钟肇鹏先生在《冯友兰在哲学上的地位》一文中说到，他在 1990 年 8 月曾经就《新编》与两卷本的评价问题，与冯先生有过一番对话。他问冯先生，既然冯先生在 20 世纪 60 年代有"新作应需代旧刊"的诗句，那么，《新编》是否能代替两卷本？冯先生说"不能代替"。他又问，这两种著作有什么区别？冯先生答曰："《新编》是学习了马克思主义，以马克思主义观点为指导写的，旧本是在三十年代，解放前那时的环境下写的，《新编》是现在的环境条件下写的。旧本有旧本的价值，《新编》有《新编》的价值，不能代替。"他又问，有人说旧本比《新编》好，冯先生是怎样看的？冯先生说："这要看以什么标准来衡量。"（宗璞：《旧事与新说——我的父亲冯友兰》，新世界出版社，2016 年，第 200 页）话讲得非常清楚了，《新编》与两卷本既可以在具体的学术观点与哲学内容上进行事实上的比较，当然也可以在学术价值与社会作用上做出不同的评价。仁者见仁，智者见智，高下抑扬，完全可以各抒己见。

《新编》中提出的若干"非常可怪之论"

《新编》中所出现的创新的学术观点，前面已经阐述。创新观点在一般情况下，作为探讨，人们并不过于惊异。但还有一些观点，与平时人们习以为常、深信不疑的看法，大相径庭，乍一听到，大有吓了一跳之感。冯先生把这些观点戏称之为"非常可怪之论"。这类可怪之论多见之于《新编》后面的第 6、7 两册的相关章节及全书最后一章的总结之中。

陈来先生作为冯先生的学生与助手，与冯先生相处甚多，感受尤深。他曾在《读书》杂志 1990 年第 1 期撰文谈及此事。他回忆说，当宋明道学那一册快要写完时，冯先生曾对他说："近来又有一个想法，也可以说是非常可怪之论，就是毛泽东的哲学，实际上也是接着中国古典哲学讲的。"一般人都认为，毛泽东思想乃是马克思主义的中国化，但他们所说中国化，是指在实践上与中国的具体国情相结合。而照冯先生看，这个"化"不可能与中国哲学的传统没有关系。冯先生说："从孔子到王船山，中国哲学有个基本问题，就是一般和特殊的问题，到了王船山，给了一个解决。解决的方法是'理在事中'。《矛盾论》《实践论》讲矛盾的普遍性即寓于特殊性之中，其思想归结起来是'一般寓于特殊之中'，这个寓字从前人不常用，而这个思想也就是'理在事中'。所谓实事求是，就是指事上求理。"找出这个联系，冯先生颇满意，说："《西厢记》中红娘有一句唱调，说'是几时孟光接了梁鸿案'，这么一来，毛泽东的哲学和中国古代哲学讨论的问题就接上了。"（陈来：《默然而观冯友兰》，《读书》1990 年第 1 期）

《新编》共有七册，重点在第七册。冯先生曾说，两卷本的旧作主要是认识过去。《新编》虽然也要认识过去，但它并不作为重点，作为全书的中心和归结点的第七册，"讲的是现代的问题，即什么是有中国特色的社会主义精神文明"，"中国特色的精神文明也应该把中国古典哲学作为来源之一"。（《三松堂自序》，第 348 页）

七、1949 年以后遭到批判的两个见解

20 世纪 50 年代以后，冯先生秉承旧邦新命的志向，总想以自己的专业知识贡献社会。虽屡遭批判，但仍有新见提出。但"这些见解和主张刚一提出来，就受到了批判"。其中比较大的有两次：一为关于中国哲学遗产的继承问题；二为教育革命中的理论与实践的关系问题。

关于怎样继承中国哲学遗产的方法问题

1957 年 1 月 8 日，冯先生《关于中国哲学遗产的继承问题》一文在《光明日报》发表。在这篇文章中，冯先生指出，哲学命题可以有其抽象意义与具体意义。举例来说，《论语》中说的"学而时习之，不亦说乎"这句话，从具体意义看，"孔子叫人学的是诗、书、礼、乐等传统的东西。从这方面去了解，这句话对于现在就没有多大用处，不需要继承它，因为我们现在所学的不是这些东西"。但是，从抽象意义看，"这句话就是说：无论学什么东西，学了之后，都要及时的、经常的温习和实习，这就是很快乐的事。这样的了

解，这句话到现在还是正确的，对我们现在还是有用的"。为了说明他这个意见的理论根据，冯先生还举出马克思、恩格斯、列宁对黑格尔辩证法的继承作为例证。他指出，黑格尔的辩证法是与他的唯心主义思想联系着的，讲的是"绝对观念的发展"。"我们认为他的辩证法是合理内核，就是取其发展的抽象意义，而不是取其具体意义，就是说，取其发展而不取其绝对观念。"（《三松堂自序》，第242—243页）

冯先生的这篇文章在1957年1月北京大学哲学系举办的"中国哲学史问题座谈会"上，成为议论和批判的重点，被称为抽象继承法。围绕着这个观点的是非得失的争论、批判，时起时伏，持续几十年，发表的文章难以计数。冯先生在《三松堂自序》中，对这个问题作了回顾与反思，重新申诉了他的主张。

冯先生说，"抽象就是一般，具体就是特殊"。从这点出发，他用一般与特殊相互关系的原理，分析了人们对抽象的若干误解。他指出，人们认为抽象是"虚无缥缈"，这并不确切。"说它是'虚无'倒是可以说，因为一般寓于特殊之中，离开了特殊，一般就不存在；但是它并不'缥缈'。"如果它是缥缈、特殊的东西，就不可能存在。"说抽象的不可捉摸，这倒是真的，因为它虽然寓于特殊之中，但并不是一个特殊的东西。""说抽象的没有确定的意义，这完全不能说，恰恰相反，只有抽象的才最有确定的意义，因为它本身就是那个意义。"

至于抽象继承与批判继承这两种说法是什么关系？冯先生说：这两者"并没有冲突，也不相违背，它们说的是两回事。批判继承说的是继承要有所选择，于我有利的就继承，于我有害的就抛弃。这说的是继承的对象的问题，说的是继承什么的问题。抽象继承说的是怎样继承的问题。批判继承选择了继承的对象以后，就有个怎样继承的问题，它讲的是继承的方法"。（《三松堂自序》，第246页）

冯先生的这个抽象继承法，曾受到陈伯达的批判。陈伯达在《红旗》1959年第13期，以《批判的继承与新的探索》为题，点名批判抽象继承法，说这是"在继承历史遗产、文化遗产的名义下，在玄虚中绕圈子，把古代加以现代化，把现代加以古代化"。冯先生认为，如果把古人说的道理用现代语言说出来，就是"把古代加以现代化"，那就没有人敢讲历史了。问题不在于"化"，而在于"化"的对不对。此外，冯先生还认为，"继承"与"所继承"是两个不同的概念，不能混为一谈。"按继承说，凡是继承，都是具体的，因为确实有一个特殊的人在那里做继承这个特殊的事。可是他要继承什么呢？这是'所继承'的问题，他所要继承的是一个道理，一个规律，这些就不能是特殊，而只是一般，也就是抽象的了。"抽象继承的根据就在于此。（《三松堂自序》，第254页）根据这个思路，冯先生在《三松堂自序》中回顾当年这场争论时，这样写道："哲学上的继承应该说是对于体系的继承"，"把哲学的继承归结为对于某些命题的继承，这就不妥当"。因为"一个哲学命题不能有具体意义，它应该排斥具体意义。我原来所说的具体意义，实际上是一个哲学命题在实际情况中的应用，或是人们对它的不同了解，这是一个哲学命题所要排斥的。我原来的提法的这些不妥之处，也是引起当时辩论的一个原因"。（《三松堂自序》，第247—248页）

关于大学哲学系培养什么样人才的问题

1958年教育革命时，冯先生在《光明日报》的"哲学"副刊上，发表了一篇《树立一个对立面》的文章，与当时的流行说法唱起了反调。

冯先生的基本主张是认为，社会上的职业有不同的分工，综合大学培养出来的哲学系学生，在理论联系实际的精神指导之下，"必然能做跟他所学的理论有关的实际工作"，"但是他的主要任务，也还是系统地学习马克思列宁主义，钻研经典著作，掌握文献资料等等，为将来担任理论工作打下基础"，"我们培养学生一方面要照顾到他的学问和修养，一方面又要照顾他将来的职业和工作岗位"。

冯先生的文章是1958年6月8日见报，陈伯达在7月1日就提出了批判，登在7月16日出版的《红旗》杂志上。陈伯达把冯先生的话歪曲归纳为一个公式："理论—实际—理论"，认为这是与毛主席《实践论》相对立的，应该把它倒过来，改为这样的公式：实际—理论—实际。

事隔30多年之后，冯先生在《三松堂自序》中指出，他在当时并没有提出那样一个公式。"就算是有那个公式吧，我也认为它并不与《实践论》相矛盾，相对立。"

为什么呢？因为《实践论》讲的"实践、认识、再实践、再认识，这种形式，循环往复以至无穷"，是指社会人的社会认识，只有这样的"社会人的社会认识，人类的认识，才能以这种形式循环往复以至无穷"。这就与讲教育过程的情况不同。"教育就是把前人的知识，以理论的形式，传授给受教育的人。从教育的观点看，他们的认识，都是或者大部分是理论。从这个意义上说，他们都是从理论出发，事实就是这样。"哲学系毕业出来的学生中，将来可能出些哲学家，但是不一定。也有的是只能教学生，但未必是哲学家的哲学教授。还有一类搞哲学的人，他们是哲学工作者，搞的就是中国从前所谓章句训诂之学。"一个大学的哲学系对于这三种人都要培养"，"我并没有说大学的哲学系要把所有的学生都培养成这种人才，只是说也要培养一部分学生成为这种人才"。(《三松堂自序》，第264—267页)

八、冯先生的平生志向：阐旧邦以辅新命

冯先生一生的政治倾向与思想信仰究竟怎样？人们只需看一下他的《三松堂自序》便可一目了然。

前已说到，他自幼在一个封建的耕读传家的环境中长大。他读书的时期，又恰好处于清末帝制时期向民国时期转变的动荡年代。他看到了当时发生的清兵的"望风而逃"和革命军的"传檄而定"。但当时劳动人民并没有发动起来，参加革命的还多半是知识分子。"他们活动的动力，是三民主义中的民族主义，他们反对满人的统治，同时也反对外国洋人的侵略。"那些欢迎革命的乡村开明绅士，实际上也是知识分子。这些知识分子在做官的地方是官，回到原籍就是绅。"辛亥革命的一部分动力，是绅权打倒官权"，而这"正是表现了地主阶级内部的矛盾，辛亥革命一起来，绅权便自然成为革命的一个同盟军，一起反对当权的地主阶级，即以清朝皇帝为代表的地主阶级当权派的统治"。等到清朝被推翻以后，原来参加革命的那一部分地主阶级，就又同资产阶级发生了矛盾和斗争，因此资产阶级又来了个"二次革命"。其结果，是失败。以袁世凯为代表的地主阶级篡夺了革命果实，开始了北洋军阀的统治。

（《三松堂自序》，第30—31页）

当时的冯先生还想"到广州看看中国革命发展的情况"，看到了蒋介石的政变与香港大罢工，当他看到罢工群众成千上万排着队伍，拿着标语，喊着口号，像潮水一般涌过来时，他觉得了"可怕"。他直觉地感到，20年代的革命与辛亥革命不同，而"打倒土豪劣绅"的口号，实际上是在提醒他"这就是对于绅权进行革命"。（《三松堂自序》，第57页）他知道，按他的家庭出身和个人所受的教育，他的思想感情都打上了绅权的烙印，这就是之所以觉得"可怕"的由来。冯先生在80年代能如此清醒地对自己20年代的思想进行"阶级分析"，不能不反映出他对马克思主义的阶级斗争理论的基本认知。

当他后来从美国留学归来，在清华大学当教授期间，曾经利用出国休假的机会到英国和欧洲其他各国进行考察与演讲，遂有了苏联之行。但苏联之行，给他惹了麻烦。当时，他得出了一个结论：封建社会"贵贵"，资本主义社会"尊富"，社会主义社会"尚贤"。"这虽然是对社会主义的误解，但这说明了我对社会主义发生了好感。"（《三松堂自序》，第80页）有了这个好感，回国之后，他又以在苏联所见，做了以"秦汉历史哲学"为题的讲演。这是一种"借古喻古"的借题发挥，"所要发挥的是我在当时所了解的唯物史观（历史唯物论）"。结果，冯先生于1934年11月28日被警察带到保定蒋介石的行营，拘留、问话，折腾了一阵，第二天才获释返回北京。

这件事情，对于冯先生来说，"好像走到一个十字路口"。他说："我可以乘此机会与南京政府决裂，大闹一场，加入共产党领导的革命队伍的行列。或者是继续我过去的那个样子，更加谨小慎微，以避免特务的注意。"（《三松堂自序》，第83页）在可能的两种选择中，他如果走前一条路，以他当时的社会名望，本可以得到全社会的支持，大干一番。"可是我没有那样的勇气，还是走了后一条路。"所以人们说，冯先生变了，但是没有变过来。即使这样，冯先生在清华大学任教期间，还是尽其所能，支持学生的革命行动，掩护过地下党。1936年，有一次当时北京当局派部队围住清华，要逮捕进步学生。在紧急状况下，有两名学生，仓促地躲到冯先生的家中，待军警撤离后，他们终于脱险。（《三松堂自序》，第296—297页）此外，在40年代，冯先生还掩护了国民党所欲拘捕的学生裴玉荪。

当日军入侵、国难当头时，冯先生留须明志，坚持抗战；著书立说，坚信抗战必胜，这也是历史，是不能更改的事实。作为文化人，作为哲学家，作为哲学教授，以书明志更是他的本分。

冯先生在两卷本《中国哲学史》的自序中说："此第二篇稿最后校改时，故都正在危急之中。身处其境，乃真知古人铜驼荆棘之语之悲也。值此存在绝续之交，吾人重思吾先哲之思想，其感觉当如人疾痛时之见父母也。吾先哲之思想，有不必无错误者，然'为天地立心，为生民立命，为往圣继绝学，为万世开太平'，乃吾一切先哲著书立说之宗旨。无论其派别为何，而其言之字里行间，皆有此精神之弥漫，则善读者可觉而知也。'魂兮归来哀东南'，此书能为巫阳之下招欤？是所望也。"

《新原人》一书的自序说："'为天地立心，为生民立命，为往圣继绝学，为万世开太平'，此哲学家所应自期者也。况我国家民族，值贞元之会，当绝续之交，通天人之际，达古今之变，明内圣外王之道者，岂可不尽所欲言，以为我国家致太平，我亿兆安身立命之用乎？虽不能至，心向往之。非曰能之，愿学焉……世变方亟，所见日新，当随时尽所欲言，俟国家大业告成，然后汇此一时所作，总名之曰'贞元之际所著书'，以志艰危，且鸣盛世。"

冯先生抗战决心，爱国情怀，以及他的学术文化上的担当，通过这些文字，跃然于纸上，洋溢于言表。

抗日胜利后，国内战争硝烟骤起。在国共两党的对峙与战争中，冯先生的态度又是怎样呢？

那时，冯先生曾在国外讲学，有的朋友劝他长期留在美国，他断然拒绝，决不当"白华"。又因担心中美交通中断，而急于回国。他坐船以前，经过海关时，查护照的人看到上面写的是永久居留，要他保存这个签证，"什么时候再到美国来都可以用"。冯先生说，不用了，就把签证交给检查人员，离境回国了。（《三松堂自序》，第107，109页）

后来的情况，正如许多人都知道的那样，冯先生拒绝了乘坐南京派来的专机，不跟着国民党政府走，而是留在北平。在清华大学，以校务会议主席的身份，保卫学校，把清华大学完整地交到共产党的接收人员手中。（《三松堂自序》，第110—111页）

再后来，清华大学校务委员会改组，冯先生辞去校务委员会委员和文学院院长的职务，只担任哲学系教授。其间一段时间，他参加了北京郊区的土改。1952 年全国高校实行全国性的院系调整，他被调到北京大学哲学系任教授，直到逝世，终身坚守教坛。

在 1949 年以后，冯先生多次解释他关于旧邦新命的志向。他说，旧邦就是指源远流长的文化传统；新命指现代化和建设社会主义。他"平生志事"，就是"阐旧邦以辅新命"。在《三松堂自序》中他专门设置了"展望"作为第四部分。这个部门只有一章，即第十一章，标题就是"明志"。集中叙述了他赴哥伦比亚大学接受名誉文学博士学位一事，足见他当时的心情以及对此事的重视。

冯先生自撰并多次提到、用以自勉的对联是："阐旧邦以辅新命，极高明而道中庸。"其中上联是他学术活动的方向，下联是他希望达到的精神境界。

1982 年，他到夏威夷参加国际朱熹讨论会后，就收到了通知，赠予学位仪式定于 9 月 10 日下午举行。他如期前往，并在会上发表了一篇答词，其中概括地叙述了他过去在学术界中所有的活动及其意义，并且说明了他将来希望要做的事情。这实际上是他一生总结性的自我评价。

这篇答词的许多属于过去的内容，本文在前面基本上已经阐述，不再重复。重要的是，他对已经和将要做的工作的意义的阐发。

现择其要者，摘录以下几段：

> 我们已经有了马克思主义和毛泽东思想。马克思主义会变成中国的马克思主义，毛泽东思想还会发展。中国的马克思主义，这个名词有些人会觉得奇怪。其实它久已存在，这就是毛泽东思想。毛泽东思想的定义就是马克思主义普遍原理与中国革命实践的结合。既然与中国革命实践结合了，那就是"中国的"马克思主义，而不仅是"在中国的"马克思主义。

> 马克思主义有三个来源，其一就是德国古典哲学。为现代中国服务的包括各方面的广泛哲学体系，会需要中国古典哲学作为它的来源之一吗？我看，它会需要的。我们应当为这个广泛的哲学体系准备材料，铺

设道路。

在目前情况下，我感到，我的《中国哲学史新编》有一项新的任务。它应当不仅是过去的历史的叙述，而且是未来的哲学的营养。

我经常想起儒家经典《诗经》中的两句话："周虽旧邦，其命维新。"就现在来说，中国就是旧邦而有新命，新命就是现代化。我的努力是保持旧邦的同一性和个性，而又同时促进实现新命。我有时强调这一面，有时强调另一面。右翼人士赞扬我保持旧邦同一性和个性的努力，而谴责我促进实现新命的努力。左翼人士欣赏我促进实现新命的努力，而谴责我保持旧邦同一性和个性的努力。我理解他们的道理，既接受赞扬，也接受谴责。赞扬和谴责可以彼此抵消。我按照自己的判断继续前进。（《三松堂自序》，第318—319页）

把研究开掘中国古典哲学中的优秀因素，加以继承与发扬，使之成为构建中国未来哲学的不可缺少的营养，这是冯先生毕生治中国哲学史的神圣使命与学术文化担当。在他生命的最后10年中，最重要、最具体的事情就是要把《中国哲学史新编》写好、写完。这是他最为专注、执着，也是他的不可更改的深情。宗璞有这样的回忆："他（冯先生）在生命的最后两年中不能行走，不能站立，起居需要人帮助，甚至咀嚼困难，进餐需人喂，有时要用一两个小时。不能行走也罢，不能进食也罢，都阻挡不了他的哲学思考。一次，因心脏病发作，我们用急救车送他去医院，他躺在病床上，断断续续地说：'现在有病要治，是因为书没有写完，等书写完了，有病就不必治了。'"（《旧事与新说》，第20页）一部150万—160万字的大书，写作过程的艰辛与劳累是难以想象的。有的朋友来看望他，好心地劝他不要写了。可是，他微叹道："我确实很累，可是我并不以为苦，我是欲罢不能。这就是'春蚕到死丝方尽，蜡炬成灰泪始干'吧！"（同上）他的书写完后，他的使命完成了，他的生命也走到了尽头。他临终前，还念念不忘中国哲学之发展。1990年11月2日，他对前来探视的李泽厚、陈来说："中国哲学将来一定会大放光彩。要注意《周易》哲学。"（《三松堂自序》，第422页）

冯先生写《三松堂自序》时，《新编》还没有写完。1990年7月，全书终于脱稿。在最后这一卷的自序中,他写道:"在写第八十一章的时候,我确是照我所见到的写的。并且对朋友说:'如果有人不以为然,因之不能出版,吾其为王船山矣。'船山在深山中著书达数百卷,没有人为他出版;几百年以后,终于出版了,此所谓'文章自有命,不仗史笔垂'。"(《中国现代哲学史》,广东人民出版社,1999 年 8 月,第 1 页)冯先生的《新编》的出版情况,当然不可与王船山著作同日而语。虽然人民出版社只出版了前六卷,但最后一卷,毕竟还是出版了。不然,人们也不可能见到他在生命尽头写下的上述这些话了。

九、对冯先生学术贡献和文化担当的若干评价

1999 年 8 月,广东人民出版社将冯先生的《中国哲学史新编》第七卷,以《中国现代哲学史》为书名推出时,曾收入蔡仲德先生所写的《冯友兰先生评传》一文作为附录。在该文中,蔡先生认为,可以将冯先生一生的历史分为三个时期:1948 年前为第一时期,1949 年至 1976 年为第二时期,1977年至 1990 年为第三时期。"如从三个时期考察'三史'、'六书'的写作,便可发现,先生在第一时期写了二史、六书,确立了自己的学术地位;在第二时期,于忏悔中写了两册《新编》;在第三时期,他否定了第二时期所写的两册《新编》,从头开始写作,完成了七册《新编》,作出了新的贡献。这就表明,先生一生的三个时期,分别是他实现自我、失落自我、回归自我的时期(但应指出,先生的第二时期并未完全失落自我,第三时期则于回归中既有修正又有发展。所谓'失落'、'回归'是就大体而言)。"(《中国现代哲学史》,第 260—261 页)

蔡先生的这篇评传写于 1996 年 1 月,原载《文史哲》1996 年第 4 期。这时距离冯先生仙逝已经有六年之久,是深思熟虑理性分析之作。这个评价已成为颇具影响的一家之言。

学术界已故的一些著名学者,对冯先生一生的评价,还可以举出一些为人们所知、所认同的例子。

张岱年先生说:"'西学东渐'以来,中西哲学的结合是必然的趋势。当

代中国哲学界最有名望的思想家是熊十力先生、金岳霖先生和冯友兰先生，三家学说都表现了中西哲学的融合。熊先生的哲学是由佛学转向儒学的，也受到柏格森生命哲学的影响，在熊氏哲学体系中，'中'局十分之九，'西'局十分之一。金先生惯于用英语思考问题，然后用中文写出来，对于中国古代哲学的精义也有较深的体会和感情，金先生的体系可以说是'西'局十分之九，'中'局十分之一。唯有冯友兰先生的哲学体系可以说是'中''西'各半，是比较完整意义上的中西结合。"（张岱年：《冯友兰先生"贞元六书"的历史意义》，载于海天出版社 1998 年 6 月出版的《解读冯友兰·学者研究卷》，第 3 页）

蒙培元先生说："冯先生是我国现代一位最著名的哲学家，他在中西哲学会通方面做出了很大的贡献。他的学说、他的思想，你可以去批评和讨论。我们不能要求一个哲学家永远正确，他的思想都是真理。但是，他在那个时代，确实是一面旗帜。我们研究中国哲学的人，可以努力地超过他，但你不能越过他、避开他。他已经达到了那个时代的一个高峰。"（《实说冯友兰》，北京大学出版社，2008 年，第 179 页）这里所说的可超而不可越，意思是说，中国人要了解、学习、研究中国哲学，必须通过冯先生为后来者架设的桥梁。

李慎之先生在生前曾经说过，如果中国人因为有严复而知有西方学术，外国人因为有冯友兰而知中国哲学，这大概不会是夸张。（《实说冯友兰》，第 291 页）从这个意义上说，冯友兰先生对中国哲学的贡献，不仅具有本民族的意义，而且具有世界的意义。海内外学术界掀起的一种称之为"冯学"的学问，就是最有力的证明。

汪子嵩先生在西南联大念书时，冯友兰先生就是他的老师。1952 年高校院系调整后，又一起在北京大学哲学系共事。汪先生认为，冯先生是用西方的方法来证明我们中国的哲学，发展我们中国的哲学，"能够把中国哲学史写成整部著作的，冯先生是第一个"。我们有不少学者，在中西文化融合的其他方面，虽然也做了不少工作，但是，"他们没有像冯先生这样，把它搞成这样一个全面的、完整的体系。在这方面，我认为冯先生是中国近现代史上第一位哲学家"。（《实说冯友兰》，第 24、26 页）

冯先生是哲学大师，但不是圣人，不可能没有性格上的弱点与处事上的失误。他在"文革"中的失误，正如一些研究者所说："有其性格的原因，但更多的是时代的关系。冯先生作为一个读书人，在那样的环境下，做一些违心的事，常常不得已而为之。""冯先生死后，港台一些学者已放弃了对他'文革'中表现的苛评，倾向于认为冯先生的一生是中国知识分子的悲剧。季羡林挽冯先生说是大节不亏，晚节善终，当是知人之论。"（谢泳：《逝去的年代——中国自由知识分子的命运》，福建教育出版社，2013年，第2、4页）

总之，对冯先生的全方位的研究，仍在继续进行之中。历史将会对之做出更为全面、公允的评价。

2021年3月

（冯先生的矛盾观与人生境界说，可另见拙作《冯友兰先生的矛盾观及其现实意义》，载《福建论坛》2009年第7期；《提高人生境界 实现真善美的统一——冯友兰"人生境界"学说述评》，载《学术评论》2014年第5期）

漫步在美学和艺术的林间花径
——宗白华的《流云》《美学散步》《艺境》及其他

宗白华先生（1897—1986），原名之櫆，字白华，江苏常熟人，是我国现代著名的美学家、哲学家和诗人。1918 年他毕业于上海同济大学语言科，1920—1925 年留学德国，先后在法兰克福大学和柏林大学攻读哲学和美学。回国后，曾经在东南大学、中央大学、南京大学任教授。1952 年以后的 30 多年间，一直在北京大学哲学系任教授。早在五四时期，他痛感于当时中国之受列强欺凌、国弱民贫，大声疾呼要创造"新国魂"，提倡适应新世界、新文化的"少年中国精神"。他参加少年中国学会，主编《时事新报》的副刊《学灯》，1920 年 5 月出版了由他和田汉、郭沫若三人共同署名的《三叶集》。那时的他，就已经是一位披荆斩棘、勇往直前的年轻文学活动家了。从那以后，他的文学和学术的活动，历经风雨，走过了近 70 年的漫长道路，他终于成为一位饮誉海内外的著名学者、教授。

《流云》的出版及其中蕴含的审美意境

宗先生在五四时期就是一位著名诗人了，他的小诗和谢冰心等人的诗作齐名，备受赞誉。1920 年 1 月 3 日他给远在日本的郭沫若的信中说："我们心中不可无诗意诗境，却不一定要做诗。"但正是这位本来"不一定要做诗"的人，由于他心中蕴藏着无穷的"诗意诗境"，最后却创作了大量诗作并广为流传，成为真正的诗人。

1924 年 1 月，上海亚东图书馆曾经把宗先生在《时事新报·学灯》上发表过的一部分诗作，加上一些还没有发表过的诗作，共 49 首，编成诗集正式出版，题为《流云》。《流云》的诗句玲珑剔透，宁静独特，意趣深远，引人入胜。它和谢冰心的《繁星》《春水》，康白情的《草儿》，同是 20 世纪初期中国新诗发展史上最早的几部诗集，它的出版奠定了宗先生在中国新诗诗坛上的地位。

1929 年 9 月，上海亚东图书馆再版印行前，宗先生将它重新编过，为每首诗增加了标题，并改名为《流云小诗》。1947 年 11 月，上海正风出版社又将它重新编排出版，书后收录了宗先生写的《我和诗》（1937 年）一文。这篇文章为我们欣赏他的诗作，提供了指导性的思路。

在《我和诗》中，宗先生重提上述关于"心中不可无诗意诗境，却不一定要做诗"的旧话，说他因为"不愿受诗的形式推敲的束缚，所以说不必定要做诗"。他还着重讲了他后来之所以写起诗来的个中缘由。他从小就酷爱自然山水风光，爱流动变幻莫测的云，爱各种气候条件下形态各异的海。他既是夜的爱好者，也赞颂红日的初生。他说："我爱光，我爱海，我爱人间的温暖，我爱群众里千万心灵一致紧张而有力的热情。我不是诗人，我却主张诗人是人类的光和爱和热的鼓吹者。"（宗白华：《美学散步》，上海人民出版社，1981 年，第 286 页）

宗先生不仅是诗人，还是诗人哲学家，或哲学家诗人。他说："庄子、康德、叔本华、歌德相继地在我的心灵的天空中出现，每一个都在我的精神人格上留下不可磨灭的印痕。""唐人的绝句，像王、孟、韦、柳等人的，境界闲和静穆，态度天真自然，寓秾丽于冲淡之中，我顶喜欢。"（《美学散步》，第 281 页）

但是，他毕竟生活在现代都市之中，人生的悲壮剧以及城市的喧嚣是无法回避的。他说，当夜里躺在床上熄了灯，一轮冷月俯临这动极而静的世界时，他感受到"无限凄凉之感里，夹着无限热爱之感。似乎这微渺的心和那遥远的自然，和那茫茫的广大的人类，打通了一道地下的深沉的神秘的暗道，在绝对的静寂里获得自然人生最亲密的接触。我的《流云小诗》，多半是在这样的心情中写出的"。（《美学散步》，第 285 页）这也许就是他所说的"诗意诗境"，是他这个本来"不一定要做诗"的人，不由自主地写出了许多活泼灵动、玲珑剔透的好诗来的奥秘所在吧！

宗先生深受中国古代哲学和艺术的熏陶，中国人不是像西方思想家那样追求着彼岸的无限世界，而是在一丘一壑、一花一草中去发现无限、表现无限的。由于人的心灵与世界是彼此相通的，因此，作为心灵之声的诗的创作，无须"受诗的形式推敲的束缚"而刻意为之。用他自己的话来说，在心与物的交融互渗中，"空明的觉心，容纳着万境，万境浸入人的生命，染上了人的性灵"。(《美学散步》，第25页)

心物化合为一，泯灭物我之别，它不拘泥于一己之心的喜怒哀乐，而是在意象运动中演奏着宇宙生命的天籁之声，它既空灵又充实。这是艺术心灵所能达到的最高境界，也是宗先生的《流云小诗》里所蕴含的审美境界。

20世纪80年代相继问世的《美学散步》和《艺境》

20世纪20年代中期以后，宗先生学术工作的重点有所转移，专心于美学和艺术的理论研究，除了在1933年写了《生命之窗的内外》这首诗，便很少再有新的诗作问世。在理论著述方面，他与同时代的其他学者相比，著作的数量并不多，谈不上什么鸿篇巨制，但人们从他的那些独具个人风格的传世美文中，却可以非常强烈地感受到他开阔的文化视野和深邃的洞察力。他对中国古代哲学和美学神韵的深切理解，以及对中西学术思想的融会贯通，无不使人赞叹与钦佩。

1981年，上海人民出版社推出了宗先生生前出版的唯一的美学著作。此书几乎汇集了他一生中最精要的美学研究的篇章，书名为《美学散步》，与首篇文章之标题相同。宗先生在开头的小言中写道：

> 散步是自由自在、无拘无束的行动，它的弱点是没有什么计划，没有系统。看重逻辑统一性的人会轻视它，讨厌它，但是西方建立逻辑学的大师亚里士多德的学派却唤做"散步学派"，可见散步和逻辑并不是绝对不相容的。
>
> 达·芬奇在米兰街头散步时速写下来的一些"戏画"，现在竟成为"画院的奇葩"。庄子好像整天在山野里散步，观看着鹏鸟、小虫、蝴蝶、游鱼，又在"人间世"里凝视一些奇形怪状的人并写进文章中，这些奇特人物成为后来唐、宋画家画罗汉时心目中的范本。

> 散步的时候可以偶尔在路旁折到一枝鲜花，也可以在路上拾起别人弃之不顾而自己感到兴趣的燕石。无论鲜花或燕石，不必珍视，也不必丢掉，放在桌上可以做散步后的回念。（《美学散步》，第1—2页）

但凡读过《美学散步》这本书的人，都会惊喜地发现：宗先生在散步时所折到的"鲜花"和拾起的"燕石"，竟是那样的美不胜收啊！这里有他对人生艺术化的感悟、对诗美的寻求和对文艺的空灵与充实辩证关系的准确把握；还有对希腊哲学家艺术理论的深入分析，有对康德美学思想的独到评述，有看了罗丹雕刻以后对罗丹的理解和欣赏……对于中国古代美学和艺术，宗先生更是情有独钟：他在挖掘中国文化的宝藏时，还致力于中西文化的比较研究；他既从整体上探索中国美学史中若干一般性的重要问题，又对不同的艺术门类（音乐、绘画、建筑、书法，等等）的特殊规律和具体内容做深入的剖析。所有这些文章，无不文笔灵动，创见迭出，妙趣横生，韵味无穷。

在这些文章中，人们还可以窥见他人生理想、人格操守的高洁与旷达。笔者十分欣赏《论〈世说新语〉和晋人的美》一文，这篇文章中所说的"晋人的美"，几乎是宗先生平生为人的生动写照。我国哲学界的著名学者对此多有评说。例如，冯友兰先生曾经十分羡慕地说，"旷达是晋人风度的要点，达到这种境界自然就是晋人风度，'是真名士自风流'"，"白华的为人就是晋人风度"。熊伟先生说得更具体：宗白华"一生很可爱，陶渊明的风格是他一生的特点"，"他很洒脱，对身外之物看得很轻，有哲学家的韵味"，"旧社会许多坏的作风他都没有，他从不与人争得面红耳赤，他自得其乐"。（王德胜：《宗白华评传》，商务印书馆，2002年，第80—81页）

《艺境》一书虽然出版于宗先生已经逝世后的1987年6月，但他于生前的1986年9月，已经为此书撰写了前言。其实，他在1948年就曾经汇集部分论文，编了一本名为《艺境》的文集，只是由于种种原因未能公开问世。《美学散步》一书出版后，学术界的同仁希望能够出版一本更全面地反映宗先生美学和哲学思想的文集，把《美学散步》未能收集进去的重要文章收入其中，以应学术界研究之急需。这就是《艺境》出版的历史背景与出版经过。宗先生在前言中写道："闻笛、江溶等同志，受文艺美学丛书编辑委员会委托，继我的《译文选》之后，又编辑此书，这使我甚感欣慰。我虽终生情笃于艺境之追求，所成文字却历来不多，且不思集存，故多有散失。四十年前，偶欲将部分论艺之文，集为《艺境》刊布，亦未能如愿。不想编者此次所集竟数倍于当年之《艺境》，费力之巨，可想而知。尤当致谢的是，编者同时钩沉了吾早年所作之小诗，致使飘逝的'流云'得以复归。诗文虽不同体，其实当是相通的。一为理论之探究，一为实践之体验。不知读者以为然否？人生有限，而艺境之求索与创造无涯。本书或可为问路石一枚，对后来者有所启迪，则此生无憾矣！"（宗白华：《艺境》，北京大学出版社，1987年，第1页）

北京大学出版社正式出版此书，了却他40年来未了之心愿。从《艺境》原序（1948）中可知，宗先生非常欣赏唐朝画家张璪的绘画成就和人格风度。张璪曾有"外师造化，中得心源"之名句，宗先生之所以把自己的论文集取名为《艺境》，是为了表达他对张璪的"追怀与仰慕"。（《艺境》，第3页）

该书约36万字，分两大部分，第一部分为"艺境"，收入论文55篇，再加上信札、题记、序言等，共60篇，有许多是《美学散步》未曾收入的重要之作。第二部分为"流云"，收入诗歌60首。他的诗作多数是新诗，也有少量的旧体诗。其中题为《柏溪夏晚归棹》的五言律诗写道："飙风天际来，绿压群峰暝。云罅漏夕晖，光写一川冷。悠悠白鹭飞，淡淡孤霞迥。系缆月华生，万象浴清影。"（《艺境》，第405页）柏溪是嘉陵江上的一个村庄，老友恽君向宗先生索写旧作，宗先生用毛笔亲笔书写并赠送。这是我们从公开的出版物中所仅见的宗先生的书法手迹。

中国当代美学发展史上的双峰

宗先生是中国当代的著名美学家和哲学家，与著名美学家邓以蛰先生（1892—1973）、朱光潜先生（1897—1986）一起，以不同的特点活跃于美学界。早在20世纪30年代，中国学术界就流传着"南宗北邓"之说，将宗先生与邓先生并举称道。邓先生当时曾在北京大学工作，而宗先生当时还在东南大学、中央大学工作。宗先生于1952年调到北京大学后，邓以蛰、朱光潜和宗白华三位著名美学教授都集中到北大来了。1973年邓以蛰先生先于朱、宗两位先生而去。朱、宗两人的生卒年刚巧都是 1897—1986 年，这样，有的学者很自然地在评价宗先生时，把他与朱先生做了比较。

例如，当代著名美学家李泽厚曾经把宗先生与朱先生做了这样的比较："朱先生的文章和思维方式是推理的，宗先生却是抒情的；朱先生偏于文学，宗先生偏于艺术；朱先生更是近代的，西方的，科学的，宗先生更是古典的，中国的，艺术的；朱先生是学者，宗先生是诗人……"

李泽厚还指出，宗先生"相当准确地把握住了那属于艺术本质的东西，特别是有关中国艺术的特征。例如，关于充满人情味的中国艺术中的空间意识，关于音乐、书法是中国艺术的灵魂，关于中西艺术的多次对比等等"。（《宗白华评传》，第 76—77 页）

宗先生逝世后，学术界对他的学术研究成果越加重视，他的学术著作的新版本也不断面世。例如，人民出版社于 1987 年 4 月推出《美学与意境》，收入宗先生在各个时期写的文章 60 篇，约 37 万字。2005 年 1 月，北京大学出版社以"美学散步丛书"的形式，出版了宗先生的论文集，名为《天光云影》。2009 年 4 月，南京大学出版社以"南雍学术经典丛书"的形式，出版了《宗白华中西美学论集》，等等。

特别要指出的是，1994 年 12 月，安徽教育出版社出版了《宗白华全集》，共 4 卷，约 200 万字，收入许多未发表的论文、讲稿、信札等。其中题为《形上学》的、未完成的文字，尤为珍贵。这篇文稿是宗先生 1928—1930 年在中央大学讲课时所写，包括笔记和提纲两个部分。在这里，宗先生从多层面、多角度阐发了中西的形上学由于对心与物、主体与客体的认识不同，从而分属于两大不同的体系。西方是唯理的体系，是要了解世界的基本结构、秩序理数，是"以数代乐"，是化命运为命定的自然律，所以重点是宇宙论、认识论、范畴论；中国是生命的体系，是要了解、体验世界的意趣、价值，是"以水喻道"，是推"天人合一"于"保合太和，各正性命"之形上境，所以重点是本体论、价值论。正因为这样，宗先生特别强调：审美活动是人的心灵与世界的沟通。在中国传统文化领域中，他贯通儒、道、玄、禅，横跨诗、书、画、乐、舞，皆能深得其中之真谛。

宗先生一贯倡导和追求中西美学的会通与融合。早在五四时期他在《中国青年的奋斗生活与创造生活》（1919）中，就指出："将来世界新文化，一定是融合两种文化的优点而加之以新创造的。这融合中西文化的事业，以中国人最相宜，因为中国人吸取西方新文化，以融合东方，比欧洲人采撷东方旧文化，以融合西方，较为容易，以中国文字语言艰难的缘故。中国人天资本极聪颖，中国学者，心胸思想，本极宏大，若再养成积极创造的精神，不流入消极悲观，一定有伟大的将来，于世界文化上一定有绝大的贡献。"（转引自叶朗：《胸中之竹·走向现代之中国美学》，安徽教育出版社，1998年，第271页）宗先生在90年前说的这番话，至今仍有着重大的现实意义。

宗先生没有急于写作中国美学史，而是指导身边的几位助教，前后花了三年时间，翻阅了大量书籍，编出两本《中国美学史资料选编》，从而为他的学生尔后的著述，打下了坚实的基础。

1997年9月，北京大学哲学系、德国波恩大学汉学系等几个单位为纪念朱光潜、宗白华两位先生诞辰100周年，在安徽黄山召开了朱、宗两位先生美学思想的国际讨论会。曾经是宗先生助手的北京大学教授叶朗在向大会提交的论文中，对宗先生美学思想在中国现代美学史上的独特地位，做了高度的评价。他认为，和朱先生一样，"在宗白华的身上，同样也反映了西方美学从传统走向现代的趋势，反映了中国近代以来寻求中西美学融合的趋势"，"西方现代美学扬弃了主客二分的思维模式，而走向了'天人合一'的思维模式。宗先生对西方现代美学谈论得不很多。但是，宗先生本人的立足于中国古代'天人合一'思维模式的美学思想，与西方现代美学是相通的"。（《胸中之竹·走向现代之中国美学》，第270、275页）

因此，他认为，当代中国美学的研究应当从朱光潜、宗白华那里"接着讲"。会议部分论文由他编为《美学双峰》，由安徽教育出版社出版。

宗先生不仅是学者、诗人，而且还是教育家和翻译家。他生前曾有康德《判断力批评》《欧洲现代画派画论选》《宗白华美学文学译文选》等译著问世。在他逝世后，安徽教育出版社于2000年10月还出版了《宗白华著译精品选》（七册）。他毕生从事教育工作，为美学、哲学的发展繁荣，培育了无数新人。笔者在北京大学哲学系读书时，曾经有幸聆听过宗先生有关美学方面的讲座。宗先生讲课内容丰富，熔中西文化、中西艺术和美学于一炉，议论精到，深入浅出，诗意盎然，妙趣横生，牢牢地把握了中国美学的灵魂，而且讲课的神态达到全神贯注、自我陶醉的境地。由于他讲课的内容发自肺腑，因而有极强的感染力，直到 50 多年后的今天，笔者对此依然印象深刻，宛如昨天。

宗先生作为一位从哲学高度研究中西美学比较、研究中国美学艺术而饮誉海内外的著名学者、教授，他那幽深的生命情调和空明的觉心，将不断地浸染着艺术，启迪着人生。他的美学散步时的富有生命韵律和悠远境界的脚步声，将永远驻留在以追求真善美为人生旨意的人们的心中！

（载《中华读书报》2009 年 7 月 22 日）

贺麟关于黑格尔哲学的研究
与翻译的坎坷历程

哲学上的唯物主义与唯心主义的区别、对立和斗争，长期以来，一直被认为是哲学发展中最重大、最基本的问题。20 世纪的后半期，在最高权威的引导下，学术界普遍认为，整个哲学的发展史，就是唯物主义与唯心主义的两军对战的历史。这种看法经过长时间的广泛宣传，被奉为一种不容置疑的金科玉律。既然如此，怎样评价唯心主义，以及如何看待唯物主义与唯心主义的斗争，就不能不成为哲学研究中头等重要的问题了。但是，人们对此的认识并没有因此而完全一致，相反地，一直还存在着明显的分歧，乃至严重的对立。如果你主张唯物主义，当然不会有什么问题；反之，如果你主张或支持了唯心主义，那不仅会引来误解、非议，甚至会遭受批判与围攻。即使如此，有的哲学家却仍然坦率地承认自己对唯心主义哲学的认同、坚持，甚至热爱。贺麟先生就是其中的一位。在极"左"思潮的影响下，长期以来，贺先生因此而备受责难，历经坎坷。

本文试图从贺麟先生关于唯心主义的看法说起，就关于唯心主义评价以及与此相关的若干问题，进行一些历史回顾与反思，以就教于专家和广大读者。

20 世纪 30—40 年代，贺先生在《近代唯心论简释》中对唯心主义的评价就引起了争议

贺麟先生（1902—1992），字自昭，是我国现代颇负盛名的哲学家、哲学史家和翻译家。他对黑格尔哲学的精湛研究，以及对黑格尔等西方著名哲学家经典著作的翻译，早已使他蜚声中外。他出生于四川金堂县，1926 年毕业于清华留美预备学堂，1926—1930 年先后在美国奥柏林大学、芝加哥大学、哈佛大学及其研究院学习和研究西方哲学史，曾在哈佛大学获得硕士学位。

1930—1931 年在德国柏林大学学习德国古典哲学。1931—1955 年在北京大学哲学系先任讲师两年，后任教授。1955 年以后，调中国科学院哲学研究所从事研究工作，曾任西方哲学史研究室主任。贺先生通过教学、研究、翻译和著述，在向中国介绍西方哲学和培养专业人才方面，做出了重要的贡献。他的主要著作有《德国三大哲人处国难时之态度》（1934）、《知难行易说与知行合一论》（1943）、《近代唯心论简释》（1944）、《当代中国哲学》（1945）、《文化与人生》（1947）、《现代西方哲学讲演集》（1984）、《黑格尔哲学讲演集》（1986）、《哲学与哲学史论文集》（1990）等。主要译著有 E. 凯尔德的《黑格尔》（1936）、J. 罗伊斯的《黑格尔学述》（1936）、马克思的《黑格尔辩证法和哲学一般批判》（1955）、马克思的博士论文《德谟克里特的自然哲学与伊壁鸠鲁的自然哲学的差别》（1961）、B. 斯宾诺莎的《致知论》（1943）、《知性改进论》（1952）、《伦理学》（1958）、G. W. F. 黑格尔的《小逻辑》（1954）《精神现象学》（与王玖兴合译，1962）、《哲学史讲演录》（与王太庆等合译，1956、1957、1959、1978）等。

　　贺先生对唯心主义哲学的肯定态度，是同他自身新心学哲学思想的形成与发展分不开的。无论在 20 世纪的 30—40 年代，还是在 50—60 年代，前后基本上是一贯的。

　　早在 20 世纪的 30 年代，贺先生就已经被称为"黑格尔哲学研究方面的专家"。他学贯中西，博古通今，对于康德、黑格尔哲学及中国古代儒家学说、宋明理学研究尤深，并将新黑格尔主义与陆王心学相结合的唯心主义观点，作为自己哲学思想的主导观点，初步形成了他自创的新心学的哲学思想。这可以从他在 40 年代出版的三本《近代唯心论简释》（1942 年由重庆独立出版社出版）、《当代中国哲学》（1945 年由胜利出版公司印行）和《文化与人生》（1947 年由商务印书馆出版）代表作中得到证明。这里着重说一下他的第一本书的观点所引起的社会反响和学界评论。

《近代唯心论简释》：新心学的代表作

　　《近代唯心论简释》是一本论文集，包括论文 15 篇。作为首篇同名论文的《近代唯心论简释》，1934 年 3 月发表在天津《大公报》的"现代思潮"周刊上。它标志着贺先生的新心学哲学思想的开始。有人称它为贺麟"哲学思想的宣言"，说"以后的许多文章都是此文所阐述的基本思想的扩充与引申"。（贺麟：《近代唯心论简释》，商务印书馆，2011 年，第 369 页）

该文开宗明义写道：

> 心有二义：（1）心理意义的心；（2）逻辑意义的心。逻辑的心即理，所谓"心即理也"。心理的心是物，如心理经验中的感觉、幻想、梦呓、思虑、营为，以及喜怒哀乐爱恶欲之情皆是物，皆是可以用几何方法当作点线面积一样去研究的实物……逻辑意义的心，乃一理想的超经验的精神原则，但为经验、行为、知识以及评价之主体。此心乃经验的统摄者、行为的主宰者、知识的组织者、价值的评判者。自然与人生之可以理解，之所以有意义、条理与价值，皆出于此心即理也之心。故唯心论又常称为精神哲学。所谓精神哲学，即注重心与理一，心负荷真理，理自觉于心的哲学。（《近代唯心论简释》，第 1—2 页）

那么，心与物两者是什么关系呢？贺先生认为，心与物是不可分的整体，"灵明能思者为心，延扩有形者为物"，"心为物之体，物为心之用。心为物的本质，物为心的表现"。当然，这里所说的表现，有程度高低之分：自然之物其表现精神之程度较低，而文化之物其表现精神之程度较高。"故唯心论者，不能离开文化或文化科学而空谈抽象的心。"否则，这个心就成为无内容、无生命的了。由于唯心论这个名词容易被误解，所以，贺先生认为，也可称唯心论为唯性论。这个"性"（essence）为物之精华，为理性所决定的自由意志，应付环境而产生的行为、所养成的人格，就是一个人的性格。

唯心论又可以称为理想论或理想主义，在不同的语境中，有不同的称谓："就知识之起源与限度言，为唯心论；就认识之对象与自我发展的本则言，为唯性论；就行为之指针与归宿言，为理想主义。"（《近代唯心论简释》，第 5 页）

中国古代的心学家所说的"心即理"，多指天赋的道德意识，贺先生上述关于"心"的界说，显然吸取了德国古典哲学家康德、黑格尔关于理性的见解，把心与理性、理想融合起来了。他强调指出，作为人之本性的理性，是"构成理想之能力"，而作为人的认识和行为的指针的理想，是人的最高精神能力，"乃超越现实与改造现实的关键，且是分别人与禽兽的关键"。（《近代唯心论简释》，第 6 页）

《近代唯心论简释》论文集于 1942 年出版后，马上引起社会的关注和学术界评论。胡绳、徐梵澄、谢幼伟、陈康等人先后发表了对该书的评论文章。

胡绳以《一个唯心论者的文化观——评贺麟先生著〈近代唯心论简释〉》为题，在 1942 年 9 月重庆《新华日报》发表了批评文章。胡绳认为，该书"虽然像是本系统地解释唯心论哲学的书，但实际上却是一本论文集"，"在同类著作中是算得比较有见解的，比较的能成一系统的"。胡文着重分析了贺著"从他的唯心论的观点与立场出发，在文化批评上到底进行了怎样的工作"。胡绳认为，贺著固然批评了中体西用说、全盘西化论，以及本位文化论等，但由于贺先生是"从欧洲贩运来大资产阶级腐败时期的直觉论和神秘主义思想，回来加入到旧礼教的复古营垒里去"，所以，他的文化观"其实是和那些说法是一丘之貉，甚至还要更落后一点"。（《近代唯心论简释》，第 316 页）胡文的这个定性是否准确、恰当，人们自可见仁见智，各有评估，在此存而不论。可以指出的是，胡文的批评着重于政治的层面，从学理上剖析唯心主义似嫌不足。

徐梵澄写的以《〈近代唯心论简释〉述评》为题的书评，于 1942 年发表于当时中央图书馆编印的《图书馆月报》上。贺先生认为，徐文对贺著"有简要平正的评论"。评论者虽指出贺著中有一二细微处不甚同意，但又指出，整个地看，"其努力求融会贯通中西哲学，显而易见。无论有没有偏颇的地方，却处处能见其大，得到平正通达的理解"。（《近代唯心论简释》，第 321 页）

谢幼伟是贺麟在美国哈佛大学的同学，他写了《何谓唯心论?》的评论文章。该文肯定贺著是"今日中国哲学上不可多得之著作"，并提出三个问题。贺麟于 1943 年 4 月 14 日以书信形式对这三个问题作了回答。谢文说：

> 何谓唯心论? 此为不易回答之问题。唯心论一辞，最为人所知，亦最为人误解。数十年来，国人之谈哲学者，于唯心论一辞，虽多提及，

然为唯心论下一正确之解释者，则不多觏。若进而主张唯心论，为唯心论辩护，及根据唯心论之说以谈道德文化诸问题，则更绝无仅有。有之，吾惟于贺麟著《近代唯心论简释》一书见之。（《近代唯心论简释》，第322 页）

由此可见，对于什么是唯心论的解释，以及唯心论一词在西方哲学史上的来源，和它的各种意义的理解，当时思想文化界的认识就并不统一。

陈康曾在德国住了近 10 年，专攻希腊哲学。他与贺麟是在德国柏林大学时的同学。他看到贺麟 1934 年在天津《大公报》的"现代思潮"周刊上首次发表的《近代唯心论简释》后，就写了评论文章，发表于 1936 年《文哲月刊》第 6 期。据陈康在文章中所作的说明可知，他本来就想写一篇柏拉图与亚里士多德两人关于认识主体与对象间关系的见解的比较文章。在尚未动笔时，刚巧读到贺麟的文章，而贺文关于"心即理也"的基本观点，与他想写的文章又密切相关。于是，他把关于亚里士多德的部分搁置，缩小范围，只写柏拉图的一部分，文章的题目是《柏拉图认识论中之主体与对象》。从内容看，此文也就"成为对'心即理也'一词下一个哲学史方面的注解"。（《近代唯心论简释》，第 341 页）

陈康的文章明确指出：

"唯心论"是个不幸的名词，因为如若中国人不丢弃那不研究内容专听口号的习惯，唯心论的哲学即因为它的标题为唯心论，已是遭人误解了。"心即理也"中的"心"也将和唯心论中的"心"一样为人误解。（《近代唯心论简释》，第 342 页）

针对贺麟文章中关于"心"的解释，陈康又指出：

贺先生分别了心理的心和逻辑的心，但普通人只知道心理的心，不知逻辑的心。若以唯心论中的"心"和"心即理也"中的"心"作这心理的心解，即是以实在等于幻梦，秩序化为混乱，这样的哲学，在西洋哲学史上，虽著名的主观唯心论贝克莱的学说也还不能算……至于心即理也中的"心"作逻辑的心解，意义甚明，这心即是理，因此，这心是存在和变易，认识和被认识的基础（Grundlage des Seins und Werdens, des Erkennens und Erkanntwerdens），不独一切人的生活全不自觉的预先肯定这心，即是科学家终日所忙，也非别事，正是不自觉的谋规定这心。所以，肯定这心与科学研究并不是本身不能相容。（《近代唯心论简释》，第 342 页）

无须再作解释，这些话已经讲得十分清楚了。看来，陈康对贺先生的观点基本上是认同的。

20 世纪 50—60 年代，贺先生坚持"唯心主义中有好东西"的观点，备受责难，历经坎坷

如果说，在 20 世纪的 30—40 年代，"唯心论"就已经是一个容易引起误解的名词的话，那么，到了 50 年代之后，就不仅是引起误解了，也不单是一个学术主张了，而是标志着一个人的政治态度的立场问题。在这种状态下，贺先生原来所持有的对唯心主义的看法，有没有发生变化，又有什么样的变化了呢？

百花齐放、百家争鸣作为党在艺术和科学工作中的基本方针，党中央是在 1956 年 4 月提出的。接着，5 月 26 日，中共中央宣传部陆定一代表党中央向文艺界、科学界作了题为《百花齐放，百家争鸣》的讲话（6 月 13 日的《人民日报》全文发表了这一篇讲话）。贺先生亲自听了这个报告后，特地找了他的学生陈修斋，根据他的观点以贺麟、陈修斋两人的名义，写了题为《为什么要有宣传唯心主义的自由？》的文章，发表在刚创办不久的《哲学研究》1956 年第 3 期上。该文认为，由于唯心主义在事实上存在于许多人的头脑中，因此，只有让它自由地公开发表出来，才能通过说明道理，加以克服；只有让唯心主义也有宣传自由，马克思主义的辩证唯物主义才能在战斗中更好地成长发展；只有让唯心主义也有宣传自由，才能真正打消人们怕犯唯心

主义错误的思想顾虑，敢于提出新颖的思想，以促进唯物主义的迅速发展；只有让唯心主义也有宣传自由，才能吸取古今中外思想中一切有价值的东西，从而大大地丰富马克思主义。

该文对唯心主义评价中的教条主义倾向和形而上学思维方法，提出了大胆而尖锐的批评，明确肯定了古典唯心主义哲学家重要著作的价值和合理因素。在当时的政治气氛和文化氛围下，许多过去从事哲学史研究工作并对历史上的唯心主义哲学思想怀有好感的知识分子，实际上持有与贺先生类似的想法，但不愿意或不敢直接说出来。贺先生能言人所未言、所不敢言，真诚坦荡，实属不易。熟悉贺先生的人都知道，斯宾诺莎的生平和思想对他的影响巨大。贺先生喜欢引用哲学史家文德尔班纪念斯宾诺莎时说的那句话："为真理而死难，为真理而生更难。"贺先生对斯宾诺莎一再遭受放逐，过着磨镜片的贫苦生活，却孜孜不倦地研究哲学的这种精神赞不绝口。他之所以多次敢于挺身而出，坚持"唯心论中有好东西"的观点，大胆地反对教条主义，并不是偶然的。

1957 年 1 月，北京大学哲学系召开了中国哲学史座谈会，会议讨论的问题主要有两个：一是对唯心主义的评价，二是中国古代哲学遗产的继承。我作为哲学系高年级的学生，有幸列席旁听。贺先生在会上作了题为《对于哲学史研究中两个争论问题的意见》的系统发言。

贺先生认为，哲学史虽然是唯物主义与唯心主义斗争的历史，但这种斗争与"宗教上的斗争，政治上的斗争却有很大的区别"。唯物主义者与唯心主义者的关系，"也不就是革命与反革命的关系"，"有时是'青出于蓝而胜于蓝'的关系，不是红与白的关系"。唯物主义与唯心主义之间，既有"互相斗争的一面，也有互相吸收利用凭借的一面"，两者之间的斗争是一个曲折的、矛盾发展的过程，"并不是唯物主义永远打胜仗"，"唯物主义也有被较晚、较发展的唯心主义代替的时候，唯心主义也有被较晚的唯物主义代替的时候"。（《哲学研究》编辑部编：《中国哲学史问题讨论专辑》，科学出版社，1957 年，第 186—191 页）

贺先生上述的观点，遭到了批评。关锋认为，"唯物主义和唯心主义是敌对的，其界限是分明的，斗争是尖锐的、没有妥协余地的"，"贺先生的'青出于蓝而胜于蓝’的议论，正是和他的唯物主义、唯心主义并没有严格、分明的界限的观点一脉相通的”，"按着他对于唯物主义和唯心主义的统一性的了解，实质上就否定了它们之间的斗争性，它们的根本的敌对性"。（《中国哲学史问题讨论专辑》，第 205—215 页）

贺先生针对关锋的批评作了反批评，再次着重谈了《关于对哲学史上唯心主义的评价问题》。为了说明他所持观点的一贯性，他举了在此之前的若干历史事实。他说，早在 1953 年，他就说过"唯心主义有好、有坏，好的唯心主义都曾起过进步的作用"，因而遭到周围人的批评。1955 年，在批判胡适的高潮中，他又说了"唯心主义中有好的东西"的话。于是，年轻同志们吓一跳，大家愤慨地提出批评。贺先生说，他在当时"只能从政治上去欢迎这些同志们的批评"，意思是说，在学术上并不能接受这种批评。他认为，唯心主义有好、有坏的提法，黑格尔说过，列宁也同意，而且还指出"聪明的唯心论比愚蠢的唯物论更接近聪明的唯物论"。贺先生认为，有的"唯心论者与唯物论者之间是朋友师生的关系，这并不妨碍他们在思想上的激烈尖锐的斗争。因为朋友师生（甚或今我与昨我）之间的学术思想的论辩与斗争可以达到非常深入细致、尖锐、激烈和艰苦的地步"。（《中国哲学史问题讨论专辑》，第 196—202 页）

贺先生的学生陈修斋先生在会上发表了支持贺先生观点的意见，会后又写出《关于对唯心主义的估价问题的一些意见》一文，对"唯心主义中有好的东西"这个论断的具体含义，做出了细致的说明。（《中国哲学史问题讨论专辑》，第 225—236 页）

在那次座谈会之前，当时的哲学系系主任郑昕先生在 1956 年 10 月 16 日的《人民日报》上发表了题为《开放唯心主义》的著名文章，并产生过很大的影响。郑先生是国内研究康德哲学的知名专家，他认为，"在人民内部开放唯心主义是解决我们思想中长期存在的学术与政治矛盾的钥匙"，"而正确地估价唯心主义，是对唯心主义展开斗争和最终战胜唯心主义的前提"。他结合自己的亲身体会，批评了"政治即是学术"和"为学术而学术"这两种倾向，并就大学中开设唯心主义课程这件事，谈到应对唯心主义作全面的估价。他的文章反映了一位热爱祖国、追求进步，力图改变原来的唯心主义思想、树立唯物主义思想的老知识分子的肺腑之言，闪烁着深邃的理性主义光辉。

贺先生对优秀的文化遗产，包括西方唯心主义哲学大师怀有深厚感情。他说："我对好的唯心主义是有感情的，这是对优秀文化遗产有感情。"（贺麟：《哲学与哲学史论文集》，商务印书馆，1990年，第528页）

他关于"唯心主义哲学中也有好东西"的观点，在当时已经广为人知，连同他在私人场合说过的"要我不研究黑格尔，比要我跟老婆离婚还困难"的话，我们学生也都有耳闻，已不是什么秘密了。他甚至大胆地提出这样的论断："哲学史上每一个唯心主义和每一个唯物主义在它特有的历史条件下有它的正确性，也有它的不正确性。"（《哲学与哲学史论文集》，第527页）

1957年4月24日贺先生在《人民日报》上发表了题为《必须集中反对教条主义》的文章，指出教条主义者虽然以正统的马克思主义者自居，但实际上却是陷入形而上学和唯心主义的反马克思主义者。（贺麟：《必须集中反对教条主义》，《人民日报》1957年4月24日）

在不久后（5月10日—14日）由中国科学院哲学研究所、北京大学中国哲学史教研室、中国人民大学哲学史教研室在北京大学临湖轩联合召开的中国哲学史工作会议上，贺先生又发言指出，唯物主义与唯心主义的斗争并不是对抗性的，它是学术上的学者对学者的论争，它不同于阶级斗争。但它也不是不变的，可以转化为对抗性的政治性的斗争。说唯心主义者与唯物主义者的关系有的是朋友、师生的关系，并不等于否认两者之间斗争的尖锐性。

但是，关锋以亦农的笔名，在当年10月号《新建设》杂志上发表了《和贺麟先生辩"矛盾斗争的绝对性"》的批判文章，严肃批评了贺先生的上述观点。

"反右"斗争之后，贺先生对政治上敏感的哲学问题，只能保持缄默，埋头于纯学术的研究，专门从事翻译和讲授西方哲学。直到1975年以后，特别是1978年党的十一届三中全会以后，才取得恢复研究和翻译工作，出版译著的权利。

以上我们简略地回顾了贺先生由于认同唯心主义而招致的若干遭际，下面想就对唯心主义的评价和与此相关联的哲学基本问题的理解问题，进行必要的反思。

如何全面、准确地评价唯心主义是个可以探讨的学术问题，不必把它与政治态度捆绑在一起

如何界定唯心主义，进而如何评价唯心主义？这本来只是一个哲学理论研究中的学术问题。但是，事情并没有人们想象的这么简单。因为在1949年以前，当时的思想界就已经出现了马克思主义、自由主义、文化保守主义等多元观点并存的局面。在那种局势下，如何对待与评价主张唯心主义的观点，就已经很难把它作为单纯的学术问题来处理了，更何况是在1949年以后的年代！在相当长的时间内，苏联传来的以及中国本身已有的"左"的思想统治着、影响着思想界、哲学界。它直接影响到人们对唯物主义和唯心主义斗争的理解，影响到人们对恩格斯关于哲学基本问题论断的正确认识，从而影响到人们对中国古代哲学遗产继承问题的探索。

众所周知，恩格斯在他的经典著作《费尔巴哈和德国古典哲学的终结》一书中，对哲学基本问题做出了明确的概括。恩格斯说：

> 全部哲学，特别是近代哲学的重大的基本问题，是思维和存在的关系问题……哲学家依照他们如何回答这个问题而分成了两大阵营。凡是断定精神对自然界说来是本原的，从而归根到底以某种方式承认创世说的人，组成唯心主义阵营。凡是认为自然界是本原的，则属于唯物主义的各种学派。（《马克思恩格斯选集》第4卷，人民出版社，1972年，第220页）

这里必须着重指出的是，恩格斯在他对哲学基本问题所做出的明确概括中，只是对唯物主义与唯心主义的划分标准做出规定，并没有判定两者的政治态度与阶级属性。但苏联的某些权威人士把恩格斯的思想向"左"的方面推进，加以严重的歪曲，把哲学问题与政治问题捆绑在一起了。

苏共中央政治局委员日丹诺夫，给哲学史所下的"哲学史也就是唯物主义与唯心主义斗争并战胜唯心主义的历史"的定义，以及他认为的唯物主义

是与进步、革命相联系，唯心主义一般地总是与落后、反动脱不了干系的观点，都被苏联的哲学界以及中国哲学界奉为经典。但在当时强调"向苏联学习"的背景下，要解决这个问题是不可能的。在中国哲学史的教学与研究中，为了贯彻恩格斯的论述和日丹诺夫的"指示"，首先就要判定哪些哲学家是唯物主义者，哪些哲学家是唯心主义。而生硬地、不加分析地贴上唯物主义和唯心主义的斗争的标签的结果，不仅使丰富多彩的中国哲学史变得越来越贫乏了，而且许多被列入唯心主义的重要哲学家，不管他们在哲学的发展中曾经有过什么样重大的影响与作用，都要与反动或落后挂钩，从而备受批判。毫无疑义，这种削足适履的简单化的做法，难以反映哲学史发展和哲学家思想的全貌。

如果用恩格斯的"断定精神对自然界说来是本原的"这个标准来对照贺先生关于唯心主义的界定，恐怕很难把贺先生的观点说成就是"断定精神对自然界说来是本原的"。因为坚持"唯心论中有好东西"这个观点的贺先生，他所理解的唯心主义的"心"，如前面我们所引用过的那样，并不是心理意义上的心，而是逻辑意义的心。而"逻辑意义的心，乃一理想的超经验的精神原则"，是"经验的统摄者、行为的主宰者、知识的组织者、价值的评判者。自然与人生之可以理解，之所以有意义、条理与价值，皆出于此心即理也之心"。他认为，心与物是不可分割的整体：心为物之体，物为心之用；心为物的本质，物为心的表现。他的关于心与物两者关系的表述是否恰当，当然是可以讨论、可以批评的，这里存而不论。但他对"逻辑意义的心"的强调，对理性思维重要性的肯定，其中所包含的合理性因素也是显而易见的。究竟怎样评价这个"逻辑意义的心"，如何理解贺先生所说的"心即理也"，难道不是一个值得探讨的哲学问题吗？

在哲学史上不是有所谓"时间在先"与"逻辑在先"的不同说法吗？从本体论的视角来看，"时间在先"的东西，并不等于也能够在认识论上"逻辑在先"，反之亦然。自然界在人类出现之前，早就不以人的意志为转移地存在了，这就是"时间在先"。但自然界中的万物对人的意义，只有人与之接触（包括认识、实践）之后，才能彰显出来。没有人，就谈不上人对外界事物的认识与改造，也谈不上自然界中的万物对人的意义了！这个意义属于理，即理性的范畴，是精神性的东西。在古代中国，人们把心作为思维的器官，所以理就往往与心相关联，这才有"心即理也"的说法。有的哲学家说"理在事先"，往往是从"逻辑在先"，而不是从"时间在先"的角度讲的。由此不难理解：人们对"逻辑意义的心"、对"心即理也"在一定意义上的认同，实质上就是对理性思维作用的认同，也是对人的主观能动作用的肯定。所谓"唯心主义哲学中有好东西"，这个"好东西"，很大程度上就是从这个意义上说的。唯心主义之所以成为唯心主义，并不在于它对理性思维的重视，以及对人的主观能动作用的强调，而是因为他们把这种重视、强调，讲得过头了。而正确的东西一旦讲得过头了、夸大了，就会变成错误。不仅唯心主义是这样，唯物主义也同样是这样。唯物主义在肯定物质第一性这个命题时，它是正确的；但是，如果夸大了一步，把精神、思想也等同于物质，那就会走向庸俗唯物主义的错误。事情难道不是这样吗？

恩格斯上述关于哲学基本问题的论述，在"左"的思想占统治的年代，曾经被人们简单化、教条化了。他在这个问题所做的具体分析，也被人们置之不顾。恩格斯说，哲学基本问题是"根源于蒙昧时代的狭隘而愚昧的观念"，在中世纪时，"这个问题以尖锐的形式针对着教会提了出来：世界是神创造的呢，还是从来就有的"？"这个问题，只是在欧洲人从基督教中世纪的长期冬眠中觉醒以后，才被十分清楚地提了出来，才获得了它的完全的意义"。恩格斯在论述这个问题时，用语十分谨慎并有分寸感。

我们知道，在思维和存在的关系问题的第一方面，即思维和存在何者为第一性的方面，是划分唯物主义与唯心主义的标准。也只有在这个范围内，思维和存在两者的对立，才具有绝对的意义。超出了这个认识论的范围，两者的对立只有相对的意义了。由于西方近代哲学有两个互相联系的特点：一是以主体客体二分作为主要的思维模式；二是以认识论为中心。因此，把思维和存在的关系问题作为以主体客体二分为特征、以认识论为中心的西方近代哲学的基本问题，是最恰当不过的。此外，恩格斯在关于哲学基本问题的论述中，还提到"物质和精神的关系"，这就表明，哲学基本问题可以用不同的名词（神和自然界、精神和物质、思维和存在）来表达。而且在古代、中世纪、近代这些不同的时代里，有着不同的具体表现形式，并且可以从不同的方面加以研究。

1978年党的十一届三中全会之后，随着解放思想、拨乱反正的进展，许多从事中国哲学史研究的学者，对中国哲学发展中的基本问题，陆续发表了自己的见解。这已经是人们所熟知的常识了。对于恩格斯关于哲学基本问题的论述，因其是对西方哲学特别是对近代哲学的概括，因其是划分唯物、唯心的唯一标准，是不能轻易地加以否定的。但是，正因为它毕竟是对西方哲学特别是对以认识论为中心的近代哲学的概括，考虑到哲学发展的阶段性和民族差异，恩格斯关于哲学基本问题的论述是可以而且应该加以丰富与发展的。这才是我们对待马克思主义应有的正确态度。

贺先生在中西哲学交流与会通方面的两个重大贡献，都达到当代中国的最高水平

贺先生在中西哲学交流与会通方面的学术工作，无论在1949年以前和以后，都是卓有成效的，其主要表现有两个。

他在学术上的一个主要贡献是，关于中西哲学思想内容与思想方法的沟通与融合。就哲学思想的内容而言，他所构思的新心学哲学主张，本身就是以西方的新黑格尔主义与中国古代程朱陆王的理学和心学相结合为特征的。他的学术追求是先透彻地了解西方哲学，从古代到现代，特别是从康德到黑格尔的德国古典哲学，再回头结合中国的古代哲学，上溯先秦，下达明清，思考中国哲学之未来与儒家学说的现代命运，以创建中国的现代哲学。用他自己的话来说，就是"西洋哲学中国化与中国新哲学之建立"。就哲学思想的方法而言，他把西方斯宾诺莎理性观照的直觉法、黑格尔的辩证法，与中国宋明理学、心学的直觉法融为一体，使"西化"与"化西"相结合，理性与直觉相统一，打通中西，连接古今。

贺先生在学术上的另一个主要贡献是，关于西方哲学特别是黑格尔和斯宾诺莎哲学的翻译和阐发。1925年他在清华学堂选修吴宓的翻译课后，就立下了将介绍和传播西方古典哲学作为终身志向的决心。早期译著有E. 凯尔德的《黑格尔》（1936）和J. 罗伊斯的《黑格尔学述》（1936）。1941年在昆

明成立中国哲学会"西洋哲学名著编译委员会",贺先生被推选为当时的主任委员。从那时起,他开始翻译黑格尔的重要哲学著作《小逻辑》。

1949年以后,他的学术活动主要转移到介绍西方哲学和培养专业人才方面,做出了重要的贡献。主要译著有马克思的《黑格尔辩证法和哲学一般批判》(1955)、马克思的博士论文《德谟克里特的自然哲学与伊壁鸠鲁的自然哲学的差别》(1961)、B.斯宾诺莎的《致知论》(1943)、《知性改进论》(1952)、《伦理学》(1958)、G. W. F. 黑格尔的《小逻辑》(1950、1954年)、《精神现象学》(与王玖兴合译,1962年)、黑格尔的《哲学史讲演录》四卷(与王太庆等合译,1956—1978年)等。贺先生的译著以深识原著本意、行文自然典雅而受到学术界的一致好评。只要情况允许,他还在译著的前面加上富有学术分量的导言(序言),以方便和启示读者。

贺先生之所以能够在翻译黑格尔等西方哲学著作方面达到了当代中国的最高水平,这是与他对这些哲学家的哲学思想的深入研究分不开的。而他对黑格尔哲学思想的精湛的研究成果又为我们进一步深入理解和创造性地阐发马克思主义哲学,在哲学史的思想渊源方面,提供了扎实的基础。

中西文化、哲学的交流、融合与会通,已成为现时代的主题。贺先生以他的学养与睿识,通过一系列的研究论著和译作,比较、吸收西方哲学中的深邃与精华之处,结合和改造中国传统哲学,不仅沟通中西,而且牵连古今。

近百年中,一些学者为了发扬和提高中国的文化和哲学,做了非常坚实刻苦的工作。其耿耿于怀者,一是民族与人民的自尊,一是哲学思维的精密与深度。既不做夜郎自大的民族主义者,也不做奴颜婢膝的民族虚无主义者。在这些人中,贺麟先生是一位勇敢而有成绩的开拓者。贺先生所从事的工作就是一项富有开创性的工作:既维护了民族文化的主体性,又在融合中西文化的基础之上,构建出一条中国哲学现代化的阳光大道。

(本文的部分内容曾以《贺麟〈近代唯心论简释〉出版往事新说》为题,发表于《中华读书报》2020年5月20日)

融合古今　学贯中西
——张岱年的学术著述与坎坷人生

　　张岱年先生（1909—2004），字季同，别名宇同，原籍河北省献县，出生于北京。1928年10月入北平师范大学教育系学习，1933年毕业后受聘于清华大学哲学系任助教。1937年抗战爆发后，因与学校领导失去联系而未能随校南行。在蛰居北平读书期间，保持民族气节，不与敌伪妥协，于1943年任私立中国大学哲学教育系讲师，次年改任副教授。抗战胜利清华复校后，于1946年回清华大学哲学系任副教授，1951年任教授。随着全国高校院系调整，1952年调任北京大学哲学系教授。在1957年的"反右"运动中，因对当时的工作提出善意批评，而遭受错误打击，被迫停止教学，不能发表论著。1962年"摘帽"后，恢复教学工作。1979年，被错划"右派"的问题，才得到彻底改正。先是担任北京大学哲学系中国哲学教研室主任，1981年成为教育部批准的首批博士生导师，次年开始培养博士研究生。1979年起，经选举连续三届担任中国哲学史学会会长，后任名誉会长。还先后兼任中华孔子学会会长、名誉会长和清华大学思想文化研究所所长等职。

　　张先生是现代中国少数建构了自己哲学体系的哲学家之一。早在20世纪30年代开始，在长兄张申府的引导下，他就接受并肯定辩证唯物论和历史唯物论是当代最为伟大的哲学，同时认为英国分析派哲学概念明晰，论证缜密，应该加以吸收。他运用分析的方法，批判继承中国古代哲学中固有的唯物论与辩证法，以及重视道德理想的优良传统，探索、论证现代唯物论与辩证法的基本观点，逐步形成了唯物主义、分析方法与道德理想相互结合的新唯物论哲学体系。上世纪80年代以来，他所极力提倡并反复阐发的综合创新的文化观，在当代社会主义文化建设中发挥了重大的作用。

《中国哲学大纲》是一部以问题为纲的中国哲学问题史

张先生的学术生命肇始于 1931 年。当时中国哲学史界有一场老子与孔子的年代孰先孰后的辩论，以胡适为主的一派认为，老子先于孔子，以梁启超为主的另一派则与之相反。时年 22 岁的张先生当时在天津《大公报》"文学"副刊上发表了《关于老子年代的一假定》一文，后又收入《古史辨》第四册中。该文以其严密考证、细致推理的深厚功力，引起了冯友兰先生的注意，误认为作者"必为一年长宿儒也"，后知其为大学生，"则大异之"。

1935 年开始撰写、1937 年完成的《中国哲学大纲》，是张先生的成名之作。当时他年仅 28 岁。此书与当时已经出版的胡适、冯友兰所写的中国哲学史著作不同，它不是按照历史的顺序来叙述历代哲学家的哲学思想，而是以哲学问题为纲的一部"中国哲学问题史"。它把中国哲学作为一个整体，按照不同的问题，分门别类地加以阐述。

张先生在此书自序中，明确指出，该书以审其基本倾向、析其辞命意谓、察其条理系统、辨其发展源流四者，作为写作方法的注重之点。全书除了序论与结论之外，分为三大部分：宇宙论、人生论、致知论。其中，宇宙论包括本根论、大化论两篇；人生论包括天人关系论、人性论、人生理想论、人生问题论四篇；致知论包括知论、方法论两篇。每一篇又分若干章，多少不等，累计有 40 多章，44 万余字。在每一问题下，作者都按照时间的顺序，分述从先秦至清中期诸家学说，对中国哲学的特有范畴如气、天、理、道、神、本根等等，分析其传承流变，充分体现出中国哲学的特点。对于中国哲学，该书既注重其固有概念范畴之分析，也注重其整个理论体系之把握，特别阐发了中国古代的唯物主义与辩证法的优良传统，认同并强调地阐发了以张载为代表的主张以气为本的思想传统。

这里，我们仅以张先生对天人合一思想的分析为例，略可窥见此书的特点。因为在中国传统哲学的诸多思想中，他对天人合一思想极为重视。他说："中国传统哲学，从先秦时代至明清时期，大多数（不是全部）哲学家都宣扬一个基本观点，即'天人合一'。这是中国传统哲学的一个独特的观点，确实值得深入的考察。"（张岱年：《中国哲学中"天人合一"思想的剖析》，载李存山编：《张岱年选集》，吉林人民出版社，2005年，第326页）

在《中国文化的基本精神》（1993）中，张先生强调指出，中国文化、中国哲学的基本精神，主要包括四项基本观念：天人合一，以人为本，刚健有为，以和为贵。其中天人合一被列为第一。（张岱年：《中国文化的基本精神》，载《中国精神：百年回声》，海天出版社，1998年，第427页）

在《中国哲学大纲》中，张先生梳理、阐明了中国哲学问题的发展历史。在天人关系论中，他首先分析了天人关系的多种含义："中国哲学中，关于天人关系的一个有特色的学说，是天人合一论。"所谓天人合一，又有天人本来合一，与天人应归合一的区分。在本来合一说中，又有天人相通与天人相类之分。

> 所谓天人相通，如解析之，其意义可分为两层：第一层意义，是认为天与人不是相对待之二物，而乃一息息相通之整体，其间实无判隔；第二层意义，是认为天是人伦道德之本原，人伦道德原出于天。（张岱年：《中国哲学大纲》，江苏教育出版社，2005年，第183页）

天人相类也有两种意义：一是指形体相类，如董仲舒的天人感应说，实为穿凿附会之说；二是指性质相类，它实际上与上述天人相通的第二层意义一样，也是把人伦道德说为天道。

在《中国哲学大纲》中，张先生对天人关系概念的历史发展与演变作了明确的阐述：

> 天人相通的观念，发端于孟子，大成于宋代道学（即理学）……孟子之天人相通的观念，至宋代道学，乃有更进的发挥，成为道学之一根本观念。道学家多讲天人合一，而张子开其端……至清初，王船山论天人相通，最为明晰。（《中国哲学大纲》，第177—180页）

《中国哲学大纲》是一部研究中国哲学的固有体系、问题、范畴的开创之作，在中国哲学研究中占有十分重要的地位。但是，它的出版道路却坎坷不平，历尽艰辛。该书在 1937 年定稿后，经冯友兰先生推荐，上海商务印书馆准备出版，后因淞沪会战爆发，商务印书馆南迁香港而没能印刷出版。仅于 1943 年，在北平私立中国大学印刷少量，作为供教学使用的讲义。1955—1956 年，商务印书馆找到原来排好的纸型，决定付印。但张先生却突然于 1957 年被划为所谓的"右派"分子，此书是否出版就成为一个重大的政治问题。幸好商务印书馆的总编陈翰伯先生（1914—1988）力排众议，决定出版。因不能用真实姓名，只好用"宇同"的笔名，终于 1958 年少量印刷出版，此时，距离该书的脱稿时间已经有 20 年了。时间又过了 20 多年，到 1982 年，中国社会科学出版社才得以用"张岱年"这个著者的本名正式出版。

哲学新论的构思：20 世纪 40 年代写的"天人五论"

张先生蛰居北平读书期间，完成了《哲学思维论》（1942）、《事理论》（1942）、《知实论》（1943）和《品德论》（1944）的写作，它们和抗战胜利后的《天人简论》（1948）等五篇论著，合称为"天人五论"，最后的《天人简论》是前四论的总结。

在《哲学思维论》中，作者首先提出了一个关于哲学意义的解释；其次是分析命题的类别与意义的标准；再次，略说演绎、归纳与辩证法三者的关系，进而对辩证法的基本原则作较详的说明；最后，略说体验、解析、会通等三种常用方法的要领。

《事理论》是讨论事与理的关系，认为"理在事中，无离事独存之理"，从而批评了"理在事先"之说。张先生指出，事理问题是中国传统哲学的一个根本问题，事理连举，在先秦即已有之，以后诸家之说各异。张先生所说"则与横渠、船山之旨为最近，于西方则兼取唯物论与解析哲学之说"。

在《知实论》中，作者试图从感觉的分析来证明客观世界的实在，以离识有境之说，批驳离识无境之说。西方近代一些实证论者认为，客观世界的实在的问题是没有意义的，张先生此论正是从理论上证明客观世界的实在。

《品德论》是作者对价值标准和人生理想问题的一些思考。张先生说，他拟建立一种兼重生与义、既强调生命力又肯定道德价值的人生观，提出人生之道在于"充生以达理""胜乖以达和"。(《张岱年选集》，第 204 页)

《天人简论》虽然写成于 1948 年，实际上作者在 1942 年就开始构思了。作者认为，哲学是天人之学，故名之为《天人简论》。作者本来打算通过以上各个专论的写作，构建自己的哲学新论的体系，用他自己的话说，就是："欲穷究天人之故，畅发体用之蕴，以继往哲，以开新风。"但由于各种原因，"所成不及原初设想之半"，又担心新论之作难于续成，所以，把已经写成的四种书稿，"略加修订，各自单独成书"。另外再写《天人简论》"将个人对于各方面哲学问题的见解作一概括的简述"，是整个新论之要旨。它包括天人本至、物统事理、物源心流、永恒两一、大化三极、知通内外、真知三表、群己一体、人群三事、拟议新德等十个要点。

"天人五论"撰写于 40 年代，此书以辩证唯物主义为指导，运用逻辑分析方法，结合中国传统哲学之精华，提出自己独立的见解，其学术价值自不待言，但还是在书箧中沉睡了 40 年！直到 1988 年，在几位学生的再三劝说下，作者将上述五种论稿汇编成书，因担心"别人会说他太狂"而拒绝使用原来的书名《天人五论》，另起书名为《真与善的探索》，由齐鲁书社出版。这可以说是张先生所构思的新哲学体系的大要表达。

如果说，《中国哲学大纲》是偏重于史，那么，《天人五论》则偏重于论。这一史一论，相得益彰，它们是张先生在 20 世纪 40 年代以前哲学运思所达到的最重要的学术成果。钟肇鹏先生在一篇回忆文章中说，他曾经问过张先生：哪一部书最能代表张先生的哲学思想？张先生回答说："《真与善的探索》这本书是我自己的思想。"(陈来主编：《不息集》，北京大学出版社，2005 年，第 36 页)

张先生当时的哲学思想曾经被一些学人做了概括，称之为"分析的唯物论""解析的唯物论"或"解析法的新唯物论"，等等。

文化综合创新论的提出与
第二个学术成果丰收期

张先生早在 20 世纪 30 年就接受了马克思主义哲学，1949 年之后，曾与金岳霖先生在清华大学共同开设全校性的大课——辩证唯物论。在 1956 年的《新建设》杂志上发表的《中国哲学史讲授提纲·宋元明清部分》中，他运用马克思主义观点，为分析宋、元、明、清哲学提供了基本线索。中国青年出版社于 1956 年出版了他的《中国唯物主义思想简史》，这是中国近代以来系统论述自西周以来唯物论思想的第一部专著。张先生在北大哲学系为我们本科学生开设中国哲学史课程时，他所承担的就是宋元明清哲学。那时他就给我们留下了平易近人、朴实敦厚、直道而行、刚毅木讷的印象。

20 世纪 70 年代末以后，随着整个政治形势的变化，他被错误划为"右派"的问题得到彻底改正，终于重新获得进行学术研究和培养中国哲学史专业研究生的权利。从此，他开始了人生的第二个学术成果丰收的时期，在这个新的时期，无论在学术创作、培养人才方面都有了新的跨越、新的进展。他出版的学术著作，除了上述的《中国哲学大纲》（中国社会科学出版社，1982 年修订本；另外，此书于 1976 年曾被译为日文，由日本八千代出版；1999 年又译成韩文）和《真与善的探索》（齐鲁书社 1988 年出版）之外，主要的还有《中国哲学发微》（山西人民出版社，1982 年）、《中国哲学史史料学》（三联书店，1982 年）、《中国哲学史方法论发凡》（中华书局，1983 年）、《文化与哲学》（北京教育科学出版社，1988 年）、《中国伦理思想研究》（上海人民出版社，1989 年）、《中国古典哲学概念范畴要论》（中国社会科学出版社，1989 年），等等。

在治学方面，他好学深思，谦虚严谨，"修辞立其诚"。通过上述这些学术著作的撰写，他对中国哲学的阐释更为完善，对哲学问题的探索更加深入，在文化问题的研究上，新见迭出，特别是文化综合创新论的提出，对整个思想文化界产生了越来越大的影响。

1936 年 5 月 25 日的《国闻周报》第 13 卷第 20 期上，他发表了一篇重要论文：《哲学上一个可能的综合》。在这篇文章中，他明确指出，"今后哲学之一个新路，当是将唯物、理想、解析，综合于一"。在《中国哲学大纲》中，他准确地把握了中国哲学体用统一、天人合一、真善同一、知行一致的基本精神，以之与西方近代哲学的主客二分的特征相对待。到了 80 年代，随着改革开放的深入，中国又掀起了文化热高潮，张先生不仅用综合创新的观点来完善他的哲学体系，而且还用以考察社会主义的文化建设问题。在新的历史条件下，他重新强调、阐发高扬了他的文化综合创新论，既反对全盘西化，又反对复古主义。

据中华孔子学会秘书长刘鄂培先生的回忆，1987 年秋天，该学会曾组织过两次重要的学术座谈会，参加者有知名学者陈岱孙、季羡林、邓广铭、虞愚、金克木、赵光贤、陈元晖、杜任之、石峻等人。张先生在会议发言中全面论述了文化综合创新论，会后由刘鄂培先生整理成文，题为《综合创新，建设社会主义新文化》（后收入《张岱年文集》卷六）。同年冬天，在山东济宁市由中华孔子学会举办的全国性学术会议上，作为该会会长的张先生在大会的主题演讲中，正式提出了他的文化观——文化综合创新论。2002 年，刘鄂培先生主编的《综合创新——张岱年先生学记》由清华大学出版社出版，该书相当系统完整地阐述了张先生所提出的文化综合创新论。（《不息集》，第68—70 页）

此外，张先生在这个时期发表的相关论文中，对此也多有论述。

张先生在《中国文化发展的道路——论文化的综合与创新》（1990）一文中，在深入地阐述了中国文化演变的历程、中国传统文化之得失之后，又就天人观、价值观、思维方式等三个方面，对如何综合中西文化之长的问题，作出了深刻的分析。最后，对新文化体系的创造问题，表明了自己的明确观点。他说：

> 我们主张综合中西文化之长以创造新文化，并不是说对于中西文化可以东取一点、西取一点，勉强拼凑起来；综合的过程也即是批判、改造的过程，也就是创建新的文化体系的过程。一个独立的民族文化，与另一不同类型的文化相遇，其前途有三种可能：一是孤芳自赏，拒绝交

流，其结果是自我封闭，必将陷于衰亡。二是接受同化，放弃自己原有的，专以模仿外邦文化为事，其结果是丧失民族独立性，将沦为强国的附庸。三是主动吸取外来文化的成果，取精用宏，使民族文化更加壮大。中国文化与近代文化相遇，应取第三种态度。

中国新文化应是中国优秀传统与西方先进成果的综合。马克思主义学说是西方文化精粹的汇集。所以，中国新文化的主导思想应是马克思主义的普遍真理与中国优秀传统的正确思想的综合。（《张岱年选集》，第504页）

那么，什么是西方文化的先进成就，什么是中国优秀传统的正确思想？张先生在《中西文化之会通》中说得非常明确，"近代西方文化的先进成果，主要是科学与民主"，而中国文化的优良传统主要有二，"一是重视自然与人的统一的'天人合一'观；二是以'和'为贵的人际和谐论"。（《张岱年选集》，第519页）

张先生还指出：

我们在吸取西方近代文化的先进成就的同时，更应努力发扬中国文化的优秀传统，这样才能增强民族的自尊心和自信心，才能增进民族文化在世界文化中的地位，才能使世界文化更加丰富多彩。（《张岱年选集》，第522页）

笔者在北京大学学习时，中国哲学史是我们的专业课，由朱伯崑、任继愈、张岱年、邓艾民四位老师各讲一段，张先生负责讲授宋元明清这一个时期。半个世纪过去了，但张先生讲课的若干情景，我们记忆犹新。我的同班同学孔繁在《忆张师岱年先生》一文中有一段关于张先生讲授宋代哲学的记述，颇为传神。张先生说，程颐50多岁时才出仕为官，任崇政殿说书，是为哲宗皇帝讲书。当时为皇帝讲书，皇帝可以坐着听，而讲书的人必须站着讲。对此，程颐当然不能容忍，居然提出他也要坐着讲。有人劝告说："以前大臣为皇帝讲书，都站立不懈，而你刚从布衣入官，却要求坐着讲，是否不妥？"

程颐回答说："正是因为我是以布衣辅导皇帝，我更应该自重才对！"另一件事是，程颐在为皇帝讲书期间，有一次碰见哲宗皇帝于柳树上折下一条嫩枝。他立即向前对哲宗皇帝提出告诫，说："现在正是草木生长季节，不应该折断柳枝妨害生意呀！"哲宗皇帝听后很不高兴地说："我折一条柳枝都要受到你的干预！"张先生讲这两则故事时，情绪有些激动。这个情况在当时并未引起我的深思。孔繁在回忆文章中认为，这说明张先生对宋儒刚正不阿精神的赞赏，而宋儒的这种精神很大程度上是受到孟子关于人格尊严精神的影响。有的学者把孟子的人格尊严概括为以德抗位。张先生所讲的关于程颐对待哲宗皇帝的两件事，正是不折不扣的以德抗位。后来在 1957 年帮助党的"整风"的会议上，据说张先生在向党内不正之风提出意见时，曾经说，他此举也是一种以德抗位。为此，张先生因直言而招来了不公平的遭遇。（《不息集》，第43—44 页）幸亏张先生长寿，终于能够在他的有生之晚年，获得了重返讲坛、继续著书立说的权利！

张先生著述等身，桃李满天下。1989—1994 年，刘鄂培主编的《张岱年文集》（收录的文稿截至 1989 年止）由清华大学出版社陆续出齐 6 卷。1996年，河北人民出版社隆重推出《张岱年全集》（收录的文稿截至 1995 年止），共 8 卷，370 多万字。在《全集》的自序中，他说："虽已届耄耋之年，而一息尚存，当更有所撰述。"张先生是这样说的，也是这样做的。张先生平常最喜欢说的是这样几句话：一是《易经》的"厚德载物"，一是《论语》的"直道而行"，一是张载的"为天地立心，为生民立命，为往圣继绝学，为万世开太平"，一是陶渊明的"纵浪大化中，不喜亦不惧"。王弼曾以"身没而道犹存"来注释老子所说的"死而不亡者寿"，张先生虽然离开了我们，但他的治学之道、为人之道，影响了几代学人，作为中华民族的宝贵精神财富，必将代代相传，不断地发扬光大！

（本文的部分内容曾以《探索真与美：张岱年的学术人生》发表于《中华读书报》2010 年 10 月 20 日）

任继愈《老子》研究中的方法论探索

任继愈先生（1916—2009）是我的老师。中国哲学史是我们的专业课，由朱伯崑、任继愈、张岱年、邓艾民四位老师各讲一段。任先生负责讲授两汉、魏晋南北朝，直到隋唐这个阶段。他精通佛学，对佛教也深有研究。佛教在东汉从印度传入到唐朝而达到鼎盛，任先生讲授这个阶段的哲学史，让我们这些学生受到了关于佛学、佛教极好的启蒙教育。后来，任先生离开北大，于1964年任中国科学院世界宗教研究所所长，1987年任中国国家图书馆馆长。1983年以来，他主编的《中国佛教史》（三卷）、《中国道教史》（两卷）、《道藏提要》《宗教大辞典》《佛教大辞典》《中华大藏经》等大型著作陆续出版。

在任先生的中国哲学史研究中，老子哲学占有重要的位置。他说："中华文化没有孔子不成其为中华文化；同样，没有老子，也不成其为中华文化。"（《皓首学术随笔·任继愈卷》，中华书局，2006年，第192页）

本文无意全面阐述任先生在哲学、宗教学、文献学等诸多领域的学术贡献，仅就他对老子哲学研究中的方法论问题，谈些个人不成熟的认识。

任先生关于老子哲学的研究成果和
他对《老子》认识的转变

任先生关于老子哲学的研究成果，首先体现在他主编的、在不同时期出版的三种不同形式的中国哲学史著作之中。

1. 从《中国哲学史》到《中国哲学史简编》，任先生对《老子》有个认识上的转变。20世纪50年代，任先生接受了主编中国哲学史教材的任务，经过编书者的共同努力，完成了四卷本《中国哲学史》的写作，于1963年、1964年、1969年，陆续由人民出版社出齐。1973年，又出版了四卷本缩写本的《中国哲学史简编》。这两种著作中，对老子哲学的属性，有着完全相反的认定。《中国哲学史》认为，"中国哲学史上，老子第一次建立了'道'这一最高范畴，建立了元气论的朴素唯物主义"。（任继愈主编：《中国哲学史》第一卷，人民出版社，1963 年，第 49 页）

但是，十年后出版的《中国哲学史简编》却改变了看法，认为老子是唯心主义者。这种对老子哲学属性在认识上的转变，是当时国内学术界关于老子哲学热烈争论的反映。现在的年轻学者可能会感到纳闷：为什么研究古代的哲学家老子，一定要判定他到底是唯物主义，还是唯心主义？这就不能不涉及当时的历史背景和政治氛围了。

众所周知，恩格斯在《费尔巴哈与德国古典哲学的终结》中，对哲学基本问题作了明确的论述。他从西方哲学史，特别是西方近代哲学发展的实际，把"思维与存在的关系问题"作为哲学的基本问题。我国哲学理论界在 1949 年以来，也和其他领域一样，深受着苏联关于唯物主义与唯心主义关系定义的影响。在当时如果不先弄清老子（包括古代其他哲学家）的哲学属性，中国哲学史的编写工作就无法进行下去。因此，在研究老子哲学时，弄清楚他究竟属于唯物主义还是唯心主义就成为非常重要的问题了。

2. 《中国哲学发展史》中，任先生没有再就老子的哲学属性做出判定。时间又过了十年，任先生主编的《中国哲学发展史》（七卷本）的第一卷于 1983 年由人民出版社出版（1985 年、1988 年和 1994 年分别出版了其中的第二、三、四卷）。当时我曾利用去北京出差之便，到任先生的家里就有关中国哲学史中的几个问题，向他请教。他说，《中国哲学发展史》与《中国哲学史》不同之处在于，它是一部学术研究的专著，不同于教科书。教科书的撰写要受课时的限制，阐述的观点要考虑到学术界的可接受性和参加撰写者的共识。学术研究的专著就不同了，对某些问题研究得多，可以多写一些，研究得不够则少写。在学术观点上，更能做到各持己见，百家争鸣。这个特点在阐述老子的哲学思想时就得到了充分的体现。

该书第一卷是讲先秦哲学，在以"老子的哲学思想"为题的一章中，除了介绍老子这个人和《老子》这本书，分析老子代表哪个阶级，老子贵柔的辩证法思想之外，专门有一节是讲"老子的哲学是唯物主义，还是唯心主义"。其中，客观地、比较详细地介绍了认为老子哲学是唯心主义（姑称为甲派，有吕振羽、杨荣国等）和认为老子哲学是唯物主义（姑称为乙派，有范文澜、杨兴顺等）这两派的具体论点，然后写道："本书作者的四卷本哲学史属乙派，1973 年作者的《中国哲学史简编》发现主张老子是唯物主义有困难，改变了观点，又主张甲派。"（任继愈主编：《中国哲学发展史·先秦》，人民出版社，1983 年，第 258 页）

在这部学术著作中，任先生没有再就老子哲学的唯物、唯心属性做出判定。

3. 在《老子绎读》的附录中，任先生明确地提出了《老子》研究的方法问题。任先生关于老子哲学的研究成果，不仅体现在上述他所主编的三种中国哲学史著作之中，还集中地反映在他对《老子》一书的注释上。他曾经这样说过："每一个新时代的注释都注入了每一时代的新内容。老学看来万古长新，并不能说老学本身不变，而是由于广大研究者随时注入新内容，新解释，所以它不会成为不变的考古研究的对象，而是人们生活中不可中断的精神营养。"（《皓首学术随笔·任继愈卷》，第 192 页）

任先生对《老子》的注释，历时 50 年，锲而不舍，四易其稿，精益求精。1956 年，他接受了为北大外国留学生讲授老子哲学的任务，在讲义的基础上，参照历代注释，整理出版了《老子今译》（古籍出版社）。后来考古学者在湖南长沙发现了帛书《老子》甲、乙本，在对老子哲学的认识有了深化的情况下，他对《今译》有所修订，由上海古籍出版社于 1978 年出版了《老子新译》（1985 年修订）。几年之后，他应邀为四川巴蜀书社主编一套"哲学古籍全译"，在此情况下，又把《老子》重译一次，书名改为《老子全译》（1992）。后来，湖北荆门楚墓出土竹简本《老子》甲、乙、丙本，任先生决定第四次翻译《老子》。这就是《老子绎读》于 2006 年 12 月由北京图书馆出版社出版的缘由。"绎"有阐发、注释、引申的涵义，不只是翻译，它更加贴切地反映了此书的面貌。

在《老子绎读》一书的附录中，有一篇题为《我对〈老子〉认识的转变》的短文特别值得重视，因为它重新回顾了任先生对《老子》认识的转变。任先生认为，老子哲学思想比孔子、孟子都丰富，对后来的许多哲学流派影响也深远。但是，老子哲学思想究竟是唯心主义，还是唯物主义？"道"是精神性的，还是物质性的？"老子本身没有深说"。而这又是个十分重要的问题，如果这个问题不解决，先秦哲学史就写不下去。在 1949 年后和 1976 年后，哲学界先后两次对此展开了争论，都未能取得共识。在 1963 年出版的《中国哲学史》教科书中，认为老子是中国第一个唯物主义者；而 1973 年出版的《中国哲学史简编》则认为老子属于唯心主义。作为这两本书的主编，任先生认为，"主张前说时，没有充分的证据把老子属于唯心主义者的观点驳倒；主张后说时（《简编》的观点），也没有充分的证据把主张老子属于唯物主义者的观点驳倒。好像攻一个坚城，从正面攻，背面攻，都没有攻下来。这就迫使我停下来考虑这个方法对不对。正面和背面两方面都试验过，都没有做出令人信服的结论来，如果说方法不对，问题出在哪里？我重新检查了关于老子辩论的文章，实际上是检查自己，如果双方的论点都错了，首先是我自己的方法错了。"（任继愈：《老子绎读》，北京图书馆出版社，2006 年，第 253—254页）

任先生对老子哲学研究方法的探索和
它对我们的启迪

1. 任先生对甲、乙两派从研究方法的视角进行了批评。任先生说他的"方法错了"，但在上述的短文中并未具体说明，而在《中国哲学发展史·先秦》中说了。他在评论甲、乙两派的错误时说："今天看来，甲、乙两派都有一定的根据，但根据不充分。双方都把老子的思想说过了头，超出了老子时代（春秋）的人们的认识水平。""甲派方法有错误，错在把老子的唯心主义体系与近代唯心主义哲学相类比，把老子的'道'比做黑格尔的绝对精神……按照人类思维发展规律，老子的时代，不能达到像黑格尔的那样高度抽象的程度。""乙派同样把老子的'道'解释为'物质一般'。'物质一般'的概念是近代科学以前不可能有的，甲乙两派犯了把古人现代化的错误。"（任继愈主编：《中国哲学发展史·先秦》，人民出版社，1983 年，第 259 页）

由此可见，如何把握老子哲学中的"道"这个范畴，是判别老子哲学属性的关键所在。

任先生认为，中国哲学史在先秦时期主要是透过天道观来表现其唯物主义，或是唯心主义的。天道观不同于今天人们所说的世界观，它的范围比世界观小，主要是讲天地万物生成变化的原理。仅就老子的天道观而言，它在客观上打击了天道有知的宗教迷信，因而是进步的。在《老子》一书中，道是最重要的范畴，它出现过 74 次，有五种涵义：（1）混沌未分的原始状态。"有物混成"；"道之为物，惟恍惟惚"；"道生一，一生二，二生三，三生万物"。（2）自然界的运动："独立而不改，周行而不殆"，"大曰逝，逝曰远，远曰反"。（3）道是最原始的材料，"道常无名，朴虽小，天下莫能臣也"。（4）道是肉眼看不见，感官不能直接感知的："视之不见"，"听之不闻"，"搏之不得"。（5）道又有事物规律的涵义，"天之道"，"人之道"。任先生指出，当老子把道设想为产生天地万物的总根源时，他把道称为大；而当他把道设想为混沌未分的原始材料，叫不出名字，又谓之朴、无名。他用无形、无物、无状这些否定性的词来描述道，从而在中国哲学史上第一次提出作为万物之本的负概念——"无"的范畴，这标志着它是人类认识的重要里程碑；但又由于"无"又有混沌不清的意思，因而既可以给以唯心主义的解释，也包含着以唯物主义解释的可能性，这是老子哲学后来向着相反两个方向发展的契机。（参见《中国哲学发展史·先秦》，第 262—265 页）

任先生在《中国哲学发展史·先秦》中阐发的上述观点，是对以前出版的《中国哲学史》和《中国哲学史简编》的总结和发展，是认识过程中的一种综合。正因为有了这样的认识成果，他才能对包括他自己主编《中国哲学史》和《中国哲学史简编》在内的甲、乙两派所存在的"片面性"提出了尖锐的批评。

2. 对任先生的批评意见的一点评论。任先生认为甲、乙两派的错误在于"犯了把古人现代化的错误"和"片面性"的错误。从今天的眼光看，我们不禁要问：甲、乙两派的错误，是否仅仅是"片面性"？甲、乙两派又为什么会"犯了把古人现代化的错误"？笔者认为，要回答这些问题，不可能不涉及到如何全面地理解恩格斯关于哲学基本问题的论断。

我们不妨重新提出这样的问题：恩格斯对哲学基本问题所作的概括，是否能完全覆盖中国、西方哲学发展的整个过程和全部内容？简单地用唯物主义与唯心主义两军对战的模式，是否能够概括中国哲学史的丰富内容？之所以说是重新提出，因为这个问题早在 1957 年 1 月在北京大学哲学系举行的中国哲学史座谈会上，已经在一定程度上提出来了。当时就有人委婉地就"在中国哲学史的研究中，如何贯彻日丹诺夫的讲话精神"的问题，提出了质疑。他们认为，如果完全按照恩格斯关于哲学基本问题的论述和日丹诺夫关于哲学史的定义来处理中国哲学史，有削足适履之虞，难以反映哲学史发展和哲学家思想的全貌。会议结束后，由《哲学研究》编辑部编辑、科学出版社出版了《中国哲学史讨论专辑》，其中收入任先生的《中国哲学史的对象和范围》和《在中国哲学史的研究中所遇到的几个困难问题》两篇文章。文章在肯定日丹诺夫关于哲学史的定义的同时，也指出了它有三方面的缺点，同时，任先生还提出了自己在中国哲学史的研究中所遇到的四个困难问题。（详见《中国哲学史讨论专辑》，科学出版社，1957 年 7 月，第 46—53、139—145 页）

在 50 多年后的今天，我们完全有理由说，恩格斯对哲学基本问题所作的概括，在"左倾"思潮盛行的年代，被人们简单化、教条化了。恩格斯是说过："全部哲学，特别是近代哲学的重大的基本问题，是思维和存在的关系问题。"但是，恩格斯同时还说，这个问题是"根源于蒙昧时代的狭隘而愚昧的观念"，在中世纪时，"这个问题以尖锐的形式针对着教会提了出来：世界是神创造的呢，还是从来就有的"？"这个问题，只是在欧洲人从基督教中世纪的长期冬眠中觉醒以后，才被十分清楚地提了出来，才获得了它的完全的意义"。（《马克思恩格斯选集》第 4 卷，人民出版社，1972 年，第 219—220 页）

由此可见，在不同的时代里，哲学的基本问题曾经有着不同的、具体的表现形式，因而理应从不同的方面加以研究。恩格斯对哲学基本问题的论述，毕竟是对西方哲学，特别是以认识论为中心的近代哲学的概括，考虑到哲学发展的阶段性和民族差异，后来的人是可以而且应该加以丰富与发展的。但是，在我国哲学界热烈争论老子的哲学属性的那个年代，学术问题几乎都被政治化了，想对中国哲学发展的基本问题进行客观的探讨，事实上是无法做到的。

1978 年党的十一届三中全会以后，一些学者对恩格斯关于哲学基本问题的论述发表了自己的看法。例如，我国著名中国哲学史家张岱年先生于 1983

年成书的《中国哲学史方法论发凡》中，写道："恩格斯所讲哲学基本问题是从西方哲学史中总结出来的，是否也适用于中国哲学史呢？这个问题需要深入的考察。中国古代哲学所用的概念范畴与西方的不同，没有人像黑格尔一样采用'思维与存在'这个表达方式。但是中国古代哲学确实也有自己的基本问题或最高问题。"（张岱年：《中国哲学史方法论发凡》，中华书局，2003年，第 15 页）

提出不同看法的还有西方哲学史家张世英先生。张先生在《哲学导论》《新哲学讲演录》等有关著作中，把人与世界的关系作为哲学的基本问题。他认为，在中西哲学史上，对人生在世的"在世结构"的问题的看法，可粗略地分为两个层次（天人合一和主客二分）、三个发展阶段（第一个阶段是原始的天人合一，古希腊早期的自然哲学和中国古代传统哲学都属于这个阶段；第二个阶段是主客二分，西方近代哲学充分具备了这个特点；第三个阶段是经过了主客二分式思想的洗礼，包含主客二分在内而又扬弃了主客二分式的高级的天人合一，西方现当代哲学已出现了这个趋势）。根据以上的看法，张先生明确指出："思维对存在、主体对客体的关系问题，就其充分明确的形式而言，只是西方近代哲学的问题。"如果"硬用唯心论与唯物论来套中国传统哲学和希腊哲学以及西方现当代哲学的一切思想流派，也是显然不合适的"。（张世英：《新哲学讲演录》，广西师范大学出版社，2004 年，第 37 页）

现在越来越多的学者认为，老子对道的论述，主要是从本体论而不是从宇宙发生论提出和展开的，更不是为了解决思维与存在的关系问题的。因为老子作为中国古代的哲学家，他的哲学思想处于原始的天人合一阶段，那个阶段哲学思想的发展，并没有达到主观与客观、思维与存在的明显分化。而在过去相当长一段时间内，人们以恩格斯关于哲学基本问题的论述为标准，来为老子哲学是唯物或唯心定性，这无异于要在原始的天人合一思想框架内，徒劳地去寻找奉行主客二分原则时才能具备的思想表现，这完全是找错了地方，是没有意义的。如果这个看法能够成立，那么，对于老子哲学，无论说它是唯心主义，还是唯物主义的，就并不是什么片面性的问题，而是根本不需要或不应该给老子戴上唯心或唯物的帽子的问题了！当然，如果是对待西方近代的某些哲学家，由于他们的哲学思想比较复杂（既有唯心的成分，又有唯物的成分），需要作全面、具体的分析，不能简单地说他们是唯心或唯物，以免陷入片面性。那是另一回事，这与作为中国古代哲学家的老子不能相提并论。

其实任先生在《中国哲学发展史·先秦》中已经接触到这个问题。他说："老子提出的取代上帝的最高发言的'道'，是精神，是物质，他自己没有讲清楚。就人类认识的水平来看，他也不可能讲清楚。思维与存在的关系问题，古代已经存在着，但古人没有明显地意识到这一点，不像后来那末清楚，古代的先进思想家，只是朦胧地探索着前进的途径。思维与存在哪是第一性的这个问题，到了近代才明确起来。"（《中国哲学发展史·先秦》，第266页）

任先生这段话说得很对，它正确地分析了上述甲、乙两派之所以会"犯了把古人现代化的错误"在认识论和方法论方面的深刻原因：因为他们把中国古代哲学家老子，混同于西方近代哲学家，所以，才出现了硬要给老子戴上了不该戴的唯心或唯物的帽子，从而犯了共同的错误。

任先生对老子哲学的研究成果，除了前面提到的三种中国哲学史著作和四种版本的《老子》注释外，还有许多散见于报纸杂志的文章。在《皓首学术随笔·任继愈卷》中，任先生自选了两篇直接谈论老子的论文：《老子源流》和《关于〈道德经〉》。在这里，任先生分析了老子哲学思想的来源和它对中华民族的发展所产生的深远影响，论述了老子哲学思想中的尊道、贵无、尚柔、治国等各个方面的内容，提出了对老子思想必须批判地加以继承的原则。他说："对老子《道德经》这部人类知识宝库，要充分认识它的价值。中华文化如果缺了老子思想，就不会有今天的成就，同时，一味顶礼膜拜，也会走偏了方向，止步不前。"（《皓首学术随笔·任继愈卷》，第202页）

这实际上是我们研究老子哲学应该遵循的总的方法论原则。

任先生虽然已经离开了我们，但他给中国哲学史的研究留下了丰硕的学术遗产。他在研究老子哲学过程中所提出来的研究方法方面的原则性意见，给人们以很大的启迪；他那为了追求真理而不断探索，勇于自我超越的学术精神，必将永远激励着人们为弘扬中国古代优秀的文化而不懈地努力！

（载《福建论坛》，2010年第1期）

张世英：百岁著名哲学家的睿智人生
——受教 60 余年的追思

9 月 10 日上午 8 点 30 分，我在手机微信上给张世英老师发出教师节的问候与祝贺后，正等着信息的反馈，突然有一则友人发来的关于张世英先生于 10∶49 仙逝的消息，出现在眼前。我开始不大相信，继而难以接受，经再三查询，终于不得不信。因为就在不久前的 8 月 31 日，北京大学哲学系还给我发来电子信件说，为庆贺张先生百岁诞辰，拟编辑《张世英哲学思想研究文集》，要把我发表在《北京大学学报》（2005 年第 1 期）上题为《通古今之变，成一家之言——张世英关于"天人之际"问题研究及其方法论原则》的文章收入。现在突然出现了这个不祥信息，实感不测。哀痛之中，60 多年来接受先生教诲的往事，不禁涌上心头。

20 世纪 50 年代，张先生给我们讲黑格尔哲学

我和张世英先生认识于 20 世纪 50 年代，那时他就是我的老师。那时，全国高校哲学系的许多教师，都云集北大，其中在全国知名的教授就有 20 多位。

张世英老师出生于 1921 年，湖北武汉人，那时刚从武汉大学调来不久，只有 30 多岁。我们上西方哲学史课，开始由陈修斋、齐良骥老师讲授。在西方哲学史上的众多哲学家中，黑格尔和费尔巴哈是最受重视的两位，因为黑格尔的唯心主义辩证法和费尔巴哈的人本主义唯物论是马克思主义哲学的理论来源。张世英老师也是以西方哲学史研究为专业，他教我们黑格尔哲学，当时重点放在黑格尔的逻辑学部分。列宁的《哲学笔记》中有《黑格尔〈逻辑学〉一书摘要》，所以，他也结合着讲授列宁对黑格尔《逻辑学》一书的有关论述。

当时，我们哲学系的同学人手一册的书，就是日丹诺夫讲话单行本。他提出了科学的哲学史是"在哲学上两个基本派别——唯物主义和唯心主义的斗争中研究认识的历史"，指出唯物主义是与进步、革命相联系，而唯心主义一般地总是与落后、反动脱不了干系的。这个基本的评价，贯穿于各门哲学课的教学之中，当然也包括张老师讲授的黑格尔哲学课程。

我的四年大学学习时间中，很多时间都用于搞政治运动。在这样的政治气氛下，不少老教师成为被批判的对象。师生之间不可能有更密切的关系，我和张老师之间的关系，也仅限于此。1958年我大学毕业回到福建之后，江山远隔，直接见面并接受教诲的机会虽然有，却并不太多。即便如此，我却一直关注着张先生的学术走向，20世纪50—60年代，他研究的重点就是黑格尔，有关研究黑格尔哲学的专著有：《论黑格尔的哲学》（上海人民出版社，1956年）、《论黑格尔的逻辑学》（上海人民出版社，1959年）、《黑格尔〈精神现象学〉述评》（上海人民出版社，1962年）。这些专著的出版，奠定了张老师作为研究黑格尔哲学专家的学术地位，还曾经教育、影响了一代年轻学人。

张老师关于黑格尔哲学的研究，不仅在国内享有盛誉，而且也为国际学术界所认同。《论黑格尔的逻辑学》日文译本的序言和《中国哲学年鉴（1987）》对该书以及《论黑格尔的精神哲学》，作了很高的评价，认为它们是中国系统论述黑格尔体系中这两部分的第一部专著。1986年10月，在瑞士卢策恩举行的国际哲学讨论会上，他被列为作公开讲演的报告人。当地报纸在报道中，突出了他的到会和所做的公开讲演（《卢策恩市日报》1986年10月4、6日的有关报道）。会议主持人格洛伊教授也称他为"中国著名黑格尔专家"。1987年，第14届德国哲学大会主席马尔夸特教授在大会上称张世英先生是"中国著名的黑格尔专家"。在会议期间，张先生还接受了德国电台记者的采访。德国《哲学研究杂志》1989年第43卷第2册介绍他时说，张世英是"中国最著名的哲学家之一，近几年来在西方也有名声"。美国Loyola Marymount大学教授Robin Wang在一次国际会议的发言中指出，张世英对黑格尔哲学的阐释和提倡，"对于中国传统哲学把自我湮没于原始的'天人合一'的'一体'之中而忽视自我的'主体性'和自由本质的思想传统来说，是一大冲击，这是张教授对中国学术思想发展的贡献之一"。

从《哲学导论》中，我领悟到张先生"万有相通"的新哲学观

我退休后的 2002 年，某一天，我在书店看到了一本北京大学出版社出版的新书：《哲学导论》，张世英著。我立即买回此书，一口气读了一遍，感到非常新奇，书中的许多观点都是我以前未曾接触过的。2003 年夏天，我到北京时，专程到北京大学中关园，拜访了张老师。当张老师知道我的造访是为了探讨他写的《哲学导论》之后，就谈起了他在 20 世纪 80 年代以来，进行中西哲学比较研究，提出新哲学观的若干思想历程。

张老师说，20 世纪的 80 年代初，我国哲学界开始讨论主体性问题。本来，主体性问题，是和人与世界万物的主客二分关系联系在一起的。人生在世，关于人与世界的关系问题，有两种不同的基本态度或关系，形成了两种思维模式：一种认为是天人合一或万物一体、万有相通，把人与万物看成是彼此内在、相互融合、相互贯通的关系；另一种认为，人与万物彼此外在，人通过"认识"这个桥梁来把握万物的本质与规律性。主体性的问题由此而突现，哲学的基本问题也被归结为仅仅是主客二分的关系。但是，当年在我国许多人只是从主观能动性这个角度来理解主体性，不少人甚至把主体性与主观片面性、为所欲为混为一谈。这种状况让长期从事西方哲学史研究的张老师，感到困惑。同时，也激发了他集中地研究以下这些问题的浓厚兴趣：人对世界万物的关系，是否只是主体对客体的关系？西方传统哲学的主客关系问题，是否能够囊括哲学问题的全部？中国传统哲学能用主客二分的模式来涵盖吗？中国哲学今后的发展，将与西方现当代哲学发生什么样的相互作用和影响？

为了研究上述问题，张先生集中阅读了中国传统哲学，特别是道家的著作，并深受其影响。在这个时期，他还读了许多西方现当代哲学家尼采、狄尔泰、海德格尔、伽达默尔、德里达等人的著作。当他接触到海德格尔对主体性的批判，发现中国人用为所欲为来解释主体性是很大的误解。从此，他对西方哲学的研究兴趣，就从古典哲学转向了现当代哲学，即所谓后现代

哲学，尤其是海德格尔的思想。他把中西哲学的发展线索，以及各自的一系列特征，进行了横向比较，发现海德格尔的思想跟老、庄思想在有些地方很接近。同时，他又把中西哲学的各大流派的思想观点，放在整个人类思想发展的同一条历史长河中，对它们做了纵向的考察。这又让他把早年的传统文化方面的积累重新激活，跟西方的后现代思想联系起来。他借助西方哲学的理论，重新去思考中国传统的天人合一、万有相通等等思想。

这样一来，张先生所提出的新的万有相通、万物一体观，并不同主客二分关系相对立，而是包括它并超越它。这种新哲学观同西方古代希腊早期哲学，以及同中国古代的天人合一观的关系，也不是简单的重复，而是一种否定之否定。从西方哲学发展的历程来看，古代希腊哲学（原始的天人合一、万有相通）—文艺复兴后的近代哲学（主客二分）—黑格尔后的现当代哲学（高级的天人合一、万有相通），这种否定之否定的发展线索是显而易见的。

张先生通过他所著的《哲学导论》（北京大学出版社，2002 年）和《新哲学讲演录》（广西师范大学出版社，2004 年），以及在此之前出版的《天人之际——中西哲学的困惑与选择》（人民出版社，1995 年）和《进入澄明之境——哲学的新方向》（商务印书馆，1999 年）等几部书，把他在 20 多年来所形成的新哲学观全面、系统地展示在广大读者面前，这是他从西方古典哲学转到西方后现代哲学和中国古代哲学相结合的成果。这样，他完成了由史及论的转变，即从哲学史家到哲学家的转化历程，并在新的领域中不断取得了丰硕的成果，成为我国当代一位著名的哲学家。

如果说，哲学界学者早已公认张先生是享誉海内外的研究黑格尔的专家，那么，至此他同时又是一位提出许多原创性思想、构建了自己的哲学思想体系的哲学家。

20 世纪 50 年代以来，大约半个世纪的时间内，我国哲学界（我也在内）所广为宣传和奉行的观点，基本上是以主客二分关系为基本模式而派生的。正因为这样，像我这样长期从事哲学教学与研究的人，看到张老师的《哲学导论》后，才会感到那么的新鲜！于是，从 2003 年底以来，我先后在《北京大学学报》《博览群书》《中华读书报》《江海学刊》《福建论坛》《福建师大学报》等报刊，陆续发表了不同角度的评介文章，以便让更多的读者了解张先生的新哲学观，也希望我的同行们能和我一样，感受到接收新鲜观点、拓展视野之后带给自己的喜悦之情！2008 年出版于人民出版社的学术专著《张世英哲学思想研究》一书，就是在这样的情况下完成的。由于张先生的思想是不断发展的，所以，这本书的内容当然不可能反映他后来的一些提法的变化以及观点的扩展与充实。

张先生在表达他的新哲学观时，新天人合一、万物一体、万有相通都曾使用过。后来他更多的用万有相通这个概念，这是有考虑的。他说，古代的万物一体，或天人合一，强调的是彼此不分（他人与我不分，人与自然不分）。天人合一的观念中，人与自然不分，没有明显地把自然作为对象，更谈不上去认识它，征服它。而人与人不分，就没有独立的人格。万有相通这个概念中的相通，它的前提是大家都是不同的东西，我有我的独立性，你有你的独立性。所以，张先生对万有相通新的诠释，就蕴含着不同而相通的意思。只有这样，才能尊重自由、尊重民主、尊重科学。张先生认为，不同而相通在当今全球化时代有特别的意义。中国古人说"万物并育而不相害"，其实就有不同而相通的意思。但是，在漫长的中国古代文化史中，不同的方面并没有得到强调，相通的追求慢慢就变成了相同，然后就不允许有不同。这就背离了"万物并育而不相害"的理想。造成这种局面的原因很复杂，其中一点就是没有明确、独立的个体自我意识。这个观点在后面介绍张先生的《中西文化与自我》一书时，还会说到。

2006 年张先生到福州讲学，我有幸重新当了一回学生

2006 年上半年，我为校内（福建师范大学）公共管理学院的 2004 级、2005 级博士生开设中西哲学比较课程时，曾经介绍了张老师新哲学观的若干论点，引起了听课者的兴趣。刚好在这一年的四月份，张老师应邀到福建省政法管理干部学院讲学。福州地区的福建师范大学、福州大学，以及福建省委党校等，也相继邀请张老师讲学。

从 4 月 3 日到 4 月 11 日，张老师一共讲了六场，内容都不一样，讲题依次为：《西方后现代主义哲学与中国传统哲学》《从黑格尔到海德格尔》《哲学

与人生》《从科学到审美》《和谐：人与自然、人与人》《儒家的差等之爱与基督教的平等之爱》。对我个人来说，在相隔了半个世纪之后，有幸再度聆听了张老师的讲课，有幸重新当了一回学生，这对我自有重大的特殊意义，感到特别的亲切。

在 2006 年下半年，刚好我承担了为我校公共管理学院 2005 级硕士研究生（共 60 多人）讲授哲学概论课程的任务。近几年来，这个课程已经有好几种以《哲学导论》《哲学通论》《哲学概论》为书名的著作先后面世。经过比较，我最后选择了张老师的《哲学导论》作为学生阅读的主要参考教材。同学们对《哲学导论》所蕴含的原创性内容给予好评，认为它一扫过去学习哲学的沉闷气息，内容新颖、思想深邃、逻辑严谨、语言生动，读后令人既茅塞顿开，又回味无穷。

当时我正在为如何给学生讲解有关中西哲学的比较问题，张先生著作中的新哲学观，对我有极大的帮助。因为张先生的新哲学观的形成，正是在中西哲学比较中，又是在贯通古今中进行的。

在许多著作中，张先生对中西传统文化、中西哲学从总体特征方面进行了论述与评价。在中国传统文化中，张先生着重讲了儒家和道家。他以为，中国古代科学虽不及西方，但不能说没有科学，而中国古代科学主要出于道家；至于审美，在道家那里则占首要地位；道教的宗教观念，不是西方基督教意义的宗教。道家所提倡的逍遥之道或成真之道，可以说是道家的成人之道，这种成人之道似乎是以"万物与我为一"的审美境界为人生的最高追求，它是对道德的一种超越。儒家的成人之道是成圣之道，其特点是以道德境界为人生最高境界，儒家把达到此种境界的理想人格称为圣人。至于西方文化的内涵，一般认为包含希腊精神、基督教和科学三者。与中国儒家和道家文化注重在时间之内的此岸世界实现自我的特点不同，西方传统文化的特点，可以说是注重在超时间的彼岸世界实现自我：人相对于超验的、永恒的无限而言，总有欠缺之感，所以西方传统文化所教导的成人之道，基本上可以用基督教所宣讲的拯救之道为代表，人需要上帝的恩典、拯救而成人。西方后现代主义的文化对传统文化的弊端提出了很多批评。

从中西文化的总体水平来看，似乎可以得到这样一个结论：由于中国传统文化中科学的落后，今后在提高我们民族文化方面，首要的仍应是发展科学。但在发展科学的同时，又要避免唯科学主义，注意弘扬我们传统文化中道德、审美等人文方面的优秀之处，同时剔除其中的缺点（例如缺乏平等之爱和基本人权平等的思想），使我们民族文化的人文特色适应现代科学的时代潮流，更放异彩。基于中国传统文化中科学方面较弱，张先生把中国传统文化称为"前科学的文化"，把西方近现代文化称为"后科学的文化"。文化中的诸种因素是有机地结合在一起的。在对文化作整体评价时，一方面要联系科学上的进步与落后，另一方面又不能以科学或知识与技术作为唯一的尺度。道德与审美之类的文化因素，还应当另有评判、衡量的标准。就道德方面而言，我们就可以用是否维护人的尊严，人的基本权利和人的天然同类感等等作为评判、衡量道德的标准。

张先生不满足于上述的宏观考察，还进一步对几位具有代表性的哲学家的思想，进行了具体的比较。他把海德格尔当作实现了从经过和包摄主客二分，到更高一级天人合一这个重大哲学转向、现当代西方哲学家中思想最深刻者来看待，认为海德格尔在中西哲学的对比中，占有重要的特殊地位。他说："海德格尔的语言比较晦涩，他的基本思想和意思还是比较清楚的：生活、实践使人与世界融合为一，人一生下来就处于这样一体之中；所谓'一向'如此，就是指一生下来就是如此，所以'此在'与'世界'融合为一的这种关系是第一位的。至于使用使人成为认识的主体，世界成为被认识的客体的这种'主体—客体'关系则是第二位的，是在前一种'一向'就有的关系的基础上产生的。'此在—世界'的结构产生'主体—客体'的结构，'天人合一'（借用中国哲学的术语）产生'主客二分'，生活实践产生认识。这些就是我对海德格尔的上述思想观点的解读。"（《哲学导论》，第7页）当然张先生也指出，海德格尔的天人合一不等同于中国传统的天人合一。他关于主客的统一根植于"人与世界的融合"的论断，是对海德格尔思想的深刻理解。

张先生指出，作为道家创始人的老子和重要继承者的庄子，都是主张天人合一的。老庄认为道是宇宙万物的本根，人以道为本，人的一切都不是独立于自然界的，而为自然之物。在谈到人生的最高境界时，老庄的天人合一思想更加明显。《老子》轻视知识、提倡寡欲和回复到婴儿状态，实际上是要人达到原始的天人合一的境界。庄子主张通过"坐忘""心斋"，取消一切差别，以达到"天地与我并生，而万物与我为一"的天人合一境界。"但我们是否可以说，老庄的'天人合一'境界达到了海德格尔所以主张的高级的人与世界合一的水平呢？不能这样说。"由于老庄哲学缺乏"主—客"式的思想和认识论，因此，"老庄哲学和海德格尔哲学的区别，不仅是中国哲学与西方哲学的区别，而且是有古代哲学和现代哲学的区别的意义"。（张世英：《新哲学讲演录》，广西师范大学出版社，2004 年，第 32 页）

张先生在他的著作中，还对海德格尔与王阳明、与陶渊明，尼采与老庄、与李贽，萨特与王阳明，黑格尔与朱熹、与王船山，西方近现代哲学与程朱陆王哲学，作了相当深入的专题比较。

张先生认为，所谓中西哲学比较，说到底是天人合一与主客二分思想的比较。但是，比较不是目的，要通过比较，学他人之所长，补自己之所短，把我们传统的天人合一思想，发展到所谓高级天人合一。而所谓高级天人合一，即包摄并超越主客二分，处于第三阶段的天人合一思想。在哲学的各个领域，这种高级天人合一有哪些具体的体现呢，它与主客二分又有什么区别呢？张先生从本体论、认识论、道德观、审美观、历史观等方面，一一具体地加以说明。

《哲学导论》出版后，张先生紧接着又推出《境界与文化》与《中西文化与自我》

《哲学导论》出版后，引起哲学界学者的重视与好评，荣获第三届思勉原创奖。它作为高校的精品教材，已经分别重印多次，但有两位学者各自提出了一点不同的商榷意见。他们认为，张先生关于提高人生境界的论述，虽然讲了个人精神境界之学，但缺乏社会存在的维度，没有讲到社会问题，需要用"社会存在论"来使"万物一体"的"生活世界"具体化和现实化。

据我所知，这个时候张先生已经在进行《境界与文化——成人之道》一书的写作，当他得知这个批评后，便更加有意识地在写作中，吸纳了这两位学者的意见。而人民出版社于 2007 年出版的《境界与文化——成人之道》一书，正是以"探讨个人精神境界问题的社会文化维度"为主题，着力探讨各种人生境界之间、各种文化活动之间的关系，特别是中西民族文化各自的特征，以期为提高人的精神境界（包括个人的精神境界和整个民族的精神境界）摸索出一条可供参考的途径。书的副标题"成人之道"，就是要求人们成为一个普通的，然而又是真正的人，一个大写的人。

如何发扬中华民族文化，如何提高和改进我们民族的人文文化和个人的人文素质，有什么具体途径可循？这是《境界与文化》一书所着力探讨的问题。该书除结语外，共 3 篇 17 章，每章都有一个副标题，每章又分若干小节，其中绝大部分副标题或某一节的小标题都明确地表达了张先生对于如何发扬中华民族文化的具体设想。这本书的出版，补充了《哲学导论》之不足。

在与张先生的接触中，他多次对我说，中华文化长期累于封建主义及其各种变式之重负，释负不易。上世纪 80 年代以来，我们在思想解放、摆脱传统文化的负面影响方面，的确前进了一大步，然而背负过重，要真正实现民主、平等、自由、个性解放，恐怕还要有一个过程。写完《境界与文化》，他意犹未尽，又琢磨着另一本与之相衔接的书——《中西文化与自我》。

这里，我不能不先讲一下张先生写作《中西文化与自我》的一段往事。2007 年 8 月，我为了写作《张世英哲学思想研究》一书，曾和合作者黄雯到北京，对张老师进行了学术访谈。访谈结束后，张老师拿出一本新书——北京师范大学出版社 2007 年出版的《文化与自我》，著作者是北京大学教授、心理学家朱滢先生。该书共分 6 个专题，第 2—5 专题是讲"心理学的自我"，第 6 专题是讲"神经科学的自我"，与张老师直接相关的是第 1 专题"哲学的自我"。这个专题包括朱滢先生写的"自我是什么""Searle 论自我"和"张世英论自我"等三个部分。

J. R. Searle（1932— ）是美国哲学家，以研究语义哲学、心智与意识哲学、人工智能著称。朱先生认为，自我包括两个方面的问题：一个是个人认同的问题，一个是自我与他人关系问题。中西方哲学对自我的看法的侧重点是不同的。西方哲学讨论个人认同问题，强调自我的主动性；而中国哲学则不讨论个人认同问题，而是强调自我与他人的关系的重要性，强调社会对个体自我的约束，从而展现出自我的局限性。

朱先生在书中，以 Searle 在《心智入门》一书和张世英在《哲学导论》中第 8 章 "超越自我"，作为这两种哲学对自我的看法的例证。并且，以大量心理学实验资料说明：中西方哲学对自我的看法，极大地影响了中西方心理学家对自我的看法。朱先生指出，Searle 和张世英 "他们之间最根本、最明显的区别在于，Searle 只谈个体的自我，个人认同问题，只字不谈 '自我' 与他人的关系；张世英则不讨论个人认同问题，为什么要有 '自我' 这个概念，只谈论 '自我' 与他人的关系。并且，对西方传统哲学那样执著于 '自我'，持批评态度。"（朱滢：《文化与自我》，北京师范大学出版社，2007 年，第 16 页）

张先生后来再一次对我说，该书对他有很大启发。他说："我讲 '超越' 讲得太早了、太多了，中国人的老传统太缺乏自我的独立性，需要花长时间、费大力气才能学习到人家的优点；而我却过早、过多地讲 '超越'，这是需要你来批评的地方，也是我得益于朱先生大作的地方。" 他反复地思量：当我们中国人向西方的主客二分学习，还处于起始阶段时，就马上强调中国式的超越 "自我"，这样做，是否过头了呢？是否表明他自己还是没有摆脱中国的传统思维？张老师跟我们说这件事，是想听听我们的看法，希望学生在所写的书中批评自己。从张老师的这番话，以及他对待这件事的态度中，人们不难看出他所一再提倡的超脱、豁达的胸襟和虚心、严谨的治学精神。

《中西文化与自我》（人民出版社，2011 年 10 月）共有四篇，前面三篇主要是阐释自我的主体性与个体性本质，论述中西文化特别是审美境界中两种不同的自我观。在第三篇的最后，张先生系统地论述了他对人生四种境界（欲求境界、求知境界、道德境界、审美境界）的见解，并以审美境界作为人生的最高境界。接着他用相当多的篇幅，以人生四种境界的论述为线索，阐述中华儿女几千年来的思想文化史，即该书第四篇——"中华睡狮" 自我觉醒的历程，这是全书的指归和重点所在。（《北京大学学报》自 2010 年 9 月到 2011 年 7 月全年分六期连载了这一篇，引起学界的关注。作为读者，我最感兴趣的也正是这一部分）

在书中，作者从自我观的角度探讨了中西文化的差异，审视了中华传统文化最具标志性的特点，并阐述了他关于中华文化未来的发展道路的若干思考。他强调指出，弘扬中国传统文化，首先就要充分重视弘扬自我的独立自主性和创造性，以激发当今人们的理性自觉，争取进一步的个性解放。如果说，西方人的自我观是"独立型的自我"的话，中国人的自我观则是"互倚型的自我"。纵观历史，中国人的自我觉醒和个性解放的历史进程特别漫长、曲折而艰苦。未来中国哲学的发展，既要继承天人合一思想的积极方面，又要学习主客二分思维之长处，这才是真正弘扬中华文化一条可行的光明大道。全书新见迭出，许多观点言人所未言，从而也使他的新哲学观得到进一步的深化与发展。

我感到，书中还有一个非常重要创新之点是张先生在中国学术界，结合中西思想文化，首创"中华精神现象学"的构想。作者从哲学、科学、伦理、审美等多层次地讲述了中华思想文化精神的核心，算得是中华思想文化史的一个大纲。作者指出，总结几千年来中华传统思想文化发展的历程，我们的"中华精神现象学"，可以说是"一部'自我'不断渴望和力图从封建社会群体和自然整体（原始的'天人合一'）的湮没中挣扎而出、成为有独立自主性的自我的历史，这一历史进程至今似乎还没有结束"。（张世英：《中西文化与自我》，人民出版社，2011年，第316页）哲学是文化的核心，中西文化的差别可以从中西哲学中寻求其根源。天人合一与主客二分的最具标志性的特点体现于两种不同的自我观。剖析中西迥异的自我观，就抓住了中西文化的实质。就此而言，《中西文化与自我》也许是近半个多世纪以来从历史和理论的角度系统而深入地阐发这一观点和思想的重要著作。张先生关于"中华精神现象学"的构想和他的学术观点，对于深入理解中华思想史、哲学史应有较大的启发意义。

近代以来，在如何对待西方哲学、如何看待我国传统哲学、如何创建中国的新哲学等三个问题上，存在着全盘西化派、文化保守主义派、改良主义派的严重分歧，古今中西之争，时有发生。20世纪30年代起，一些中国哲学家在吸收西方哲学的基础上，形成了若干现代型的哲学体系，先有熊十力、张东荪，后有冯友兰、金岳霖。张东荪、金岳霖的哲学，其影响比不上熊十力、冯友兰的哲学，究其原因是由于后者是"接着"宋明理学讲的，更具有中国的民族特色。1949 年后，在相当长的时期内，哲学研究的成绩很不理想。80 年代后，情况虽大有改观，但还没有出现像熊十力、张东荪、冯友兰、金岳霖等那样的大家。人们也注意到，某些研究西方哲学或同时研究中西哲学的学者，曾努力利用中国哲学对西方哲学进行解读，并以西方哲学作为参照系，探讨中国传统哲学的内在逻辑。他们在把西方哲学中国化和在中国哲学与西方现当代哲学相互贯通方面，做了有益的尝试，取得了可喜的成果。张世英先生则是其中成果较多、备受关注并受到了学术界好评的一位。他在 95岁以上的高龄，仍笔耕不辍，著书立说，而且把自己的研究成果看作"愿意生死以之的东西"。这确实令人钦佩与感动。

改革开放后，张先生对黑格尔哲学研究得到了进一步的深化与发展

2016 年 5 月，北京大学哲学系为庆祝张先生 95 岁寿辰，专门举办了境界与文化学术研讨会。我也应邀参加了。与会者为张先生祝寿，并收到一份非常珍贵的精神赠品，即《张世英文集》（10 卷本，北京大学出版社，2016 年 4月）。在这次会议上，张世英先生对黑格尔的研究成为了一个大家关注的热点。

会后，《重庆评论》的记者刘鲁嘉先生就张先生的哲学思想，对我进行了长篇访谈（刘鲁嘉：《在中西古今哲学道路的交汇点上：张世英哲学思想研讨——问学林可济》，《重庆评论》2016 年第 3 期）。在他提出的诸多问题中，有一个问题是：张先生关于黑格尔哲学的研究，本来是个老话题，为什么反而成为了这次会议的重点和研讨的前沿呢？

我认为，这是因为张先生在 20 世纪 80 年代我国实行改革开放政策之后，对黑格尔哲学的研究有了更为广阔的视野，不仅从德国古典哲学，而且从中西哲学比较，从它与西方现当代哲学的关联来审视，当然就有了进一步的深化与发展。

改革开放后，张先生出版了两本引起学术界重视的学术著作。一本是1982 年由吉林人民出版社出版的《黑格尔〈小逻辑〉绎注》。该书每节都分讲

解和注释两部分。讲解部分重在讲解难点，注释部分主要采取了两种方法：一是用黑格尔注释黑格尔，即就同一问题，不仅把散见在《小逻辑》一本书各节中的论述联系起来，而且把黑格尔其他许多著作中的相关论述和材料也搜集在一起，这样使得读者对某一问题的理解，能从他的注释中得到相互参照、相互发明的便利。二是借用一些西方研究黑格尔学者的讲解和注释以注释黑格尔，这实际上是一种集注，具有很高的学术价值。

另一本书是《论黑格尔的精神哲学》，由上海人民出版社 1986 年出版。他在该书的序言中说：这本书的写作延误了近 20 年。"文化大革命"前，就已准备撰写此书，正打算动笔，"文化大革命"开始了。"文化大革命"结束后，才在《黑格尔〈小逻辑〉绎注》一书完稿之后，正式开始写这本书。他说，如果在"文化大革命"前就完成了《论黑格尔的精神哲学》的写作，那肯定是一堆"大批判"，谈不上把握黑格尔精神哲学的精髓。

《论黑格尔的精神哲学》出版后，张先生的研究重点虽然已不在康德、黑格尔哲学，但由于出版界的需要，他又应约写了《自我实现的历程——解读黑格尔的〈精神现象学〉》（山东人民出版社，2001 年）。《精神现象学》是黑格尔著作中最重要，也最具有当代相关性的著作。正如马克思所指出的那样，它是"黑格尔哲学的真正诞生地和秘密"，是"黑格尔的圣经"。但改革开放以前，学术界大多数人重视的都只是《逻辑学》，改革开放后则对《精神现象学》逐渐重视了起来。

这种状况之所以产生，并不难理解。因为无论是马克思，还是列宁，都非常重视黑格尔的《逻辑学》。列宁有一句名言："不钻研和不理解黑格尔的全部逻辑学，就不能完全理解马克思的《资本论》。"所以，大家都认真地读黑格尔的《逻辑学》。改革开放后，之所以对《精神现象学》重视了起来，是因为这本书的内容更能体现黑格尔哲学的精华，而且与当时思想界所面临的许多亟待解决的问题关系更为紧密。看起来似乎是关注这本书或那本书，实质上与特定时期所要解决的问题相关联。张先生在 1949 年以后的 30 年时间中，他自己以及同时代学人所经历的人生沧桑，使他深深领会到：哲学的中心问题应该是对人的追问。

在《自我实现的历程——解读黑格尔的〈精神现象学〉》一书中，他把黑格尔的《精神现象学》一书解读为：一部描述人为了实现自我、达到"主客同一"所必须通过的战斗历程的伟大著作，其主要特点之一是强调自我实现之历程的漫长性、矛盾性和曲折性。这样，张先生对黑格尔哲学的整体把握和评价，自然就有了一个新的转变。和"文化大革命"前着重批判黑格尔哲学的唯心主义不同，他现在更多地强调黑格尔哲学对他去世后的西方现当代哲学的积极作用和影响，强调学习黑格尔哲学中关于人的主体性和自由本质的意义。

我多次听张先生说，黑格尔哲学既是西方传统形而上学的顶峰，更蕴含和预示了传统形而上学的颠覆和现当代哲学的某些重要思想。黑格尔的"绝对精神"不仅是认识的最高目标，终极的真理，也是世界万物最终的本根或创造主；既是世界万物的最高的客观精神，也是人类精神的最高形态。这里所包含的"人与世界合一"的思想，为他身后的西方现当代哲学，特别是人文主义思潮的哲学思想铺设了道路。

美学思想是张先生新哲学观中的精彩篇章

张先生不仅是著名的哲学史家、哲学家，而且还是一位具有独创性的美学家。哲学、艺术哲学、美学在张先生那里是三位一体的，他的美学思想是新哲学观中的精彩篇章。张先生关于审美观的基本观点是："按主客关系式看待人与世界的关系，则无审美意识可言；审美意识，不属于主客关系，而是属于人与世界的融合，或者说天人合一。"（张世英：《哲学导论》，北京大学出版社，2002 年，第 246 页）审美意识是超越主客的产物，属于忘我或物我两忘之境。张先生关于"美在自由"以及"美感的神圣性"的思想把美学的研究、美学与哲学本体论的内在关系的研究，大大地向前推进了。

在中国传统的哲学中，张先生特别赏识的是道家的审美观。他说：庄子在老子道论的基础上，不仅从"道"的本体意义和本源意义上发展了老子的天人合一思想，而且把老子的"玄同"发展成为"天地与我并生，万物与我为一"的天人合一的精神境界，"这种境界比起老子的'玄同'来更多地具有审美意味，更具诗意"。（张世英：《道家与审美》，载《北京大学学报》2005

年第 5 期）张先生关于审美观的具体主张体现在如下几个方面。

首先，张先生认为，审美意识是人与世界融合的产物。我国文艺理论界在 20 世纪 50—60 年代，曾经发生了一场关于美学的大讨论，参加这场讨论的学者们一般都把审美意识放在"主体—客体"关系的框架中来讨论，形成了如下不同的观点：有的主张审美意识主要源于主体；有的主张审美意识主要源于客体；有的主张审美意识是主客体的统一。张先生认为，"不管这三种观点中的哪一种，都逃不出主客关系的模式"。而主客关系式的特点在于，把主体与客体两者都看成是彼此外在、相互独立的实体。而所谓"主客体之间的统一"，是主体对原本在主体以外的客体加以认识的结果。但是，审美意识根本不属于认识论的范畴，"审美意识是人与世界的交融，用中国哲学的术语来说，就是'天人合一'"，这里的"天"指的是世界万物。人与世界万物的交融不是两个独立实体之间的认识论上的关系，而是从存在论上来说，双方一向就是合而为一的关系。这种合一，就是超越主客二分，达到物我两忘。审美意识的这种超越主客的超越特性，具体表现在审美意识所具有的直觉性、创造性、愉悦性、超功利性等特点。

其次，典型说与显隐说作为在美的本质与特性上两种对立的说法，是两种在世结构在美学中的具体体现。张先生认为，艺术不是对有限事物的简单模仿，而是以"有限显现无限"。这里所说的"无限"，除了指其显现有限之深处的无限关联这一含义外，还包括其在不同观赏者那里，以及在不同时代中不断更新、丰富和深化自身内容的含义。

再次，两种审美观，反映在语言问题上，就形成了两种语言观。西方传统哲学以主客二分为主导的思维模式，体现在语言问题上，就认为语言是反映天地万物的工具或镜子。天地万物无语言，或不能言；只有人才能有语言，才能言。而西方现当代哲学则与之不同。海德格尔才把语言看成是"存在的家"，认为"有语言的地方才有世界"。语言表达的意义不在于单纯的"直观在场"，而总是"在场"与"不在场"的东西相结合的整体。这种意义下的语言，就是一种先行于某个说话人所说的语言之前的"无言之言"。这种"无言之言"独立于说话人的语言，却又通过说话人而发出有声响的语言。这是一种超概念式的语言，亦即诗的语言。在一定的意义上说，从西方传统哲学到现当代哲学的转折，就体现在语言学的转向上。

最后，张先生认为，从审美与道德的关系而言，审美高于道德。张先生明确指出，审美意识比包括道德意识在内的整个主客关系阶段更高，它是人与世界关系或者说人对世界的态度的最高阶段，是一种比原始的天人合一更高的天人合一。它由原始的天人合一阶段经由主客关系阶段而在高一级的基础上回复到了天人合一即主客不分，因此，它可以说是高级的天人合一。既然审美意识高于道德意识，那么，哲学要现实化，就必须诗化，使"人皆诗意地栖居在大地上"（荷尔德林语），也就是把哲学变成"诗化的哲学"。而一旦把哲学变成"诗化的哲学"，也就使哲学现实化了。

张先生这把审美观与哲学本体论融汇一起的论述，虽然与许多美学专家的看法大异其趣，但却受到美学研究学者的高度评价。著名美学家李泽厚先生曾经说过这样的话："有意思的现象是，在美学史上占最为显赫地位的，常常是哲学家。美学史上最为重要的理论也常常是从哲学角度提出的。"（《李泽厚十年集》第一卷，安徽文艺出版社，1994 年，第 433 页）如果用李先生这段话来评价张先生上述的审美观，那是再恰当不过的了。

2018 年世界哲学大会期间，我和张先生的最后一次见面

世界哲学大会始创于 1900 年，迄今已有 118 年的历史。第一届世界哲学大会在法国巴黎举行，每届大会都能邀请到哲学领域中最为重量级的哲学家出席发言。大会始终反映了不同时期哲学工作的主要论题、趋向和方法，充分体现了哲学作为时代精神精华的文化价值，凸显了哲学在现代社会的发展和文化进步中的独特作用。2018 年的这次世界哲学大会是第 24 届，开会地点在中国，又是在北京，还是我的母校北京大学参与主办的，能够参加此次大会，当然是人生的一大幸事，也是一大乐事。为此，我向大会提交的四篇论文中，有三篇分别属于中国哲学、西方哲学、马克思哲学以及科学哲学不同领域，另外一篇是对张世英老师哲学思想的研究。

张先生是本届世界哲学大会荣誉委员会的成员之一，他因行动不便而未能到会。在大会开幕式当天（8 月 13 日）的晚上，我专程拜访了他。我们畅

谈甚欢，老师的教诲，让我受益匪浅。告别时，老师送我两本他的新著《黑格尔哲学五讲》（2018）和《九十思问》（2016）。我们谈话的话题涉及到2017年启动仪式上他所做的主题发言，以及2018年3月《文汇报》记者李念对他的采访，多次聊到对世界哲学，对中国哲学的看法，以及他对世界哲学大会的殷切期待。

当谈到本届世界大会的主题时，张先生说：中国传统哲学大多是围绕"怎样做人"研究的，世界哲学中也有很多主题是讲"人"。西方哲学中主客二分的思维方法统治了很久，但到了海德格尔、德里达、哈贝马斯都强调"人的生活世界"，而不是只讲概念。中国传统提倡尊重自然，强调天人合一，自有其高远的境界，但是，我们必须看到，中国人缺乏注重科学的传统。所以，张先生说：中国哲学今后应该沿着五四时期提倡的德先生和赛先生之路走下去。科学就是强调人的主体性要征服自然，民主就是要发挥人的主体性，反对封建专制。现在国家大力发展经济，一方面带来了市场的繁荣，但同时也忽视了人的精神世界的意义。因此，我们要提高"人的精神境界"，不要片面地被经济所束缚，不要睡在现实的"坑"里，要"脚踏实地，仰望星空"。

张先生的这些话和他为本届世界哲学大会所准备的题为《做一个有诗意的自由人》的演讲稿（8月19日由他学生李超杰教授代为宣读），在基本观点上是一脉相承的。他说的那八个字——"脚踏实地，仰望星空"，可谓寓意深远，语重心长，饱含着张先生一生的曲折经历与辛勤跋涉的人生智慧。这是我长期与张先生接触中感悟出来的体验。

张先生是我的老师，同时又是能够推心置腹、坦诚相待的朋友。1958年我从北大哲学系毕业后，由于种种客观条件限制，无缘再返母校，再做张老师的学生，但张老师对我这个学生，仍然非常关爱，不吝赐教。2013年、2015年我在社会科学文献出版社先后出了两本书：《哲学：智慧与境界》和《皓首沉思录》，张老师都写了序。在《哲学：智慧与境界》一书的序言中，张先生认为："这是一本视野开阔、功底深厚、颇多新见的学术专著。书中所言，皆作者自己独立思考的产物，突出了个人的风格与特点，而非沿袭某些中国传统'述而不作'或'以述为作'那样的作品，具有一定的理论创作的前沿性。"在《皓首沉思录》的序言中，张先生对我更是勉励有加，说他看了我写的书，使他有"吾道不孤"之感，这让我非常感动。作为他的学生，有了些许成绩，他"为之高兴"，这可以理解；但他说我"愈老学问愈大，堪称大家"，这般的过高评价，实在令我汗颜。对我而言，只能视为一种鞭策，或者看作是老师对学生的一种难以实现的期望。2012 年 5 月，他知道我会来北京，提前写了一张"求真务实，学界楷模"书法，见面时送我。由于愧不敢当，我一直把它藏匿而不敢示人。

2016 年 5 月 20 日，北京大学哲学系、北京大学美育研究中心等相关部门为张先生举行了"境界与文化"为题的学术研讨会，这也是一次别开生面为张先生 95 周岁祝寿的活动。我应邀从福州专门回到母校参加盛会。这一天张先生精神很好。在见面、畅谈、用餐之时，看得出来，他老人家非常高兴。来参加会议的有百多人，大家听了张先生的讲话，来自不同地区、不同单位的与会者，在当天的上午和下午两段时间，抓紧机会发言，充分表达了对他学术上重大贡献的敬佩与称道，以及对他身体健康的良好祝愿。我这个远在福建的老年学生，也有幸发了言。尤为难得的是，与会者每个人，都特别荣幸地收到了主办单位的一个具有特别意义的珍贵礼品，那就是全套 10 册精装本的《张世英文集》（北京大学出版社，2016 年 4 月）。张先生为我在第一册的扉页上，还亲自题字签名，以为纪念。

张先生每次赠书给我时，总是以学友相称。2008 年 7 月，他的一本题为《归途》的新书在人民出版社出版，我参加了该社于 11 月为此而召开的座谈会后，到他家中。他在书的扉页，除了签名之外，还专门亲笔录下了一首他的感言诗："三十年华转眼过，天涯浪迹岁蹉跎。故园别久思归去，犹盼日西挥鲁戈。"写毕，他对我解释说，如果以我国实行改革开放政策为时间点，他的学术生涯可以分为前后两个阶段，在前 30 年，他的那些"左"的论著和"大批判"文字，虽然在当时曾得到社会上的好评与某些领导的赏识，但只不过是在当时政治形势下的"一唱亿和"之作。在历次政治运动中，他虽然年轻，没有参加过国民党、三青团，没有什么历史的"包袱"需要做自我批判，但"思想检查"仍然连绵不断。而"检查"的结果，却长期误入了一条"左"的教条主义的歧途。他有感于自己从新中国成立到开始改革开放约 30 年里所经历过的人生道路，对照陶渊明诗"误落尘网中，一去三十年"也写了两句：

"三十年华转眼过，天涯浪迹岁蹉跎。""文化大革命"结束以后，随着改革开放浪潮的推进，他的思想逐渐地从教条主义束缚下解放出来。"羁鸟恋旧林，池鱼思故渊"，他像一个漂泊在外、一去三十年的游子，盼望着踏上了返回自己思想家园的归途，回到了纯正的学术研究的道路。他说："我在外飘游的时间已经太久了，也思恋自己的家，但家究竟在哪里？我仍觉茫然。也许我只能在思家的路上不断追寻，而永远找不到家。"这时，他有了回归老庄思想的精神家园的感悟与体验。但"夕阳无限好，只是近黄昏"，于是又续了两句："故园别久思归去，犹盼日西挥鲁戈。"他希望挥戈返回，天假他以时年，得偿夙愿。

值得庆幸的是，他后 30 多年在学术上取得了令世人瞩目的成就。2012 年北大哲学系召开的庆祝建系 100 周年大会上，张先生等四位老师，获得了"北京大学哲学教育终身成就奖"的殊荣。当然，这并不能反映出他的全部。好在他淡泊名利，不求闻达。

现在，张先生离我们而去了，从此天人永隔，但毕竟万有相通，他的思想，他的精神，永远活在人们的心中！

2020 年 9 月 10—12 日

[此文收入北京大学哲学系（宗教学系）、美学与美育研究中心编《百岁哲学人——张世英先生纪念文集》，商务印书馆，2021 年 8 月。由于新冠疫情，未能赴北京，无法亲自送张老师最后一程。北大哲学系为先生送别的挽联是：人生鲜能百，贯中西学，入澄明境，贵自我之独立；旨趣归于一，究天人际，成不朽言，主万有而相通]

毕业后与母校的交往

毕业后60多年所发生的与
母校有关的若干人与事

　　从北大毕业后，一直到"文化大革命"结束，我始终没有机会到北京，到母校走走，更谈不上参加学术会议与母校老师见面，向他们请教。

　　改革开放后，这种机会终于到来了。趁着参加学术会议之便，我先后见到了多年没有见面的老师。1990年在中央党校利用参加全国性的哲学研讨班的空隙，我专门拜访了冯友兰先生。当时，他在蔡仲德先生的陪同下，与我有了短时间的交谈，我不是专学中国哲学史的，但他还能记得我们。言谈之间，他还说到我们这个年级调干生特别多。可见他记忆力还很好。

　　1998年是北大百年校庆，100年前的京师大学堂成立于1898年12月17日。经北大副校长汤用彤先生建议，校庆日改到每年5月4日，与青年节同时举行。我从福建专程在5月4日前返回母校，参加百年校庆活动。

　　1912年是北京大学哲学门创立的日子，到2012年是哲学系的百年华诞，我也专门返校参加相关的庆祝活动。返校参加活动的十多位同班同学还举办了小型座谈会。大家谈到"文化大革命"开始曾经红极一时的第一张大字报，竟然是由哲学系总支书记聂元梓领头签名张贴，都不胜感慨，唏嘘不已。

　　毕业之后，我还多次见到汪子嵩先生，并于2010年7月22日专程到他家里拜访过他。本来想请他为我所写、作为献给北大哲学系百年庆典的一本书写序言，后来因为不想让他过于劳累而改变主意，由我自己把他讲的话整理成文，作为"代序"，置于书的前面。这本书就是《中国哲学的现代转型——走近六位当代哲苑名家》，由人民出版社2012年5月出版，六位名家是金岳霖、冯友兰、宗白华、张岱年、任继愈、张世英。

　　在此之前，我在福建教育出版社出版了一本题为《〈自然辩证法〉研究》（1997年10月）的学术专著，是由研究马克思主义发展史的专家黄枏森先生写的序言。黄老师虽然没有直接给我们班讲课，因他当时是《光明日报》哲学专刊的主编，当时我给这个专刊写过稿件并获发表，黄先生曾给予指导。

当然，在众多老师中，与我交往最多、对我帮助最大的是前面介绍过的张世英先生。张先生是继贺麟先生之后，享誉海内外的研究黑格尔哲学的专家，改革开放后，他在创建万有相通的新哲学体系和中西哲学比较研究等方面，著述甚多，观点新颖，为我国哲学界所瞩目并获得高度评价。2003 年后，我曾撰写了学习评介他的哲学思想的学术论文 10 多篇，发表在《北京大学学报》和《中华读书报》等报刊上。2008 年人民出版社还出版了我与黄雯合作撰写的《张世英哲学思想研究》一书。张先生对我这个不大成器的学生，始终关爱有加。他以高龄之躯，还为我在社会科学文献出版社出版的两本书写了序言。2020 年教师节，他以百岁高龄，走完了他著作等身成果丰硕的一生。至此，20 世纪 50 年代我在北京大学哲学系读书所认识的老师，均已先后仙逝。这些老师的哲学思想，实际上是百年来中国哲学思想转型与中西哲学会通与融和所走过的艰辛历程的具体缩影和生动体现。

赴北京大学，参加母校 100 周年校庆活动

时间过得真快。我在 1958 年快要从北大毕业那一年，作为在校学生，参加了北大 60 周年的校庆。40 年后，退休后的第一次外出活动，就是在 1998 年 4 月 30 日—5 月 6 日，赴北京参加母校 100 周年的校庆活动和哲学系召开的学术会议。许多例行的活动不必细说，给我印象最深刻的是，透过这些活动所表现出来的对老校长蔡元培先生的深情怀念。

这里，不能不提到《北大校长与中国文化》一书。该书由北大哲学系教授汤一介编，1988 年 5 月三联书店初版，1998 年 5 月北京大学出版社重新修订出版。中文系教授王瑶在序言中指出："北大的历届校长都是著名的学者，他们不仅是北大的校长，而且也是某一时期学术文化界的代表人物，在他们身上集中地反映了当时思潮的热点和重心。"

蔡元培先生在民国时期曾任教育总长，1917 年任北京大学校长。众所周知，五四运动的中心在北京大学，其主体是北京大学的先进知识分子。北京大学在新文化运动中的领导地位是由蔡元培先生奠基的。他力主的"思想自由、

兼容并包"的办学理念与具体方针所发生的巨大积极作用，已经载入史册。余生也晚，无缘亲历其境，但从书中的许多亲历者的回忆文字，足以说明。

马寅初先生说："当时在北大，以言党派，国民党有先生（指蔡先生）及王宠惠诸氏，共产党有李大钊、陈独秀诸氏，被目为无政府主义者有李石曾氏，憧憬于君主立宪发辫长垂者有辜鸿铭氏；以言文学，新派有胡适、钱玄同、吴虞诸氏，旧派有黄季刚、刘师培、林损诸氏。先生于各派兼容并蓄，绝无偏袒。更于外间之攻讦者，在《答林琴南氏书》中，表其严正之主张。故各派对于学术，均能自由研究，而鲜摩擦，学风丕变，蔚成巨欢。"据罗家伦的回忆，蔡先生的"兼容并包"是用各自所长，并不允许假借学术之名，行复辟帝制之宣传。这种和而不同的结果，在当时是为新的、革命的东西开辟道路的。梁漱溟用"真器局""真度量"，冯友兰用"光风霁月"来形容蔡先生的思想与人格、胸襟与气象，这些都是为人们耳熟能详的精彩文字。

2012 年 10 月：参加北大哲学系建系 100 周年的庆祝活动

北京大学的历史从 1898 年成立京师大学堂算起，1912 年成立中国哲学门，1914 年正式招生，所以，2004 年曾经举行过 90 周年的系庆。后来又以 1912 年成立机构的时间算起，选定 2012 年举办 100 周年纪念。

既然是 100 周年系庆，自然离不开北大哲学系 100 年来的发展历史。从老师们所提供的一些资料来看，北大哲学系 100 年来的发展历史，实际上是 100 年来中国哲学发展历史的一个缩影。它大体上可以分为 1949 年以前、1949 年后的 30 年和 1978 年实行改革开放以后这样三个阶段。余生也晚，第一阶段时，当然没有参与；第三阶段时，我们早已离校。亲身参与其中的是第二阶段中的一个片段。

这次系庆活动的时间是 2012 年 10 月 27—29 日，其中，27 日上午举行庆祝大会。此外，还有学术活动，分别进行几个学术报告，主要有：1. 东西方视野中的宗教；2. 当代中国的马克思主义哲学研究；3. 生活世界的双重本体与当代中国哲学的双重使命；4. 孔子——中国人的精神家园；5. 儒家政治哲学略论；6. 如何评估当代中国的道德状况；7. 中国哲学中的科学观。同时还召开了世界哲学系主任联席会议，讨论的主题为"哲学教育与当代社会"。

我主要参加了大会和同班同学的聚会，其他学术活动因为没有时间，顾不上了，只是零星地知道一些。好在收集了不少纸质的书籍和资料，可以慢慢阅读。同班同学因为年龄偏大与身体状况欠佳，只来了七人，包括在北京的和来自云南、浙江、福建等地的，到京后又住得分散，在北京停留的时间短促，所以，聚会也很不容易。我住在校园内的勺园宾馆，参加活动还比较方便。由于校园内增添了许多新的建筑，虽然当年曾经待了四年，有的地方还要问路之后才懂得怎么走。

系庆的大会在北京大学百年纪念讲堂举行，这个讲堂其实就是当年的大饭厅改建的。过去的大饭厅虽然简陋，但却集吃饭、开大会、看电影、跳舞等多种功能于一身。1957 年中文系同学的第一张大字报就是贴在大饭厅最引人注目的墙上。大家对大饭厅太有感情了，还是亲切地用原来的名称来称呼，并不理会它现在的名称。

这次返校所见到的教师、学生，基本上都是新面孔。当年教过我们课程的老师，多已仙逝，能见到的太少了，只有汤一介、黄枏森等老师。当年的同学，除了同年级的以外，前后几届的同学，还见到一些，但也不多。我还抽时间专程到离校很远的回龙观龙城花园，拜访了张世英老师。在同班同学聚会交谈中，大家都为哲学系百年之间所取得的辉煌成绩而高兴，同时也感到哲学系在 1957 年的"反右"和 1966 年的"文化大革命"中，也有不少值得反思的地方。当然，现在的系领导不可能在庆祝活动的高兴的日子里，去说这些不愉快、不光彩的事情，但历史的教训是忘记不了，也是抹煞不掉的。

2016 年 5 月 20 日：参加张世英老师 95 岁生日的庆典

2016 年 5 月 20 日，北京大学哲学系、北京大学美育研究中心等相关部门为张先生举行了境界与文化学术研讨会，这是一次为张先生 95 周岁祝寿的活动。我应邀参加盛会。这一天张先生精神很好，老人家非常高兴。大家聆听了张先生的讲话，也抓紧机会发言，表达了对他学术重大贡献的敬佩与称道，以及对他身体健康的良好祝愿。我也有幸发了言。

2018 年回到母校参加第 24 届世界哲学大会

第 24 届世界哲学大会于 2018 年 8 月 13—20 日在国家会议中心举行，由国际哲学团体联合会（简称 FISP）及北京大学共同主办。因此，也是北京大学 120 周年校庆的系列活动之一。这是第一次在中国举办的、世界上规模最大的哲学学术盛会，开幕式于 2018 年 8 月 13 日上午在人民大会堂举行。先后讲话的除了国际哲学团体联合会主席德莫特·莫兰（Dermot Moran）教授、秘书长卢卡·斯卡兰提诺（Luca M. Scarantino）教授以外，中国方面有教育部部长陈宝生，北京市委教育工委书记林克庆，北京大学党委书记郝平、校长林建华等。对于这个开幕式和大会的进程，许多媒体已经有了多方面的报道，本文根据大会所提供的部分资料，结合个人的感受，侧重于对会议的学术内容以及所见所思做简要的阐述，以飨爱好哲学、关心本届哲学大会的广大读者。

第一次在中国举办的、规模宏大的世界哲学盛会

世界哲学大会始创于 1900 年，迄今已有 118 年的历史。第一届世界哲学大会在法国巴黎举行，每届大会都能邀请到哲学领域中最为重量级的哲学家出席发言。大会始终反映了不同时期哲学工作的主要论题、趋向和方法，充分体现了哲学作为时代精神精华的文化价值，凸显了哲学在现代社会的发展和文化进步中的独特作用。中国的哲学家很早就参与了世界哲学大会的活动。在 1934 年布拉格举办的第 8 届世界哲学大会上，冯友兰先生应邀出席并做了题为《哲学在现代中国》的学术报告。1988 年，中国代表团曾经作为"观察团"参加了第 18 届世界哲学大会。随后的历届世界哲学大会，都有中国学者参加，人数从最初的数人增加到百人。2013 年第 23 届世界哲学大会，中国学者参加人数达到 200 余人。

世界哲学大会在创立之初，名叫国际哲学大会。第二次世界大战期间被迫中断。直到 1948 年，世界哲学大会才得以在阿姆斯特丹再次举行，同年，国际哲学团体联合会成立。国际哲学团体联合会是全球最高层级的非政府性世界哲学组织，是在联合国和联合国教科文组织的倡导下成立的，也是国际哲学与人文科学委员会的机构成员之一。

2018 年也是马克思诞辰 200 周年，此次大会将为此专门增设纪念讲座，邀请国际哲学团体联合会前任主席、著名的马克思哲学研究专家威廉·麦克布赖德（William L. McBride）发表演讲，以纪念这位伟大的思想家和革命家。

通过世界哲学大会，众多当代具有很大影响力的哲学流派，大大拓展了自己的理论影响力。与此同时，在其发展历程中，世界哲学大会的规模不断扩大，全球各个大洲，不同文化传统的哲学思想都加入其中。大会的官方语言也从最初的法语，逐步增加到包括法、英、德、俄、西及中文等六种语言。多种语言的学术环境，使得世界哲学大会更便于成为各国哲学家和全球哲学爱好者展开多元对话的国际性平台。本届大会是世界哲学大会历史上第一次以中国哲学思想文化传统作为基础的学术架构，第一次将中国精神秩序中核心关注的自我、社群、自然、精神及传统作为核心议题，以"学以成人"（Learning to be Human）为主题，展开全方位的哲学研讨。大会的各个环节中都凸显了中国思想传统和当代中国的特色元素，其中不仅有聚焦中国传统哲学思想的"王阳明讲座"（发言人为本届大会学术委员会主席杜维明），更为重要的是，在大会的各个环节中，中国学者及其代表的哲学传统，广泛地参与了不同论域、不同论题的哲学讨论，为全球哲学讨论的当代话语提供来自中国的思想资源和反思视角。世界哲学大会在中国的召开，必将大大推动中国哲学学科的发展，加快其融入世界哲学的速度。

据悉，本届大会有来自全球 121 个国家和地区超过 6000 名的哲学学者及哲学爱好者参加，报名者超过 7000 人，大会共收到论文 5000 多篇，涵盖了哲学及以哲学为中心的人文及社会研究的各个领域。从参会人数、投稿论文数量，以及会议场次来看，本届大会都是世界哲学大会 100 多年以来规模最大、内容最丰富和最多样化的一次哲学盛会。此次大会受邀的重量级哲学家有 Dermot Moran（爱尔兰）、Julian Nida-Rumelin（德国）、Judith Butler（美国）、Kit Fine（美国）、Ernst Sosa（美国）、张世英（中国）、杜维明（中国）、Theophilus Okere（尼日利亚）、Bhuvan Chandel（印度）、Ioanna Ku-curadi（土耳其），等等。出席会议的还有第 24 届哲学大会组织委员会、学术委员会的代表们。

本届世界哲学大会规模空前，共设 5 场全体大会、10 场专题会议、8 场捐赠讲座，基于个人投稿的 99 个分组会议、116 场特邀会议、156 场圆桌会议、98 场协会会议，以及 160 场学生会议等不同类型学术活动，各种类型的活动总数将超过 1000 场次。

本届大会的准备工作早在一年前就启动了，中国组委会秘书处不仅发出了征集论文的通知，而且还陆续发布了其他相关的资料。笔者按照大会的要求，先后向大会投稿并被采纳的论文有以下四篇：第一篇《中西科学哲学思想的差异——对"李约瑟问题"的质疑》，属于第 83 组"科学哲学"；第二篇《儒家经典〈大学〉版本的差别与朱熹王阳明的哲学分歧——从朱熹的〈格物补传〉和王阳明的〈大学问〉说起》，属于第 9 组"中国哲学"；第三篇《马克思对黑格尔〈精神现象学〉的批判——纪念马克思诞生 200 周年》，属于第 34 组"马克思主义哲学"；第四篇《中国当代著名哲学家张世英的哲学贡献》，属于第 15 组"中国当代哲学"。

大会主题"学以成人"的解读及中西哲学的比较

此次大会的主题是"学以成人"（Learning to be Human）。这个颇具儒家思想风格的主题发布之后，在国内哲学界，很容易被解释为此次世界哲学大会将以中国传统哲学为核心，甚至还被解读为中国传统文化在当代世界哲学文化中开始占据主导地位。这些看法不能说毫无根据。因为无论是《论语》中讨论"学而"和"成人"，还是《荀子》中的"劝学"论述，他们都把"学以成人"的思想，解释为个人的道德修养，最终达到"积以成圣"的目的。显然，在中国传统哲学中，"学以成人"强调的是个人的道德操守，突出的是德性能力的培养。但是，这种看法未必能够全面反映大会的基本意图。

在第 24 届世界哲学大会的致辞中，国际哲学团体联合会主席、本届大会的主席德莫特·莫兰在谈到本届大会的主题时说："这届大会将批判性地反思哲学在与如下重大事件的关联中所扮演的角色：世界文化、全球化以及作为世界公民的我们在努力实现我们共同的人性的过程中所遭遇的各种各样的生存和环境的挑战。"他希望，本届大会向着跨文化的理解迈出重要的一步。大会中国组委会主席、北京大学党委书记郝平和校长林建华在致辞中也表示，围绕这个主题，"全世界的哲学家们可以展开多种维度的关于人的思考"。他们说："当代世界，伴随着科学和技术的进步，人类在享受各种便利的同时，也面临着前所未有的挑战和危机。文明之间的冲突、国家之间的冲突、人和社会之间的紧张、人与人之间的紧张，以及个体生命内部的紧张，需要哲学家的智慧来加以化解。没有谁能够提供一个简单而现成的答案，但是理性的思考和对话可以让我们创造一个更好的世界，成就一个更适合这个时代的生命。"上述这些话很好地表达了本届大会主题的基本理念。

大会的学术委员会主席、北京大学杜维明先生在大会启动仪式上致辞指出："哲学不仅是理性思辨、自我反思，追求真理和意义的学问，也是学做人的学问。'学以成人'是理论和实践的结合，是认知，也是行为。个人不是孤立的个体，是一个网络的中心点，也是另一个中心点的组成部分。学做人，必然牵涉他者，如家庭、群体、民族、社会、国家、宇宙。从生物人到文化人、文明人、政治人、经济人、生态人，等等，包括各种人物角色的转换，人始终处在转化和被转化，塑造和被塑造的变化过程之中。"这向我们表明了本次大会主题的现实意义。

从字面意义上来说，这个主题的提出是以英文方式表达的，即 Learning to be Human，中文的"学以成人"是对这个英文表达式的中文翻译。由于在西方语境中，to be human 这个概念有着各自不同的理解，因此，对于这个主题也就有了不同的解释。"成人"是一个动态的概念，对"人"概念的理解就决定了"成人"概念的解释。西方人对"人（human）"概念的理解已经有了 2000 多年的历史。文艺复兴和启蒙运动使得西方人对"人"的概念有了与古代截然不同的理解。但进入现代社会之后，西方人对这个概念的理解，又发生了重要变化，更加关注"人"与"非人"（包括一切其他动物、生物和人造物）之间的关系。在 21 世纪的今天，西方人对"人"概念的关注，更是转向了与人类相关的具有人工智能特征的创造物，并进一步讨论人类本身存在的宇宙论根据。而中国传统哲学对"人"概念的理解主要是从"人禽之辨"出发的，认为"为学"则是"为己"，不是"为人"。这样，"人"的概念就有了两种涵义：其一是作为与动物相别的人类，其二是指作为个体存在的他人。这两种解释都与西方人对"人"概念的理解有很大的差别。这就是为什么，当我们用英文提出世界哲学大会的主题"Learning to be Human"的时候，西方学者并没有表示反对，反而很高兴地接受了这个主题。显然，在他们心目中的"人"的概念与我们所理解的"人"有着很大的不同。中西文化、中西哲学之差别由此可见。

其实，早在一年前即 2017 年 8 月 13 日举行的世界哲学大会启动仪式上，德莫特·莫兰教授就已经阐发了这个现实涵义。他说："我们正处于各种各样的全球危机之中——政治的、经济的、社会的、环境的、信仰和价值的危机。人类的各种关系——人与人之间的关系、人与社会和自然环境的关系以及人与宇宙整体的关系——到处都受到如此大规模的挑战，以至于没有任何单一国家或单一语言共同体能够独自面对。我引用我们古爱尔兰语的一句谚语：'我们生活在彼此的影子下。'现在我们是在全球范围内相互联系并相互依赖，我们的学术实践必须反映这个新的现实。我们彼此之间有很多东西需要相互学习。整个大会的主题'学以成人（Learning to be Human）'，恰当地表达了我们对于相互学习的承诺，以及我们为了整个世界的进步、和平以及和谐而一起发展我们共同人性的意愿。"国际哲学团体联合会秘书长卢卡·斯卡兰提诺教授在启动仪式上的发言中也指出："哲学似乎在以多种多样的形式寻找新的概念工具，来理解我们这个世界的文化、社会和伦理的复杂性。在这样的语境中，我们越来越意识到：离开中国在哲学、文化以及精神方面难以估量的文化和理论遗产，我们通常所谓的'哲学'就是极其有缺陷的。"同时，他特别强调："由于哲学自身全面的包容性和巨大的学术影响，本届世界哲学大会意味着一个历史性契机，让我们重新评估哲学的意义，增加哲学概念的文化复杂性和理论多样性，并且以如此多样、开放和包容的方式来重新思考'人'这一概念。这个概念如果不是我们哲学所有领域，那么至少是大多数领域的核心关切。"

从他们的话语中，可以看出，虽然他们都对中国传统文化给予了高度评价，并且对中西文化和哲学交流所产生的重要历史作用给予了充分肯定。但是，他们主要是从世界哲学和文化的发展角度，对本次大会的主题给予了阐述说明，尤其是突出了这个主题所蕴含的普遍意义。即超越了不同文化传统和思想背景，超越了不同意识形态观念，超越了不同地域空间的限制，使得人们可以在世界哲学大会这样一个共同的平台上，充分展现自己对共同感兴趣的哲学问题及领域的不同观点和认识结果。

"学以成人"体现的就是哲学反思的责任感和现实价值。从这个意义上讲，关于人的哲学反思不仅是方法，更在于保证人的开放性，这是每一个个体在当下的责任。"成人"不仅是目标，更是过程。以个体和群体的"人"为出发点和目标的反思，是全球化时代以共识为基础，完成跨文化和跨区域共同体建构的前提。正如马克思在 1853 年 12 月 14 日致恩格斯的信中征引的著名拉丁语警句强调的那样，"人类之事我都关切"。这句话的出处是古希腊著名喜剧作家 Publibus Terentius Afer 的剧本《自我惩罚者》，其原文意思是"我是人，人类之事没有什么于我无关"。显而易见，这样的断言既来自人对自身独特性的理解，也来自一种面向自身的责任感和对群体的认同感。

总之，无论是"Learning to be Human"，还是"学以成人"，其实它们都不过是为本届世界哲学大会搭建的一个平台，每个人都可以从自己的文化背景和哲学传统出发去解释这个主题，而不必要强行把某个解释当作这个主题的唯一解释。

当今世界哲学发展的主要特点与未来走向

哲学是时代精神的精华，不同时期的哲学思想是当时现实的理论表达。在全球化时代，不同哲学思想传统的差异，既是文化多样性的基础，也是不同文化的价值源泉。本届世界哲学大会有众多来自全球不同国家和地区的哲学家们，他们的论文所展示的思想成果，既构成了大会自身的特点，又从中折射出当代哲学的一些特点与发展的方向。只要浏览一下大会秘书处所提供的 5 场全体大会和 10 场专题会议发言者的名单和演讲的题目，就足以说明本届大会的多样性、包容性和全球性，至于个人投稿的 99 个分组会议发言者的名单和演讲的题目，那更是琳琅满目，令人目不暇接了。

当今世界哲学的发展，正如一些学者著文所指出的那样，在研究动态上，出现了以下四个转向：即从理论到实践、从哲学到科学、从观念到生活，以及从认识到方法。当今世界哲学占主导地位的是对实践问题的面向，一切与现实问题密切相关的哲学讨论，都会引起哲学家们以及哲学爱好者们的极大兴趣，哲学在社会中的重大作用引起了哲学家们越来越多的关注和重视。如果说，以往的哲学家们都关注于哲学自身的发展和理论的建构，从 2008 年的世界哲学大会开始，哲学家们的目光转向了现实生活，特别关注哲学在当今社会中的现实作用。第 22 届世界哲学大会的主题是"反思当今哲学"，第 23 届大会主题是"哲学：审问明辨与生活之道"，第 24 届大会主题是"学以成人"，这些都充分反映了当今世界哲学的主要方向。在这种形势下，哲学的多样性和多极化就是不言而喻的了。

在当今世界，人类面临诸多严峻的挑战，哲学反思就要直面前沿问题。正因为这样，当代哲学在研究模式上，也发生了重要变化，以适应现实的需要，其主要表现为：从单一模式转向多元并存；从西方中心转向世界多极格局；从隔膜冲突到交流对话；从理论建构到问题解决。此外，在研究的范围和领域上，当代哲学家们的研究兴趣不但表现在对传统哲学研究领域的更加细化，而且逐渐形成了许多新的研究领域，出现了一些新兴的哲学分支。许多以往没有引起国际哲学界重视的地方性哲学，开始逐渐登上世界哲学的舞台，特别是印度哲学、儒家哲学、道家哲学、佛教哲学、非洲哲学、拉美哲学、韩国哲学、日本哲学等具有代表性的地方性哲学，逐渐变成了国际哲学界探讨的热门话题。正如德莫特·莫兰所说，本次大会让"所有形式的哲学都被囊括其中：不仅仅是那些传统意义上在希腊、印度、犹太、基督教、伊斯兰教和中国的伟大思想体系中的哲学，还包括了马克思主义哲学、环境哲学、原住文化哲学、世界大同哲学以及在边缘处的哲学。这体现了一种超越以传统范畴为核心的狭隘的西方式哲学进路的真正尝试"。

当今世界的全球化趋势打破了 20 世纪的两极化格局，推进了世界的多极化发展。这种趋势在哲学上表现为思想观念的多元化和价值取向的多样化。越来越多的哲学家认识到，不同哲学传统和思想观念之间的对话和交流，目的不是为了用某一种哲学取代其他的哲学，而是为了不同哲学之间的相互理解、借鉴和学习，最终目的是展现不同的哲学观念如何回答我们共同面临的时代问题。以往那种以西方为中心的思维模式不再流行，而世界哲学的多元化发展，事实上就有了共同的价值取向，即为了解决当代人类面临的时代问题而共同努力。例如，平等、公正、民主、生存与发展等问题，以及人道主义的当今问题、生命伦理学的实践挑战、中国哲学作为德性伦理的可能、宗教对人权的障碍、亚洲文化对世界哲学的贡献、人工智能的哲学问题、全球正义与生态的可持续性、世界宗教与非宗教之间的对话、自由与暴力、国家善治与人权问题、道德哲学的现实意义，等等。这些就不再仅仅属于西方某些国家的专利，而是全人类共同面临的时代问题。

为了回应这些时代所提出的迫切问题，东西对话、南北对话以及中国哲学与其他哲学的对话，可以使得不同哲学传统之间相互理解，共同寻找解决当代社会发展问题的哲学途径。在全球化的语境中，特别是以文化与民族之间的利益和价值冲突为基本底色的世界现实中，对于作为持续追问和探究的哲学而言，目标的达成与过程的开放同样重要。"学以成人"作为主题和出发点，可以让哲学界理解哲学反思的社会责任及其实践价值的重要性。全球化语境作为这种反思的底色，就必然要求对多元反思范式的接纳和包容。因为面对共同关切和挑战，任何文化传统和思考范式所提出的解决方案，都不存在天然的价值优先，而多元性和差异化的世界图景与反思范式是来自生活和人自身开放性的必然要求。

在筹备本届大会时，有的学者曾经指出，全球化语境给哲学反思提出的要求有三：其一，对任何一种思维范式和哲学进路的局限性的充分且清醒的意识；其二，对于任何一个文化传统的独特性和其在历史上形成的自足性的完全尊重；其三，作为人类整体责任的哲学反思是一个开放的过程，而不是以某种目标为导向的规约和固化。从大会所提供的资讯可以看出：在本届世界哲学大会上，学者们已经从不同的角度，回应了这三个基本要求。不同的哲学家都十分自觉地接受了全球语境的现实并以之作为基础，从不同角度强调作为全球共同体思想基础的包容多元的世界图景的重要性。有了这样一种基本的共识,"学以成人"这一主题就可以在全球化时代凸显出哲学反思的现实价值。

回到阔别 60 载的母校参加哲学盛会的感受

我从 1958 年大学毕业到参加这个哲学盛会,不知不觉已经有 60 年了。在这漫长的岁月中,少不了要参加一些学术会议。但会议的地点基本上是在国内,要走出国门去参加国际性的会议,在当时是难乎其难。退休前我很长一段时间是从事自然辩证法的教学与研究。自然辩证法是我国学术界对这个学科的称呼,它是马克思主义哲学的重要组成部分。在国际上,与之相对应的是科学哲学或科学技术哲学,与之对口的学术会议是"国际逻辑学、方法论和科学哲学大会"。这个会议每 4 年召开一次,第 8 届、第 9 届和第 10 届大会于 1987、1991、1995 年,分别在俄罗斯的莫斯科、瑞典的乌普萨拉和意大利的佛罗伦萨召开。我都提交了关于科学方法论方面的学术论文,并收到大会组委会的邀请函。由于经费的原因,莫斯科的那次会议没有去成,只参加了乌普萨拉和佛罗伦萨召开的那两次会议。

这次世界哲学大会在中国,又是在北京,还是我的母校北京大学参与主办的,我虽然已经退休多年了,能够参加此次大会,当然是人生的一大幸事,也是一大乐事。

(原载《学术评论》2018 年第 6 期)

百年系庆，重听老师教诲
——读《守望智慧的记忆》

《守望智慧的记忆》，王中江编，商务印书馆 2012 年出版。北京大学哲学系为纪念建系 100 周年，于 2012 年编了一套"百年系庆丛书"，共有 11 本，这是其中之一。

此书既然是纪念百年系庆，编者所选的文章作者均为曾经在北大哲学系任教的知名学者，共 27 位，选入的文章计 42 篇。分为"哲学门中的人和事""新文化：中国与世界""哲学：它的本性和价值""现代思潮和观念"以及"古典哲学的活力"等五个部分。

本文限于篇幅，不可能按照原书编排的顺序，而只是围绕着中西哲学会通与融合、中国哲学的特色这个话题，从中选取若干知名学者的观点，谈些个人的阅读感受。这些学者虽然已经先后仙逝，但通过阅读这些有关的文章，我仿佛再次置身于他们讲授的课堂，重新聆听他们的教诲。

一

本书在正文之前，有一个引人注意、不长不短的"编者的话"。这是王中江先生受命编选此书时所写。在"编者的话"中，我认为有以下几点对于读者颇有启发。

首先，王中江先生从历史的视角，从哲学与智慧的关联，深情地阐述并评价了北大哲学门。他说，在一个世纪之中，哲学门里的哲学故事丰富多彩，塑造这些故事的主角是身居其中的哲学家和他们的追随者。"哲学门中保留下来的大量记忆，是一部热爱智慧的历史"，"是现代中国理智新传统成长过程的见证者，又是这一新传统的缩影和标尺"。他认为，哲学的沉思始于好奇和着迷，而且又终于好奇和着迷。之所以把这本书命名为《守望智慧的记忆》，

"就是想以此来表现哲学家对智慧这一特殊事务的热爱和执着精神"。一百年来，北大哲学家群体留下了大量的著述，这是北大哲学门和现代中国哲学家共同体的一笔无限的精神遗产。

王先生还把北大哲学门与现代中国文化联系起来，指出，"北大及其哲学门是现代中国文化成长过程的引导者"。因为在现代中国经济、社会、政治和文化等各项革新中，"哲学起着强烈的催化作用"。在论及当年的新文化运动时，编者认为，北大及其哲学门是现代中国大学精神的发源地，是现代中国文化精神的大本营，是现代中国新思潮的重镇。应该说，这些评价是对当年历史的客观概括，是符合事实的。

其次，"编者的话"对哲学本性的刻画也是相当精彩的，让人耳目一新。

王先生认为，哲学有它"令人疑惑"的地方，一是它的不确定性，二是它的价值和作用究竟如何体现。

哲学提供的是"各种高级的沉思和智慧"，每一种哲学体系都是"哲学家殚精竭虑、慎思明辨对世界所作的不同旨趣的深度洞察、高超直觉和美妙体悟"。比起其他知识体系来，"哲学知识的这种不确定性，既是哲学知识的常态，也是哲学知识和智慧多样化的体现"。正是因为各种原创性的哲学体系，具有不同的智慧和魅力，才能以它的多样性与丰富性满足人们不同的精神需求。

比起其他许多实务性的知识与技能，哲学是"务虚"的，似乎是"不结果实的花"。它虽然不能给人供应食物，"但它能塑造人的灵魂"，它令人冥想，令人深刻，令人智慧，令人安详，"进入哲学，我们就进入了自由之地，进入了无限的精神之旅中"。这就是"无用而有大用"。

再次，哲学体系的多样性来自不同哲学家的独特性。正如编者所说，要真正地认识各种类型的哲学，不能靠词典或教科书上的定义。因为在不同的哲学家的眼中，哲学是不一样的。举例来说，在西方哲学家中，对于亚里士多德来说，哲学的本质是寻求智慧；对于马克思来说，哲学主要在于改造世界；对于罗素来说，哲学是介于科学与宗教之间的东西；对于海德格尔来说，哲学是对超乎寻常的东西作超乎寻常的发问，如此等等。在现代中国的哲学家眼中，在胡适那里，哲学是对人生切要问题从根本上去着想并寻找一个根本的解决；在金岳霖那里，哲学是一种按哲学规则来进行的游戏；在冯友兰那里，哲学是对人类精神生活进行系统性的反思。对于不同哲学家来说，他们在哲学上所做的具体工作也随之各异，千姿百态，各显其能。这些差别，既与时代有关，也出于他们的气质、个性以及不同的知识结构，不可能千篇一律，也不需要什么标准答案。

最后，在近现代中国，讲哲学，既要认清中国传统哲学的优点与缺点，又要考虑到中西文化、中西哲学的交流、会通，乃至融合。这是中国哲学未来发展的总体趋势。编者说得好，中国哲学和西方哲学，"在过去的大部分时间里，这两个伟大的理智传统彼此都是独立发展的。但到了现代，这一切都发生了变化，犹如大西洋的水汹涌澎湃地侵入到太平洋，西方的理智传统终于同中国的理智传统汇合了"。英国哲学家罗素，作为现代最早踏入中国土地的当时头牌的西方哲学家，对这两种理智传统合流之后的结果，"抱有很高的期待"。他说，人类有一种经验，即不同文明之间的接触，常常成为人类进步的里程碑。现在这种情形最有可能在中国发生。因此，他希望"中国能够吸收两者的长处同时又能够避免两者的短处，造就出一种新型的文明"。

回顾百年以来的历史，通过哲学家的研究，人们不难观察到，一方面，西方的理智传统对于中国传统哲学的复兴，确实起到了它山之石的作用；另一方面，中国传统哲学的独特魅力，也为人类理智传统作出过贡献。严复曾经惊呼，没有料到西方的智慧之光，竟照出了我们固有的智慧宝藏。与此同时，一百年来，许多研究中国传统哲学的学者在他们艰辛的探索中，既"揭示出中西理智传统中的一些类似的东西，以此来证明中国理智传统的普遍性意义"，又有"对中国哲学独特性和个性的发现"。而在这个过程中，在不同的方向上，"北大哲学门都躬逢其盛"。

"编者的话"的最后，有这样一段话："在经历了一个世纪之后，如何再一次创造性地转化中国哲学，这是我们面临的新课题，北大哲学门中的人们牢记着他们应有的角色。"

北大哲学系在百年系庆时，编选这本论文集，其目的就是为了牢记这个使命。现在，作为校友的我，撰写此文的期望，也正在于此。

二

冯友兰先生有三篇文章被选入《守望智慧的记忆》，其中以《中国哲学与未来世界哲学》一文尤为重要。此文是他在 1948 年为美国《哲学评论》杂志所设的"东方哲学讨论"专栏而作（后收入《三松堂全集》第十一卷，河南人民出版社，2000 年出版）。

该文一开始就谈到哲学繁荣与时代的关系。他说，20 世纪以来，中国的社会、政治局面尽管看来混乱，可是中国的精神生活，特别是哲学思维，却有了伟大的进步。"哲学总是繁荣于没有教条或成规约束的人类精神自由运动的时代。"（《守望智慧的记忆》，第 342 页。本书以下简称《智慧》）

接着，冯先生从中西哲学比较的视角，讲到了"本体论路子"与"认识论路子"。

他说："中西哲学必有某种根本的相似之点，否则就没有理由把它们都叫做哲学。"在西方哲学中，他提出柏拉图传统和康德传统，与中国哲学中的儒家传统和道家传统，进行比较与讨论。他认为："柏拉图传统和儒家传统，代表着形上学中可以称为本体论的路子；而康德传统和道家传统，就其形上学或其哲学的形上学涵义而论，代表着可以称为认识论的路子。"（《智慧》，第 343 页）

先看本体论的路子，它"开始于区别事物的性质与事物的存在"。柏拉图学说的当代解释者乔治·桑塔耶纳说过："事物若没有性质就没有存在；只有有某种性质的事物才能存在。"但是，存在有变化，事物能变形，"事物可以丢掉一个本质而拾起另一个本质"。冯先生在引用了这些话后，问道："拾起本质、丢掉本质的那个'存在'又是什么？理智在分析某一事物时，将其性质——抽去，抽至无可再抽，只觉得总还剩下'某物'，它没有任何性质，但是具有任何性质的事物都靠它才存在。"这个"某物"，在柏拉图学说中叫做"买特"（matter），它被说成是"能接受一切形式"，所以"不可以有形式"。它不可分析，不是因为理智的无能，而是凡是具有性质者，就不是叫做 matter 的"某物"了。

211

中国哲学中的儒家，从它最初之日起，就尊重"名"，这一方面的形上学涵义，在朱熹的体系中发挥至极。"若将朱熹的形上学体系与柏拉图的形上学体系加以比较，就会对这两位伟大哲学家的相似之处，有很深的印象。不过朱熹并不认为实际世界只是理（ideas）的不完全的摹本，而毋宁是理的具体实现。在这方面，朱熹是沿着柏拉图的伟大门徒亚里士多德的路线活动的。"（《智慧》，第 344 页）

再看认识论的路子。如果说本体论路子要区别的是"事物"的形式和质料，那么，认识论路子要区别的是"知识"的形式和质料。按照康德的说法，知识的形式是人的认识能力中所固有的，如时间、空间等等，靠着这种能力，人能够有知识。"但是人的知识所包括的仅仅是其形式之内的东西，因而与形式混合在一起，不能分开。"与知识的形式有区别的，是知识的质料，即康德所说的"自在之物"（noumenon），人是不能认识的。这并非因为人的智力不足，而是因为如果人认识了"自由之物"，它就不是"自在之物"，而成为"现相"或"现象"（phenomenon）了。

康德主张在"知"与"未知"之间有一个"界线"。所谓"未知"不是人们尚未知，而是根本不可知。

冯先生指出："中国哲学中的道家与康德之说相同。"因为道家也区别可知与不可知。道家常讲"名言"，名言背后、名言之外的"某物"是什么？"界线"彼岸怎样描述？道家惯于用"无"来描述，意思是 not-being，意思是 void。康德对在界线彼岸的某物，恰好也是 void。冯先生指出，在区别可知与不可知而论，康德与道家十分吻合；但在伦理学，康德称之为道德形上学方面，道家却与儒家十分吻合，特别是康德的"无上命令"之说及其形上学基础。

在越过"界线"的问题上，康德似乎看出，靠纯粹理性，是没有越过之路的。道家的越过实际上不是越过，而"毋宁是否定理性"。道家认为，康德常用的"自在之物"，是误人的名词，因为"它有肯定的意义"，而越过界线的东西只能是用否定的名词来表示，只能是无可言说，只有静默。冯先生说，"这就是我所谓的形上学的负的方法"。（《智慧》，第 346 页）负的方法表达的是否定的观念。冯先生认为，在中国哲学中，正的方法，就是逻辑分析的方法，"从未充分发展"。所以长期以来，冯先生和他的同事们，"努力地将逻辑方法引进中国哲学"。在他看来，"未来世界哲学一定比中国传统哲学更理性主义一些，比西方传统哲学更神秘主义一些。只有理性主义和神秘主义的统一，才能造成整个未来世界相称的哲学"。（《智慧》，第 347 页）

越过"界线"对人生会有什么实际效果？这是冯先生紧接着提出的另一个问题，"它涉及由哲学达到的理想人生"。读过冯先生《新原人》一书的人都知道他所提出的人生四种境界之说。他把人生分成自然境界，功利境界，道德境界，天地境界。

这四种境界，"前两种是实是的人的产物，后两种是应是的人之所有。前两种是自然的赐予，后两种是精神的创造。"（《智慧》，第 348 页）自然境界最低，不需要理解与自觉，随着理解、自觉的增长，境界逐步提高，达到最高的天地境界。通过哲学，人得到对宇宙的某种理解，从而达到，因此，"天地境界必须看成哲学境界"。在中国哲学中，道家强调在最高的生活境界中可能有快乐和幸福；而儒家不止于此，而是"实现人之所以为人者"。完人的最高成就，是与宇宙合一。前面讲的那个"越过界线"的人，就是达到天地境界，化入"浑沌之地"。但是这个"化"，必须是经过理性而否定理性，经过真正的理性主义而进入真正的神秘主义，"为什么负的方法必须结合正的方法，道理就在此"。（《智慧》，第 350 页）中国哲学把天地境界中的人称为"圣人"，这就是由哲学实现的理想人生。圣人做的事不多于常人，并不能也无须作出奇迹，但他具有较高的理解，"他所做的就有不同的意义"。

冯先生最后说："通贯中国历史，哲学能指导精神生活而毫无超自然主义，又能指导实际生活而不低级庸俗。中国若能对未来世界作出贡献，那就是这个公开的秘密：就是在日常生活之内实现最高的价值，还加上经过理性以'越过界线'的方法。"（《智慧》，第 351 页）

三

金岳霖先生在以《中国哲学》为题的文章中，从中西哲学比较的视角，深入探讨了中西哲学的差异和中国哲学的特点。

213

中国哲学包含儒、道、释三家，其中儒道是中国固有的，释家"虽然在某种程度上变成了中国哲学，在基本特色方面却不是与固有中国哲学没有区别的"。（《智慧》，第 332 页）

金先生认为，"中国哲学的特色之一，是那种可以称为逻辑和认识论的意识不发达"，而"这种意识不发达也就该是科学在中国不出现的一部分原因"。虽然，我们不能把科学看成是哲学的直接产物，但却可以说，西方科学的发达"有一部分要归功于希腊思想中的某些倾向"。中国哲学非常简洁，很不分明，观念彼此联结，因此，"它的暗示性几乎无边无涯"。"这样的中国哲学是特别宜于独创的思想家加以利用的，因为它可以毫不费力地把独创的思想纳入它的框子。"（《智慧》，第 333—335 页）

接着金先生以人们熟悉的天人合一这个命题为例，说明中西哲学的区别。

在中国哲学中"天"这个词是扑朔迷离的，天人合一说是个无所不包的学说。从最高、最广的意义上说，天人合一就是指"主体融入客体，或者客体融入主体"，坚持根本同一，泯除一切显著差别，从而达到个人与宇宙不二的状态。"中国哲学和民间思想对待通常意义的天，基本态度与西方迥然不同：天是不能抵制、不能反抗、不能征服的。"（《智慧》，第 335 页）

西方哲学则不同。西方有一种征服自然的强烈愿望，人与自然是隔离的。这种观念的结果带来了西方哲学中彰明昭著的人类中心论和自然顺从论。西方对自然的片面征服使人性较以往更加专断，带来更大的危险。西方为了保存文明，又设法调和人性，控制个人，控制社会。哲学或宗教给人以一种内在的约束，法律给人以一种外在的约束。

这样，就把话题转到了哲学与政治、哲学与生活的关系。个人是不能离开社会而生活的，哲学也不能脱离生活，脱离政治。金先生指出："希腊哲学和中国哲学都体现了这个观点。从苏格拉底到亚里士多德，无不特别强调良好政治生活的重要性。这些学者既是政治思想家，也是哲学家。"（《智慧》，第 337 页）但是，从古代到现代，由于科学本身的分化，分科越来越细，越来越专业，人的求知不仅要有分工，还要求"研究者超脱他的研究对象"。他推理论证，但并不传道；他懂哲学，却不用哲学。因此，古代的传统在西方没有完全贯彻，苏格拉底式的人物已经一去不复返，"然而它在中国几乎一直保持到今天"。

金先生说："中国哲学家到目前为止，与当代的西方哲学家大异其趣。"中国的哲学家"都是不同程度的苏格拉底式人物"，他集伦理、政治、反思和认识于一身，"在他那里知识和美德是不可分的一体"。

金先生对中国从古以来的哲学家的特点，曾经深情地这样描述道："他的哲学要求他身体力行，他本人是实行他的哲学的工具。按照自己的哲学信念生活，是他的哲学的一部分。他的事业就是继续不断地把自己修养到进于无我的纯净境界，从而与宇宙合而为一。这个修养过程显然是不能中断的，因为一中断就意味着自我抬头，失掉宇宙。因此，在认识上，他永远在探索；在意愿上，则永远在行动，或者试图行动。这两方面是不能分开的，所以在他身上你可以综合起来看到那本来意义的'哲学家'。他同苏格拉底一样，跟他的哲学不讲办公时间。他也不是一个深居简出、端坐在生活以外的哲学家。在他那里，哲学从来不单是一个提供人们理解的观念模式，它同时是哲学家内心中的一个信条体系，在极端情况下，甚至可以说就是他的自传。我们说的并不是哲学家的才具——他可以是第二流哲学家，也可以具备他那种哲学的品质——那是说不准的；我们说的是哲学家与他的哲学合一。哲学家与哲学分离已经改变了哲学的价值，使世界失去了绚丽的色彩。"（《智慧》，第341页）

四

宗白华先生的讲课和文章都会令人感到韵味无穷。他文章的题目是：《中国艺术意境之诞生》，专门讲"意境"。

文章开头就引录古人方士庶在《天慵庵随笔》里的一段话："山川草木，造化自然，此实境也。因心造境，以手运心，此虚境也。虚而为实，是在笔墨无间——故古人笔墨具此山苍树秀，水活石润，于天地之外，另构一种灵奇。或率意挥洒，亦皆炼金成液，弃滓存精，曲尽踏虚揖影之妙。"宗先生说，这几句话，是中国绘画的整个精粹，他文章的千言万语，也只是为了阐明此话。

宗先生从人与世界关系的层次不同，把"意境"分成五种：1. 为满足生理的物质的需要，而有功利境界；2. 因人群共存互爱的关系，而有伦理境界；3. 因人群组合互制的关系，而有政治境界；4. 因穷研物理，追求智慧，而有学术境界；5. 因欲返本归真，冥合天人，而有宗教境界。这五种境界，各有所主。功利境界主于利，伦理境界主于爱，政治境界主于权，学术境界主于真，宗教境界主于神。在介于学术境界与宗教境界二者的中间，"以宇宙人生的具体为对象，赏玩它的色相、秩序、节奏、和谐，借以窥见自我的最深心灵的反映；化实境为虚境，创形象以为象征，使人类最高的心灵具体化、肉身化，这就是'艺术意境'"。艺术意境主于美，没有心灵的映射，是无所谓美的。（《智慧》，第 371 页）

宗先生指出，意境是"情"与"景"的结晶品。艺术的意境，因人、因地、因情、因景的不同而幻化出多样化的美。在中国，山水是诗人画家抒写情思的媒介，中国画和诗，都爱以山水境界作表现和咏味的中心，这和西方自希腊以来拿人体做主要对象的艺术途径不同。艺术境界的显现，绝不是纯客观地、机械地描摹自然，而以"心匠自得为高"。（参见《智慧》，第 372—374 页）

为什么中国艺术家不满于纯客观的机械式的摹写？"因为艺术意境不是一个单层的平面的自然的再现，而是一个境界层深的创构。"从直观感相的摹写，活跃生命的传达，到最高灵境的启示，可以有三个层次。古人以情、气、格说明这三种境层。宗先生解读后并与西方艺术进行了比较。他说，情是心灵对于印象的直接反映；气是"生气远出"的生命；格是映射着人格的高尚格调。西方艺术里面的印象主义、写实主义，是相等于第一境层；浪漫主义倾向于生命音乐性的奔放表现，古典主义倾向于生命雕像式的清明启示，都相当于第二境层；至于象征主义、表现主义、后期印象派，它们的旨趣在于第三境层。

宗先生还说，中国自六朝以来，艺术的理想境界是"澄怀观道"，在拈花微笑里领悟色相中微妙至深的禅境。"禅"是中国人接触佛教后体认到自己心灵的深处而灿烂地发挥到哲学境界与艺术境界。"静穆的观照"和"飞跃的生命"构成了艺术的两元，也是禅的心灵状态。所以，中国艺术意境的创成，既须得屈原的"缠绵悱恻"，又须得庄子的"超旷空灵"。"缠绵悱恻，才能一往情深，深入万物的核心，所谓'得其环中'。超旷空灵，才能如镜中花，水中月，羚羊挂角，无迹可寻，所谓'超以象外'。色即是空，空即是色，色不异空，空不异色，这不但是盛唐人的诗境，也是宋元人的画境。"（《智慧》，第 377 页）

宗先生认为，中国艺术意境结构有着与西方艺术不同的特点，这就是：道、舞、空白。

道作为形而上的原理，它与艺是"体合无间"的。道的生命进乎技，技的表现启示着道。《庄子·养生主》中关于"庖丁解牛"的描写极为传神。道的生命和艺的生命，游刃于虚，莫不中音，合于《桑林》之舞，乃中《经首》之会。

艺术意境是艺术家的独创，是从他最深的"心源"和"造化"接触时突然领悟和震动中诞生的。这里有音乐的状态，建筑的意匠，尤其是舞。这是"最高度的韵律、节奏、秩序、理性，同时是最高度的生命、旋动、力、热情，它不仅是一切艺术表现的究竟状态，且是宇宙创化过程的象征"，"在这舞中，严谨如建筑的秩序，流动而为音乐，浩荡奔驰的生命收敛而为韵律。艺术表演着宇宙的创化"。（《智慧》，第 379 页）

庄子说"虚室生白"，又说"唯道集虚"。空白是中国艺术意境结构的重要特点，这与西方艺术有着明显的区别。西方的油画取消了空白，而中国画家"所写的自然生命，集中在一片无边的虚白上"。中国画上，"画家用心所在，正在无笔墨处，无笔墨处却是飘渺天倪，化工的境界"，"这种画面的构造是植根于中国心灵里葱茏氤氲、蓬勃生发的宇宙意识"，"中国特有的艺术——书法，尤能传达这空灵动荡的意境"。（《智慧》，第 384、383、382 页）中国艺术意境结构的上述特点，都植根于一个活跃的、至动而有韵律的心灵。

艺术的境界，既使心灵和宇宙净化，又使心灵和宇宙深化，使人在超脱的胸襟里体味到宇宙的深境。

五

任继愈先生在《禅学与儒学》中，着重阐述了这两者的关系。

任先生指出，禅学的主旨在于"明心见性"。禅宗教人求佛作圣的唯一法门就是要"一切放下"。放下就是解脱。一无所着，即是菩提；一有所著，即是烦恼。一字之差，显示出菩提与烦恼、圣人与凡夫之区别。佛性即是自家的本性，佛法只是平常心。本体即是自性，青青翠竹尽是禅心，郁郁黄花无非般若。本体即是全体，它不是知识的对象，所以，对本体的了悟，只有自证自悟，勿须向外追求。佛祖圣人的生活与平常人的生活无异，"运水搬柴，无非妙道"。任先生引用程颢在《定性书》中所说"天地之常，以其心普万物而无心；圣人之常，以其情顺万物而无情"、"君子之学，莫若廓然而大公，物来而顺应"，用之说明：禅学的上述见解，"被理学接受了一部分"。（《智慧》，第 396—397 页）

任先生认为，禅学虽然"洒脱而高妙"，但在理论上却有它的困难。困难表现在理论上"还不够彻底"，"不曾顾到人类的向善本性"。

王阳明曾说过一段批评佛家的话。王阳明说："佛家说是不着相，实是着了相，吾儒似着相是实不着相。佛家怕君臣累，逃了君臣，怕父子累，逃了父子，怕夫妇累，逃了夫妇。吾儒有君臣还他以义，有父子还他以孝，有夫妇还他以别，何曾着了君臣父子夫妇的相?"任先生引用了这段话，指出："即使站在佛家的立场来说，王阳明这一段话是不错的。运水搬柴即是妙道，举手运足即是菩提，何以执定君臣父子夫妇的关系一定要逃避呢?"（《智慧》，第 397 页）

至于说禅宗不曾顾到人类向善的本性，这是因为禅宗只说"饥来吃饭困来眠"，但是"吃饭、睡眠、见闻、行动都要合乎道理"，如果只是顺着自然的生理反应，就无是非可说了。

接着，任先生着重阐明了儒学的主张。

儒家之家，只是一个仁字。存此仁，即是忠，把仁推广，即是恕。尽心以行，诚敬以守，这就是忠的事；从"己所不欲，勿施于人"，到"己欲立而立人，己欲达而达人"，再到博施济众，万物各得其所，以至于"仁天地，育万物"，这都是恕的事。仁与义，与礼，与智，都是相通的，"仁便是儒家一脉相传的根本精神"。圣人之道是要极高明而道中庸，中间要经过居敬穷理、明德亲民，以至于止于至善。

任先生指出："佛家的明心见性在于运水搬柴，而儒家所谓下学上达的工夫，不出乎洒扫应对。看来是一回事。但其根本精神却不一样。运水搬柴，在禅宗看来就是运水搬柴，而儒家的洒扫应对，乃是教人于洒扫应对之中进退中礼，居处功，执事敬，与事父、事君、使民之道是一贯的严格的训练。儒家的洒扫应对，其实是为治国平天下做的准备。"

更深入一步说，儒学与禅学的根本差别，在于入世与出世之异。佛家理论的出发点把人生看做苦的、无常的，一切全无意义，一切全无可为，是一套超现实的"出世的悲观的哲学"。它终究是退隐的独善其身的一种学问，"它不能推之于四海，它不能施以济众，更不是开物成务之道"。（《智慧》，第399页）任先生指出，宋明理学（道学）又称新儒学，它的产生与"矫此流失"有关。

在儒家思想中，经世致用原是为了实现其理想，义理之学也是为了经世致用，两者原不应分开，但后来竟分成两派：一派是政治家，一派是理学家。"在北宋的初期，这两派的距离还不甚远。大程及周濂溪均有心于治道，并且治绩斐然。而政治家王安石、司马光、欧阳修也未必不注重义理的研究。"但到了南渡之后，王室偏安，于是"经术之士，乃讳言政事，专主义理。心性之学弥精，而事功之意愈淡"，"理学与世道脱节，乃成为无用之虚学，于是儒家求仁的根本精神完全失去了"。（《智慧》，第399页）

六

张岱年先生于1936年完成的《中国哲学大纲》，是一部以哲学问题为纲的中国哲学史力作。《守望智慧的记忆》选入的是此书的序论，其中包括哲学与中国哲学、中国哲学之区分和中国哲学之特色三个方面。

哲学是一个译名，其西文原字出于希腊，本是"爱智"之意，是"研讨宇宙人生之究竟原理及认识此种原理的方法之学问"。中国古来并无与今所谓哲学意义完全相同的名称。先秦时所谓的诸子之学，魏晋时期的玄学，宋明的理学、道学以及清代与考据、辞章并列的义理之学等等名称，与今之所谓哲学意谓大致相当或相近。如果仔细追究起来，所谓玄学与道学，其所指的范围不同。玄学以老庄、《易》为本，宋明道学则是新儒学之别名。

这样一来，先秦的诸子之学，魏晋的玄学，宋明清的道学或义理之学，"合起来是不是可以现在所谓哲学称之呢"？对此，张先生的回答是："关于此点要看我们对于哲学一词的看法如何。如果所谓哲学专指西洋哲学，或认西洋哲学是哲学的唯一范型，与西洋哲学的态度方法有所不同者，即是另一种学问而非哲学；中国思想在根本态度上实与西洋的不同，则中国的学问当然不得叫作哲学了。不过我们也可以将哲学看作一个类称，而非专指西洋哲学。可以说，有一类学问，其一特例是西洋哲学，这一类学问之总名是哲学。如此，凡与西洋哲学有相似点，而可归入此类者，都可叫作哲学。以此意义看哲学，则中国旧日关于宇宙人生的那些思想理论，便非不可名为哲学。""中国哲学与西洋哲学在根本态度上未必同；然而在问题及对象上及其在诸学术中的位置上，则与西洋哲学颇为相当。"（《智慧》，第 388 页）

张先生还认为，中国哲学既可以指中国人的哲学，也可以指中国系的哲学。中国佛学是中国人而属于印度系的哲学。哲学又有一般与特殊之不同，中国哲学可以专指中国之一般哲学，也可以泛指中国之一切特殊哲学，如艺术哲学、历史哲学、政治哲学等等。他的书只研究中国系的一般哲学。

中国哲学家对于其所讲的学问，未尝分别部门。但现在从其内容看，可以约略分为宇宙论（或天道论）、人生论（或人道论）、致知论（或方法论）、修养论、政治论五个部分。其中的前三个部分为其主干，总此三部分正相当于西洋所谓哲学，后两部分也可以说是特殊哲学。张先生认为"中国哲学中知识论及方法论颇不发达，但亦决非没有"。（《智慧》，第 389 页）

张先生认为，前三个部分还可细分如下。宇宙论可分为两部分：一为本根论或道体论（关于宇宙之最究竟者的理论）；二为大化论（关于宇宙历程之主要内容之探究）。人生论可分为四部分：一为天人关系论（关于人与本根之关系，人在宇宙中之位置的论究）；二为人性论（关于人性之研讨）；三为人生理想论（关于理想生活之基本准则）；四为人生问题论（关于人生各种问题，如义与利、兼与独、损与益、动与静等等之讨论）。致知论包含两部分：一为知论（关于知之性质、可能、表准之理论）；二为方法论（关于求道之方、名言与辩等等理论）。

张先生指出，中国哲学在根本态度上很不同于西洋哲学或印度哲学。中国哲学之特点，重要的有三，次要的有三，共为六，如下：

第一，合知行。

中国哲学在本质上是知行合一的，在方法上更极注重道德的修养，以涵养为致知之道。中国哲学乃以生活实践为基础，为归宿，所谓学，是兼赅知行的。

第二，一天人。

中国哲学以天人合一为根本观念，天与人本为一体，天道与人道，只是一道。天人既无二，我与非我也原为一体。于是内外之对立消弭，人与自然融为一片。天人相通，是中国哲学尤其宋明道学中的一个极根本的观念。

第三，同真善。

中国哲学研究之目的是闻道，而道既是宇宙之基本大法，也是人生之至善准则，道兼赅真与善，真与善不可分，求真与求善是统一的。"如谓中国哲学也是爱智，虽不为谬误，却不算十分切当，因中国哲学家未尝专以求知为务。"（《智慧》，第393页）

第四，重人生而不重知论。

中国哲人以生活实践为依归，未尝将我与非我分开，故如何能知非我，根本不成问题。西洋以分别我与非我为"我之自觉"，中国哲人则以融合我与非我为"我之自觉"。中国哲人虽亦言及知识与致知之方，但未尝专门研究之。

第五，重了悟而不重论证。

中国哲学不注重形式上的细密论证，亦无形式上的条理系统；注重的是生活上的实证，或内心之神秘的冥证，而不注重逻辑的论证。

第六，既非依附科学，亦不依附宗教。

中国古代宗教不发达，虽受道、佛两教影响，但在根本态度上都是反对两教，多以驳斥两教为己任。中国自古即有科学萌芽，却没有成熟的科学。

张先生认为，想要了解中国哲学，必先对中国哲学之根本特征有所了解。否则，"至少懂得其皮毛，而不会深悟其精义"。

221

七

以上所写是我读《守望智慧的记忆》这本书中相关文章的心得笔记。我所涉及的这些文章，在全书中只是其中的一个部分，反映的也只是一个侧面，是围绕着中西文化、中西哲学的比较、会通、融合这个主题的。

读着这些文章，仿佛又回到 20 世纪 50 年代，在课堂上听课时的情景。这些大师虽然已经远去，但是他们的思想永远留传，并且不断传播，持续地影响着后来者。

不同时期的学者，做着不同时期他们所应该做的事情。北大哲学的学术成就是老师们那一代人辛勤奋力所取得的结果。他们同其他众多的学者和有识之士，共同努力，引领着中国传统哲学的转型和中国现代哲学创生的学术征程。《守望智慧的记忆》一书从一个有限的侧面，生动地展示、见证了这个历史事实。

百年系庆时，北大哲学系出版了包括此书在内的系列丛书，其目的正如编者所说，是为了"促发人们对哲学的浓厚兴致并带领他们走向哲学，或者促发人们对哲学问题的进一步思考，它就不限于庆贺已有历程的意义，它将引向未来"。这也是我在庆贺百年系庆之后，重读上述文章，并不揣浅陋，写下本文的愿望与期待。难道不是这样吗？

中西哲学交流会通的历史反思

——汪子嵩先生访谈漫记

汪子嵩先生是我国当代著名的西方哲学史专家，对古希腊哲学特别是亚里士多德哲学的研究，尤为精深。他是浙江杭州人，1921 年生。1941—1945年在西南联大哲学系学习，毕业后考入北京大学文科研究所，从陈康先生学习希腊哲学。1949—1964 年任北京大学哲学系助教、讲师、副教授、副系主任。1964—1987 年调《人民日报》编辑部，任理论部编辑、高级编辑、理论部副主任。

我在北京大学哲学系读书时，汪子嵩先生是系主任金岳霖先生的秘书，还是系党总支的领导，为我们讲授过辩证唯物主义与历史唯物主义课程，是和我们接触最多的一位老师。

2010 年 7 月 22 日我在他的北京寓所拜访了他。虽然多年不见，但一谈到北大哲学系的往事，谈到中西哲学的交流、会通这些话题，勾起了他的许多回忆。谈话期间，他还把他的一本论文集《亚里士多德·理性·自由》送给我。这本书作为"清华哲学研究系列"之一，由河北大学出版社于 2003 年 9月出版。书中除了关于希腊哲学、亚里士多德哲学的若干专业性较强的学术论文以外，还有一些回忆性的记叙性文章。他说，要更具体地了解当年北大哲学系的情况，更多地了解一些当年在北大任教的老一辈哲学家的学术思想，可以阅读这本书中他写的相关文章；他还说，现在年纪大了，有些事情记忆上可能会有误差，但书中的那些记叙相对准确，可以参照，并作为依据。

因为是师生之间的叙旧，又不是什么正式的采访，所以东一句，西一句，没有什么条理。现在依照记忆，把谈话涉及的内容，归纳成几个问题，分述如下。比较重要的表述，直接援引汪先生有关文章中的文字，并注明其出处。这样，既保证了记叙的准确性，也便于有兴趣的读者进一步检索。

一

话题先从我当年在北大哲学系读书的情况谈起。我们当时就非常纳闷，为什么 1952 年全国各大学院系大调整，会把全国所有综合大学（包括北京大学、清华大学、燕京大学、武汉大学、南京大学、中山大学等）哲学系的著名教授约 30 多位都集中到北大，合并为当时仅有的一个哲学系呢？

汪先生说，1952 年那次院系大调整是因为那时全国专门批判教师的资产阶级思想，哲学自然首当其冲，"教师必须首先学习马克思主义，改造思想，然后才能考虑教学问题"。（汪子嵩：《亚里士多德·理性·自由》，河北大学出版社，2003 年，第 303 页）

这个情况，我当时并不知晓，汪先生的一席话，才使我恍然大悟。

当时北大哲学系那些著名教授有哪些特点呢？对此，汪先生说得非常清楚：他们都出生于 19 世纪末或 20 世纪初期，从小接受传统教育，打下深厚的国学基础；后来又进了新式学堂，于 20 世纪 20—30 年代，去美、英、德等国留学，是"我国最早一批去西方专门学习哲学，获得学位归国的学者"。因此，他们"学贯中西，既是开始系统地介绍引入西方哲学的传播者，是运用西方哲学方法整理研究中国哲学的创始人，同时又因深受中国传统文化的熏陶，具有浓重的中国情结。因此，在从 20 年代开始，30—40 年代展开的，可以说是中西哲学的第一次正式交会中，我们可以看到形形色色的表现形式"。（《亚里士多德·理性·自由》，第 307 页）

汪先生在西南联大读哲学，他对来自北大、清华、南开三所大学聚集在西南联大担任他所读课程的老师，尤为熟悉。他当学生时，就把汤用彤先生、冯友兰先生和冯文潜先生这三位曾经先后担任过文学院院长，或哲学系主任的老师，戏称为"一僧、一道、一尼"。因为汤先生矮而胖，一头极短的银发，又是研究佛学的专家，此谓"一僧"；冯友兰先生留有一头浓黑长发、大胡子，长袍马褂，手上总是拿着由一块印有太极八卦的蓝布包着的书包，此谓"一道"；冯文潜先生长得瘦小，又留着长到后脑的灰发，像是一位慈祥的老太太，此谓"一尼"。（《亚里士多德·理性·自由》，第 308 页）

汪先生对三位老师的这个戏称，在好几篇他写的回忆文章中都出现过。

汪先生讲到当时在北大哲学系的著名教授时，讲的比较多的是金岳霖、冯友兰、汤用彤、贺麟四位先生。其中金、冯两位先生原来是在清华，汤、贺两位先生原来是在北大。最通常的说法是：清华注重哲学思想的体系，而北大则重视哲学史。重视哲学思想体系的当然会注重哲学问题的研究，重在"思"；而注重哲学史研究的，则重视哲学家的著作，注重读书，重在"学"。汪先生说："这只是两家各自的侧重点，决不是'思而不学'或'学而不思'。但清华培养出来的大多是哲学家或逻辑学家，北大培养出来的则往往是哲学史家，这大概是事实，但也不是绝对划分的。"（《亚里士多德·理性·自由》，第 310 页）

汪先生认为，清华的上述学风，应该是由金岳霖先生培育而成的，不仅因为金先生是清华大学的创始人，而且有他的经历和著作为证。他的《论道》《知识论》《逻辑》都是自成体系的。清华重视哲学问题和逻辑，所以讨论和辩论之风气盛行，一直到 1952 年院系调整后，这个风气都延续下来。当时的逻辑教研室是学术辩论最热烈的地方。金岳霖、沈有鼎、周礼全是三代师生，他们三人就是喜欢辩论的代表。无论是老师，还是学生，遇到有不同看法时，往往各持己见，争得面红耳赤。只要你讲的不对，我便要反驳；今天驳不倒你，下次准备好了再来。

汪先生说，金先生介绍到中国来的欧美哲学思想，追根起来，也就是"希腊精神"。他要讲的当然是西方现代的形而上学，而西方的形而上学归根起来还是亚里士多德。金先生也十分重视经验事实的分析，又是将西方逻辑介绍到中国来的创始人。汪先生本人是侧重于研究古希腊哲学，特别是亚里士多德的形而上学的，所以，他颇有感慨地说："出于专业的偏见，想像如果让金先生的学术研究发展下去，他可能成为现代中国的亚里士多德，可惜这个发展进程后来被打断了。"（《亚里士多德·理性·自由》，第 312 页）

汪先生还说了金先生在院系调整前的一件往事，说明金先生对逻辑学的作用是坚信不移的。有一次，清华大学请艾思奇来做报告，该报告中误将形式逻辑和形而上学混同起来并加以批判。这里的"形而上学"和前面讲的亚里士多德讲的形而上学含义不同，在那个时期，形而上学这个概念是作为辩证法的对立面来使用的，它是指那种孤立、静止地看问题的思维方法，是与辩证法相对立的。如果把形式逻辑看成是形而上学，言下之意，形式逻辑就变为违背辩证法的，该批判的了。金先生当然不会同意艾思奇的观点，所以，作为会议的主持人，金先生在报告结束时发言说："今天艾思奇同志作了一个很好的报告，他讲的话句句都是符合形式逻辑的。"（《亚里士多德·理性·自由》，第304页）这实际上是婉转地批评了艾思奇。

院系调整后的北大哲学系，是当时全国唯一的哲学系。首任系主任正是金岳霖先生。对于来自四面八方各个大学的哲学教授，金先生处处以身作则，充分讲民主。作为金先生的秘书，汪先生认为，那时哲学系的教师们和睦相处，有团结气氛，这与金先生的领导作风有直接关系。当时哲学系最大的难题是：将这样几十位学有专长的哲学教师集中在一起，却又不让他们讲课，而知识分子的心情总是想，要贡献自己的力量，为国家、为人民多做点有益的事情。因此，金先生花费最多精力的是要考虑如何发挥这几十位教师在科研和教学上的作用。平心而论，无论是作为系主任的金先生，还是作为系主任秘书的汪先生，他们都还是尽心尽力的。当时，我们当了四年的学生，还是听了不少著名的、学有专长的教授的课，受到了多方面的教益。这就是我们这些学生，在毕业五十多年后，仍然十分怀念母校、怀念老师的原因所在。

汪先生在与我多次接触中，常常因为当时没有充分发挥这些教师的专长而遗憾。在我印象中最深的一次是1998年庆祝北大建校100周年时，在哲学系召开的师生大会上他的那次讲话。这次会议我作为返校的校友参加了。汪先生说，当时虽然尽可能发挥了这些老教授的作用，但却未能充分地发挥他们的专长。过去人们往往批评他的右倾，但在大学工作期间，他认为该检讨的不是右，而是"左"。如果当时不采取那样"左"的政策，让教授们在学术上自由发展，那么，像金岳霖、冯友兰、汤用彤、朱光潜、贺麟等先生的学术成就，不但在国内可以做出更大的贡献，而且在国际上也可以占有更高的地位了！平心而论，这是当时的客观环境造成的，一个大学哲学系的领导谁也无能为力。但汪先生的坦荡胸襟和肺腑之言，却让我敬佩，为之动容！

二

汪先生讲的最多的是冯友兰先生，认为冯先生是最早采用西方哲学的方法系统地研究中国哲学史的先驱者。虽然在此之前有胡适先生写的《中国哲学史大纲》，但只有上卷，没有下卷，冯先生却写全了。冯先生对于哲学的目的和看法与金先生根本不同。金先生在剑桥大学曾经讲过"哲学是概念的游戏"，而冯先生自己推崇张载的名言，认为哲学是"为天地立心，为生民立命，为往圣继绝学，为万世开太平"，他的"贞元六书"就是显示他的内圣外王之道的。因此，冯先生的哲学生涯就必然地与政治结下了不解之缘，不断随着政治沉浮。他的后半生，为了《中国哲学史新编》的写作，不知花费了多少心血，数易其稿，一直到1990年，他95岁，临终前才完成最后一卷。

汪先生说，他曾写过一篇题目为《海阔天空我自飞》的文章（载《读书》1995年第4期），介绍了一些情况，并谈了自己的看法，本不想再说了，但后来看到有些文章还在争论冯先生在人生的最后阶段有没有转变自己观点的问题。其实，这个问题冯先生在《三松堂自序》和《中国哲学史新编》最后一册的自序中都讲得非常清楚。冯先生说，他在写全书的总结时，真感到"海阔天空我自飞"了，认识到名利之所以为束缚，"我自飞"之所以为自由。汪先生不无沉重地问道："这样一位老哲学家，在九十多岁高龄的最后阶段时，才摆脱各种各样的束缚，发现了自我，找到了自由。为什么到他死后还要再去践踏他最后的这点自由呢？"（《亚里士多德·理性·自由》，第315页）

我在北大时，虽然没有听过冯先生关于中国哲学史的系统讲课，但却听过他的一些演讲和在有关会议上的发言。汪先生在1994年曾经为北大哲学系建系80周年写过一篇题为《一次争鸣的讨论会》的文章，（载《读书》1994年第9期）说的是1957年1月下旬北大哲学系举办的"中国哲学史问题讨论会"。会议围绕着"关于唯心主义哲学的评价"和"关于中国古代哲学的继承"这样两个问题而展开不同观点的讨论或争论。在哲学遗产的继承问题上，主要是围绕着冯先生提出的"抽象继承法"展开讨论的。

冯先生提出要区别哲学命题的"具体意义"和"抽象意义"，这就是著名的"抽象继承法"。会议上冯先生的观点属于少数派，会后不久，冯先生的这个观点就遭到了持久不断的批判。直到 1978 年在芜湖召开的"全国西方哲学史讨论会"之后，哲学史研究才从被歪曲的状态中扭转过来，逐步走上正轨。

1958 年上半年，我快到毕业时，当时北大展开了一场关于教育方针的讨论。教育要为政治服务，与劳动生产相结合，培养的是"普通劳动者"。这是当时的权威说法。我和班上一些同学感到很纳闷，如果培养的只是"普通劳动者"，那还要办大学干什么？以我们哲学系来说，不能说能够培养出哲学家，至少要培养出能胜任业务工作的"哲学工作者"。但这个观点却被当作走"白专"道路来批判。刚好这时冯先生在《光明时报》的"哲学"副刊上发表了一篇题为《树立一个对立面》的文章，说到综合大学的哲学系，是培养"理论工作者"或"哲学工作者"的地方。因此，有的同学就批评我和持相同观点的其他同学，深受资产阶级专家的"毒害"。这也是批评我只关心专业学习、在政治上不严格要求自己所谓走"白专"道路的例证之一。

汪先生对冯先生一生的遭遇作了很恰当的评价。他说，许多人写文章时常常把冯友兰和梁漱溟作对比，一贬一褒是很清楚的。他们两人的作为的不同，当然有着个人性格方面的原因，"但还有更重要的原因：梁先生在抗战初期就访问过延安，一直作为民主人士调解国共和谈，后来发起组织民主同盟反对国民党的独裁专制。梁先生有的这些'政治资本'，冯先生不但没有，而且正好相反"。（《亚里士多德·理性·自由》，第 288 页）冯先生之所以能够在以后几次重大的政治运动和思想批判中，出乎意料地幸免于难。这与他"以主动接受改造的方法避免了被强迫改造"的选择，不无相关。冯先生的晚年确实对自己的一生作了反思，在《三松堂自序》中将一生经历都写出来，知我罪我，任人评说，将安危、荣辱都置之度外了。

汪先生曾经从中国哲学史和中国现代哲学这两个方面，认为冯先生有两个"第一"：胡适的《中国哲学史大纲》只有上册，没有下册，而"冯先生不仅写了完整的《中国哲学史》上下两册，而且他是真正根据中国的哲学资料来写的。当然了，他这里面也有外国学者的方法和观点，但是能够把中国哲学史写成整部著作的，冯先生是第一个"。此外，"冯先生也是用西方的方法建立自己哲学的第一人……是中国近现代史上的第一位哲学家"。（任继愈、

汪子嵩等：《冯友兰实说》，北京大学出版社，2008年，第24、25、26页）

三

汤用彤、贺麟等先生在西南联大期间就给汪先生讲过课，但他们没有给我们上课，按辈分说，应该是我的"老师的老师"了，他们又是新心学思潮的重要代表，所以，我希望汪先生能够多讲一些他们的思想与学术活动。

汪先生说，从1935年汤先生担任北大哲学系的系主任后，系里就逐渐形成了以研究中国哲学史、西方哲学史和印度哲学史三者并重的学术局面。汤先生从小就在家庭中受到严格的国学训练，去美国学习西方哲学，在哈佛研究院时又学梵文和巴利文，掌握了研究印度哲学和佛学的工具，当时便有志于以西方的方法整理国故，弘扬中国传统文化。他与吴宓、陈寅恪两先生共同以此勉励，人称"哈佛三杰"。回国后，他主要从事中国哲学史的研究，除了讲授中国哲学史外，还能开西方哲学史的课程，而印度哲学史一课，在西南联大也一直由汤先生讲授。汪先生说："一位教授能兼开这样三种不同的哲学史课，除汤先生外我还不知有第二人。"（《亚里士多德·理性·自由》，第318页）

汤先生认为，不能只学习哲学通史，而要研究断代史。他本人研究的重点是魏晋玄学和隋唐佛学这两段。"玄学"这个名称是汤先生最初提出来的。他注重比较研究，讲魏晋玄学时，以王弼的"以无为本"与郭象的"有"进行对比分析；讲中国哲学家的概念、范畴时，往往和西方哲学的概念、范畴进行对比，以帮助学生理解。他既注重异中之同，还注重同中之异。"因此，他讲的中国哲学史课就是中国哲学，西方哲学史课就是西方哲学，分得清清楚楚。"（《亚里士多德·理性·自由》，第319页）

汤先生指出，魏晋玄学讨论的"无""有"的本末、体用之争，与西方哲学中讲的形而上学本体论问题相似，是中国哲学的本体论。以"无"为本的学说有三种情况：1. 以"无"为元气，无始无终；2. 各特殊之"有"因"无"而有，"无"独立而"有"待"无"；3. 以"无"为全，"有"不能离"无"，全为体，而特殊之物为用。王弼的"贵无"思想源自《老子》，而郭象的"崇有"思想则源自《庄子》。无论是贵无派还是崇有派都讲自然，以自然为本。而自然的主要意义是：1. 与"人为"相对而言，凡不是人为的都是自然；2. 指本性而言，人的自然即人的本性；3. 在物理自然内的定律谓之自然，如形之有影，声之有响；4. 自然为偶然，各种变化是无目的、无所谓而为的。魏晋玄学家们讲自然是与儒家的三纲五常的名教相反的。他们把自然状态视为最理想的世界。他们要求从儒家的"名教束缚下自由解放出来；其思想中心是从社会到个人，从环境到内心，从形质到精神的转化。应该说这是中国历史上一次重要的思想解放运动"。（《亚里士多德·理性·自由》，第407页）魏晋玄学无论在当时还是对后来中国的文学艺术所起的作用是很大的。儒家的名教与道家的自然，构成中国知识分子特有的双重性，既可以在庙堂之上实现治国平天下之理想，也可隐居林泉，放浪于自然，风流得意。

汪先生还讲到贺麟先生。贺先生是研究黑格尔哲学的专家。汪先生说，熟悉贺先生的人认为，斯宾诺莎的生平和思想对他的影响可能更大。贺先生喜欢引用哲学史家文德尔班纪念斯宾诺莎时说的那句话："为真理而死难，为真理而生更难。"贺先生对斯宾诺莎一再遭受放逐，过着磨镜片的贫苦生活，仍孜孜不倦地研究哲学的这种精神赞不绝口。1957年1月他在那次"中国哲学史问题讨论会"上，敢于挺身而出，坚持"唯心论中有好东西"的观点，大胆地反对教条主义，并不是偶然的。

作为坚持"唯心论中有好东西"这个观点的贺先生，他所理解的唯心的心，并不是心理意义上的心，而是逻辑意义上的心。他认为，心与物是不可分割的整体：心为物之体，物为心之用；心为物的本质，物为心的表现。所以在宋明理学中，他特别喜爱陆王的心学。有人说，冯友兰先生创造的体系是新理学，贺先生如果创造体系的话，一定是新心学。

贺先生在《五十年来的中国哲学》中说：自从西方文化思想汹涌进来以后，"我们既不能墨守传统的成法，也不能一味抄袭西洋的方式，迫得我们不得不自求新知，自用思想，日新不已，调整身心，以解答我们的问题，应付我们的危机"。（贺麟：《五十年来的中国哲学》，商务印书馆，2002年，第1页）在中西哲学比较研究的学者中，有的重视两者之间的同，有的重视两者之间的异，贺先生是属于前者。他认为，真理只有一个，"人同此心，心同此理"。中国的古典哲学家孔、孟、老、庄、程、朱、陆、王和西方的古典哲学家苏格拉底、柏拉图、亚里士多德、斯宾诺莎、康德、黑格尔等的思想都是相通相合的，要将它们融会贯通。这就是他常说的要吸收中外古今哲学中的"好东西"，也就是他认为的发展儒家思想的新途径。在《儒家思想的新开展》中，他说："欲求儒家思想的新开展，在于融会吸收西洋文化的精华和长处。西洋文化的特殊贡献是科学，但我们既不必求儒化的科学，也无须科学化儒家思想。"(《亚里士多德·理性·自由》，第331页) 汪先生认为，在贺先生看来，在中国文化和西方文化所起的作用来讲，贺先生"实际上认为西方文化更重要，但是要将西方文化转化为中国所用"。(《亚里士多德·理性·自由》，第333页) 他不赞成"中国本位文化"的说法，因为文化是人类的"公产"，不能以狭义的国家作为本位，而应该以"道"，以精神或理性为本位。不管古今中外，"只要一种文化能够启发我们的性灵，扩充我们的人格，发扬民族精神，就是我们所需要的文化"。(《亚里士多德·理性·自由》，第334页) 据此，汪先生认为，虽然贺先生自己公开提出要复兴和发展儒学的口号，也有人把他列为新儒家，但"他有一些和其他新儒家不同的特点"。(《亚里士多德·理性·自由》，第328页)

四

前面讲到金岳霖、冯友兰、汤用彤、贺麟等先生的哲学思想时，都涉及中西哲学思想的比较与会通。汪先生研究西方哲学，专攻希腊哲学，对希腊精神尤有深刻体会。谈到中西哲学思想和中西文化的比较问题，他有许多独到的见解。

汪先生说，苏格拉底使"认识你自己"成为希腊人的格言，这种认识自己的活动，是理性的活动，在西方哲学中就叫做"反思"。反思是西方文化、西方哲学的传统精神，不是说中国文化就没有反思，至少没有西方那么明显、那么频繁。汉、魏时期印度佛教的传入，是第一次较大的外来文化的传入。后来中国式的佛教（禅宗）又和中国原有的文化一起，东传到朝鲜、日本等地。第二次较大的外来文化的传入是一些传教士如利玛窦等人在明清之际，将基督教和科学知识一起传入中国。后来发生了鸦片战争，我们民族痛苦地被迫开始了真正的反思，几次关于中西文化的争论，就是这种反思的表现。五四运动的先驱者们提出了"民主"和"科学"两大口号，提出要向西方学习。"五四运动本来可以发展成为一场中国式的思想启蒙运动，但是由于十月革命的影响，马克思主义传入中国，中国人民很快卷入轰轰烈烈的革命运动和民族解放战争。"（《亚里士多德·理性·自由》，第161页）其实，我们在近半个世纪以来所发生的种种事情，我们现在表现出来的优点和缺点，都可以从传统文化、传统哲学中找到原因。所以，对历史发展的得与失进行反思是非常重要的。

古代希腊早已提出"在法律面前人人平等"这样的民主思想（当然，这是指有公民权的自由民），而中国古代社会中，从天子、诸侯、士大夫到庶民，在政治上是不平等的，伦常礼教就是维护这种不平等。"我们所缺少的，正是这种承认每一个人在政治上平等权利的民主思想。一直到今天，我们还需要为争取实现'在法律面前人人平等'而奋斗。"（《亚里士多德·理性·自由》，第168页）近代西方的许多思想家都认为，国家的最高权力属于全体人民，这和我们中国封建专制时代所宣扬的君权神授正好相反。

西方近代从文艺复兴开始，到18世纪的启蒙思想家，都是以"个人主义"作为资产阶级革命的旗帜。他们所说的个人主义，就是要解放个性，而他们所说的个性，就是每个人天然具有的自由、平等和要求幸福的权利。这和人们通常所理解的自私自利的个人主义不是一回事。个人主义就是以人为中心，反对中世纪的以神为中心，所以，被称为人道主义；就其反对封建特权、主张个人平等、自由而言，它也就是民主主义。从这个意义上说要把人当作"人"。

汪先生指出，对于资产阶级提出来的自由、平等口号，马克思主义是持批评态度的。但这种批评，是指明它们的虚伪性，即在经济上实行剥削制度的资本主义社会中，哪里有什么真正的每一个人的自由和平等？马克思主义主张，无产阶级不但要解放自己，而且要解放全人类，认为"每个人的自由发展是一切人的自由发展的条件"。因此，人权、自由、平等、民主的旗帜，不但不能让给资产阶级，而且应该举得比资产阶级更鲜明、更高，因为我们的理论比他们更彻底。

古代希腊不但讲民主，而且重视科学。亚里士多德在《形而上学》一书的第一句话就是："求知是人类的天性。"当时的思想家们实际上提出了一个问题：民主必须有知识和科学作保证，没有科学，民主也是搞不好的。近代和现代西方科学不断取得重大发展，应该说是继承了古代希腊重视科学的传统精神的。柏拉图等人又把知识与道德相联系，认为一切道德行为都要由智慧来选择并加以指导。这就把知识置于所有道德之首、之上。这种理性主义的伦理观在西方伦理思想中占着主要的地位。将知识摆到这样崇高的位置上，不能不说是造成古代希腊科学精神发展的重要原因，它极大地推动了科学的发展。中国古代诸子百家中，似乎没有哪一家的伦理学说把"智"摆在第一位。希腊亚里士多德提出"吾爱吾师，吾尤爱真理"，这成为西方世界的重要的箴言，这和我们一向提倡的"为尊者讳"也是对立的。

汪先生还说，"人治"与"法治"也是中西文化传统之间不同的一个方面。柏拉图曾经有过从"人治"到"法治"的认识转变过程，但西方主张"法治"与上述"在法律面前人人平等"是一致的。中国古代的法家虽然强调法律的作用，但法律的执行却有赖于皇帝和各级"父母官"的意志。在多数官吏贪赃枉法的情况下，老百姓只能把希望寄托于难得出现的清官。至于儒家，那是一贯主张人治的，所谓"人存政举，人亡政息"，就是人治的必然结局。

所以，真正实现五四运动提出的"民主"与"科学"这两大课题，仍然是摆在我们面前的任务。这是讲中西文化、中西哲学的比较和交会的题中应有之义。

（2010 年 8 月 30 日追记于福建师范大学并经过汪先生审阅）

跋：大师远行，其道不孤

通过阐述十位哲苑名家的学术生涯，我们大体上可以看到，20 世纪的前期，有那么一批学者，他们在中西哲学会通与融合的道路上，奋力前行，从而在某些重要侧面揭示出中国哲学现代转型的大致面貌。

尊重历史，师恩难忘

马克思曾经说过，哲学是时代精神的精华和结晶，是不同时代社会现实矛盾的精神反映和理论表现。

在上述十位哲苑名家中，熊十力、梁漱溟、汤用彤、金岳霖、冯友兰、宗白华、贺麟、张岱年诸先生在 20 世纪的 30—40 年代，就已以自己的哲学体系或系统的哲学理论，在哲学界奠定了自己的学术地位。他们的学术思想和哲学著作，从哲学的层面上，反映了当时的社会诸多矛盾，既是那个时代现实生活的反映，也是中西哲学会通与融合的产物。当时社会上属于不同的政治派别以及学术界具有不同主张的人们，对他们的哲学成果，曾经做出了各种不同的评价，有褒有贬。这是十分正常、可以理解的事情。后来的历史进一步证明，他们的哲学思想对今天仍然产生，而且必将继续产生着影响。

说到这里，我不禁想起在前辈哲学家周辅成先生（1911—2009）和他学生的故事。周先生当年讲授的是伦理学，我和一些同学曾经在课后到他家中向他请教过。他为人和蔼，诲人不倦，但我毕业后与先生联系不多。前些时候我在《南方周末》（2011 年 11 月 17 日）上看到朱正琳的一篇文章——《周辅成先生心中的那盏灯》，该文评介了赵越胜的新作《燃灯者：忆周辅成》（湖南文艺出版社 2011 年出版）。赵先生曾就读于北大哲学系，是我未曾谋面的校友，1982 年进入中国社科院哲学所工作。周先生指引与支持着他穿越 20 世纪 70 年代的坎坷岁月，使得他的生命有了光明和暖意，他俩之间亦师亦友，有着感人至深的交往故事。我读完此书，感到作者不但说出了我想说的话，而且把我虽说不出来却完全认同的话也说出来了，使我对周先生又有了更深入一步的认识。他把周先生喻为"燃灯者"，而且是"燃巨烛之人"。西方有普罗米修斯盗火之说，佛家有燃灯之喻，庄子则有"火传也，不知其尽也"之句，看来古今中外，说法虽不同，其理却相通。

1949 年以后，由于众所周知的原因，上述哲学名家的学术思想受到了不公平的对待。即使如此，他们还是以各自不同的方式，为中国学术的繁荣和哲学事业的进展，贡献出自己的力量。金岳霖先生无论在北京大学哲学系，还是后来调到中国科学院哲学社会科学学部的哲学研究所，都为了培养中国逻辑学科的专门高级人才殚精竭虑，成绩卓然。冯友兰先生以他后半生的岁月，在逆境中仍然辛勤地笔耕不辍，终于完成《中国哲学史新编》七卷巨著。宗白华先生致力于中国古代美学思想的撷取与开发，彰显了中国古代美学思想的特色，影响与教育了一代学人。贺麟先生在翻译西方哲学著作方面继续做出可贵的努力，而且在逆境中坚毅坦荡。张岱年先生将他在青年时代就信奉的唯物主义思想发扬光大，他所极力提倡并反复阐发的综合创新的文化观，在当代社会主义文化建设中发挥了重大的作用。这些都是人所熟知的。

党的十一届三中全会后，在改革开放的时代背景下，随着政治思想上的拨乱反正，他们的学术思想逐步为越来越多的人所理解、认同和重视。承认他们当时所提出的许多哲学思想至今仍然具有现实意义，把他们的学术思想作为发展新时期现代哲学的一项精神财富和思想资源，越来越成为学术界广大学者的共识了。

在这十位哲苑名家中，任继愈、张世英两位先生相对年轻，主要的学术活动是在 1949 年之后的时期。任继愈先生侧重于对中国古代文化典籍和宗教文献的整理与研究，以及中国哲学史教科书和多卷本学术专著的撰写。任先生在这些领域的研究工作，不仅有当前的现实价值，而且有长远的历史意义。张世英先生侧重于西方哲学史，特别是黑格尔哲学的教学与研究，以及中西哲学的比较研究。他提出来的"万物一体""万有相通"的新哲学观，是他长期研究黑格尔哲学，会通中国古典哲学，并以现代西方哲学为视角，三者融合后所创的一家之言，在国内和国际的学术界都产生广泛的影响。在他所著的《归途——我的哲学生涯》（人民出版社，2008 年）一书中，他回顾了改革开放以来的三十多年精神旅途中如何回归自我的思想历程。这在老一辈的学者中，有相当的代表性。他的坦荡胸襟与好学深思的精神，给我难忘的印象。

这十位哲苑名家，他们虽然并不以马克思主义理论的教学与研究作为自己的专业，他们接受马克思主义的时间有先有后，认知的方式与程度也各有千秋，但是有一点是相同的，就是他们都在不同程度上接受了马克思主义，都有一颗赤诚的爱国之心，都想尽心竭力为国家、为民族、为广大人民贡献自己的聪明才智。1949 年以后，虽然受到不同程度的挫折，但其初衷仍然坚持不改。

当年给我讲课的老师中，为我们讲授马克思主义哲学课程的是汪子嵩先生（1921—2018）。汪先生与张世英先生是同龄人，是我国当代著名的西方哲学史专家。他是西南联大培养出来的，师从陈康先生，学习古希腊哲学。他对古希腊哲学，特别是亚里士多德哲学的研究，尤为精深。我们在校读书时，他曾经一度是北大哲学系党总支书记，是党务、行政与教学双肩挑的干部，因此和我们学生的接触也最多。他对人和蔼可亲，平易近人，有反思精神，肯担当。那时我还不是党员，我与他的交往，主要还因为他给我们班讲授辩证唯物主义与历史唯物主义课程。当时我们并不知道的是，他作为地下党的成员，在 1948—1949 年之际，曾经劝说一些老专家留在大陆迎接解放，劝他们不要跟随国民党去台湾。1964 年后他被调到《人民日报》编辑部工作。多年以来，我与他始终保持着联系，知道他还在继续进行着西方哲学史特别是古希腊哲学的研究。

冯定先生（1902—1983）是党的高级领导干部，也是著名的马克思主义理论家。他以《平凡的真理》一书闻名于学术界，他在 1951 年发表的《关于掌握中国资产阶级的性格并和中国资产阶级的错误思想进行斗争的问题》一文，更是为党内外干部津津乐道，广受赞誉。1957 年，他奉命调至北京大学，任哲学系教授，从事教学和培养青年教师及研究生工作，还兼任学校的一些领导工作。他刚到校时，下榻于临湖轩，系领导还带我们几位高年级的学生一起去那里拜访他。他浙江口音，为人慈祥，说话幽默，谈笑风生，没有大领导的架子。后来，党委委托他给学生做过几场大报告。我与他之间，没有更多的个人接触。想不到的是，在我们毕业多年后的 1964 年秋，他竟遭到公开点名的错误批判，"文革"期间，还被打成"反革命修正主义分子"。"四人帮"被粉碎后，在芜湖召开的西方哲学学术研讨会上，我还见到他一面，有过简短的交谈。

本书虽然着重写了十位老师，但当年为我们讲课的老师当然不止这些。开设西方哲学史课程的还有陈修斋、齐良骥两位先生，教我们形式逻辑课的是江天骥先生，1956 年这三位老师调到武汉大学哲学系任教。此外，还有教数理逻辑的晏成书先生，教中国通史的田余庆先生，教世界通史的张芝联先生，他们都是各自学术领域的知名学者，限于篇幅，也限于本书的主题，本书只能选择上述的十位。

明清之际思想家、学者顾炎武（1613—1682）有两句诗："苍龙日暮还行雨，老树春来更著花。"这些老师虽然走过的道路非常坎坷，有的还历尽艰辛，但他们坚持学术操守，笔耕不辍。有好几位老师到了高龄，仍焕发出学术生命的青春活力，做出了年轻人无法企及的骄人成绩，令后生晚辈敬佩不已。

大师远行，其道不孤

记得冯友兰先生在他写的《三松堂自序》第十一章"明志"中说，他于 1982 年 9 月，接受哥伦比亚大学授予名誉文学博士学位期间，曾经写了一首诗："一别贞江六十春，问江可认再来人？智山慧海传真火，愿随前薪做后薪。"只有"后薪"接着"前薪"不断地燃烧，才能使薪火永传。本书所阐述的十位哲学名师，虽然已经远离我们而去，但是，他们毕生所致力的哲学事业，必将继续薪火相传，不断发展。北大哲学系的 110 年以来，真可谓薪火相传，蔚为大观，大师远行，其道不孤，诚哉斯言！

钱锺书先生在《谈艺录》的序中谈到东西方文化时曾经说过："东海西海，心理攸同；南学北学，道术未裂。"费孝通先生也说过，全球化时代人类文明的远景应该是："各美其美，美人之美，美美与共，天下大同。"钱先生关于"东海西海"之说，实际上在告诉我们，只有东、西文化共同联合在一起，如同一个太极图那样，才能形成人类文化的一个整体。中国文化和东方文化不能单独成为这个整体，西方文化也不能单独成为这个整体，狭隘的国粹主义和欧洲中心主义都是不可取的。

中国哲学史专家汤一介先生对中国哲学的未来发展有过很多思考，他认为，在我们与西方哲学乃至整个世界哲学的会通与融合中，在"学习和消化西方哲学的基础上"，将会出现诸多"中国化的西方哲学流派"，形成中国化的现象学、中国化的存在主义、中国化的解释学、中国化的符号学、中国化的后现代主义、中国化的解构主义，等等。这些中国化的哲学流派，将带有中国文化、中国哲学的固有特色，这是不言而喻的。这种西方哲学理论中国化的工作，既"可以使西方哲学增加若干中国哲学的资源，丰富西方哲学的视野"，又可以通过"把中国哲学引入关注世界哲学发展的主流之中"，"提升着中国哲学的内涵"。这种把西方哲学的主题加以中国化的做法，毫无疑义，是实现中西哲学会通与融合、创建现代中国哲学的一种基本路径。而将中国的传统哲学进行现代解释，构建具有现代意义的中国哲学的新流派，例如，中国现代新儒学、新道学、新易学、新佛学，等等，则是实现中西哲学会通与融合、创建现代中国哲学的另一种基本路径。这两方面的工作在20世纪的上半叶，就已经有人做过了。现在，完全可以接着做。事实上，在改革开放后，许多后起之秀也已经继续这样做了。

中国传统哲学不仅是中华民族优秀文化的瑰宝，也是世界文化宝库中的重要组成部分。处于全球一体化的大背景下，在文化、哲学方面实现东西交流、中外会通，不仅是必要的，而且已经形成了强大的、不可逆转的历史潮流。中国传统哲学，正如前面所说，是以万物一体、天人合一为基本思想理论框架的；而从柏拉图特别是笛卡儿以后的西方哲学，则是以主体与客体相对立的主客二分为其基本思想理论框架。在黑格尔哲学之后，以海德格尔等人为主要代表的现当代西方哲学，在重新构建主体与客体相统一的新哲学的进程中，出现了把西方智慧与东方智慧加以整合的强劲势头。他们特别关注中国古代传统哲学。可以预见，中国古代传统哲学将在东西哲学的融合的过程中，重放光彩，对世界的文化发展，做出自己的贡献。

在西方，不仅哲学家关注、赞赏中国传统哲学，自然科学家也毫不逊色。

不少在自然科学领域中卓有成效的诺贝尔奖得主，在提出自己的新的科学理论时，不是依靠西方传统的"机械论"的哲学思想，而是向东方、向中国的传统哲学中寻找"有机论"的思想武器。这已是众所周知的事实了。由此可见，中国古代传统哲学对于西方自然科学观念的变革与发展，也有它自己的独特的作用。

为了适应这种发展趋势，无论在哲学上，还是在整个文化的发展上，我们不仅要奉行"拿来主义"，而且也要实现"送去主义"。主动自觉地把中国优秀的文化，包括古代优秀的哲学，送出去，使之在世界范围内，得到更广泛的传播，并在与西方文化的交流与会通中更好地发展。实现中华文化、中国哲学的复兴与中国哲学走向世界，这两者完全是并行不悖的。而中国哲学走向世界，则是中国哲学实现现代性诉求的必由之路。

当代中国需要什么样的哲学？中国哲学在未来的日子里要如何发展？在西方哲学已经进入后现代的发展阶段的背景下，我们是仍然像五四运动时期那样，为了要学习科学而相应地坚持学习西方主客二分的哲学原则，还是完全抛开主客二分的哲学原则，直接照搬西方后现代的哲学呢？这是一个值得认真探讨的问题。

中国的复兴，中国文化、中国哲学的现代化，是冯友兰先生的崇高使命与终生追求。他认为，中国传统的古典哲学是我们创造现代哲学的一个重要来源，学习西方是要学习其现代化的文化精神和科学的思维方法，不可能也不必要去学习他们民族性、个性的东西。如果我们能够在向西方学习的基础上，再调动中国传统文化、传统哲学中的积极因素，把中西文化、中西哲学中最优秀的部分融合起来，就一定能创造出一个新的文化、新的哲学来。这个新的文化、新的哲学既是现代的，又是中国的。

张世英先生说："中西哲学都正处于安宁与不安宁的烦恼和困惑之中。但烦恼会给我们带来希望，困惑会让我们选择。一个人只要肯认真严肃地思考时代和各国度向自己提出的种种问题，他就是一个有哲学头脑的人，一个过着充实生活的人。哲学不单是什么需要中西哲学家们携起手来、共同攻关的课题或学科，我们应该在相互交流和彼此对话中进行各自的创作。"（张世英：《天人之际——中西哲学的困惑与选择》，人民出版社，1995年，第6页）

总之，我们要从中国的实际出发，在马克思主义哲学的指导下，古为今用，西为中用。要正确地对待中国传统哲学，正确地对待西方近代的主客二分式的哲学原则，正确地对待西方现当代哲学，走出一条既与西方现当代哲学相通，而又具有鲜明中国民族特点的哲学发展之路。中国哲学未来的发展，应该是中西哲学的会通与融合；未来的中国哲学，将是中西会通、中西融合的新哲学。

北京大学不仅在我国是一所著名的高等学府，而且在世界范围内也享有盛名。她靠的是什么？就是因为她拥有一大批各个领域里大师级的学者。梅贻琦先生受命回国任清华大学校长，1931年12月3日到职视事的当天，在全校大会上发表的就职演说中曾经说过这样的话："一个大学之所以为大学，全在于有没有好教授。孟子说'所谓故国者，非谓有乔木之谓也，有世臣之谓也'。我现在可以仿照说，'所谓大学者，非谓有大楼之谓也，有大师之谓也'。我们的知识，固赖于教授的教导指点，就是我们的精神修养，亦全赖有教授的 inspiration。"90多年后的今天，我国高校在物质条件方面，早已今非昔比。如今，大楼早已林立，敢问大师安在？

在上世纪的20—40年代，许多教育家、思想家在如何培养人才方面不乏真知灼见，至今仍被人引为美谈。像北京大学这样的百年以上的老校、哲学系这样的百年以上的老系，是应该而且可能培养出数量更多、水平更高的名家乃至大师，使大学成为传承文化、造就人才、服务社会的科学殿堂，让学校成为万千学子寄托着诸多期望并终生怀念的精神家园。

诚如是，冯先生"智山慧海传真火，愿随前薪做后薪"的夙愿，终当得以实现。这是我作为一名毕业多年的普通校友对母校、母系的殷切期望，也是我在耄耋之年执笔为文，编写此书的衷心愿望。

2020 年 9 月 18 日

附录：阐述十位哲学名家哲学思想相关的
学术论著要目

近二十年来，我在研读我国现代哲学名家的著作时，陆续写下若干反映阅读心得的文章，先后公开发表于全国性或省级报刊，以及高校的学报上。这些文章是我现在编纂本书的基础。现将其中与本书内容相关的篇目，罗列如下，以供读者检索。

一、论文部分
（2003—2020 年）

《哲学的新方向：提高人生的境界》，《福建师大学报》2003 年第 6 期。

《张世英"中西贯通"的研究原则》，《光明日报》2004 年 8 月 24 日。

《万有相通、真善美统一的新哲学》，《福建理论学习》2004 年第 9 期。

《略论蔡元培的美学思想及其现实意义》，《福建师大学报》2005 年第 1 期。

《通古今之变，成一家之言——张世英关于"天人之际"问题研究及其方法论原则》，《北京大学学报》2005 年第 1 期。

《中国传统哲学的现代诠释》，《新哲学》集刊 2005 年第 1 辑。

《"万物一体"思想研究的新进展》，《哲学门》2005 年第 1 期。

《张世英先生关于"天人之际"的研究》，《江海学刊》2005 年第 2 期。

《用海德格尔哲学诠释天人合一思想》，《博览群书》2005 年第 4 期。

《"万物一体"：真善美统一的新哲学观》，《福建论坛》2006 年第 5 期。

《道学研究的新思路与新方法》，《道学研究》2006 年第 1 期。

《弘扬传统文化　提升精神境界》，《人民日报》2008 年 3 月 25 日。

《关于辩证法核心问题意见分歧的回顾与反思——纪念真理标准大讨论和

三中全会召开 30 周年》，《福建论坛》2008 年第 7 期。

《从黑格尔研究到新"万物一体"哲学观》，《中华读书报》2009 年 1 月 14 日。

《评张世英新著〈境界与文化〉》，《北京大学学报》2009 年第 1 期。

《阐旧邦以辅新命，极高明而道中庸——从冯友兰"三史""六书""一序"的出版说起》，《中华读书报》2009 年 4 月 8 日。

《冯友兰先生的矛盾观及其现实意义》，《福建论坛》2009 年第 7 期。

《漫步在美学和艺术的林间花径——宗白华的〈流云〉〈美学散步〉〈艺境〉及其他》，《中华读书报》2009 年 7 月 22 日。

《任继愈与老子哲学》，《中华读书报》2009 年 8 月 26 日。

《张世英的学术历程：从哲学史家到哲学家》，《问道》2009 年辑（总第 3 辑）。

《梁漱溟和他的〈中西文化及其哲学〉等著作》，《中华读书报》2009 年 12 月 9 日。

《任继愈〈老子〉研究中的方法论探索》，《福建论坛》2010 年第 1 期。

《从西方思路到中国韵味——金岳霖哲学著述回眸》，《中华读书报》2010 年 5 月 19 日。

《探索真与美：张岱年的学术人生》，《中华读书报》2010 年 10 月 20 日。

《以"昌明国粹，融化新知"为己任——〈学衡〉杂志纵横谈》，《中华读书报》2011 年 11 月 30 日。

《古今中西辩证关系的哲学思考——重评"学衡派"和〈学衡〉杂志》，《福建论坛》2012 年第 3 期。

《中华文化发展的光辉未来：自我觉醒、个性解放——张世英〈中西文化与自我〉读后》，《中华读书报》2012 年 5 月 9 日。

《唯心主义评价问题的历史回顾与反思——从贺麟关于唯心主义的看法说起》，《学术评论》2012 年第 3 期。

《老树春来更著花——回忆我所认识（北大哲学系）的几位老师》，载《愿随前薪作后薪》，北京大学出版社，2012 年，第 96—112 页。

《昌明国故，融化新知，为往圣继绝学——汤用彤的中国佛教史和魏晋玄学研究》，载《愿随前薪作后薪》，北京大学出版社 2012 年，第 113—126 页。

《屡遭争议的熊十力和〈新唯识论〉》，《中华读书报》2012 年 11 月 14 日。

《以史为鉴温故知新——亲历者回顾 1957 年中国哲学史座谈会》，《中华读书报》2013 年 1 月 2 日。

《独辟蹊径　平章华梵　融会佛儒　兼采中西——熊十力"新唯识论"哲学思想的再认识》，《福建论坛》，2013 年第 1 期。

《求解"真问题"：如何对待唯心主义——从 1957 年中国哲学史座谈会说起》，《哲学分析》2013 年第 5 期。

《提高人生境界实现真善美的统一——冯友兰人生境界学说述评》，《学术评论》2014 年第 5 期。

《中国传统文化的坚守与弘扬——读汤一介遗著〈我们三代人〉》，《王学研究》2016 年第 2 期。

《在中西古今哲学道路的交汇点上：张世英哲学思想研讨——问学林可济》，《重庆评论》2016 年第 3 期。

《阳明心学的多维透视和比较研究——冯友兰中国哲学"三史"中的独特视角》，《中华读书报》2018 年 8 月 1 日。

《学以成人：全球化时代哲学反思的现实价值——参加第 24 届世界哲学大会所见所思》，《学术评论》2018 年第 6 期。

《贺麟〈近代唯心论简释〉出版往事新说》，《中华读书报》2020 年 5 月 20 日。

《蔡元培：北大人永远怀念与敬仰的校长——读书随感，为纪念蔡先生逝世 80 周年而作》，福建师范大学老科协 2020 年学术年会论文。

《马寅初：学生心目中坚持真理的好校长》，福建师范大学社科联离退休分会 2020 年学术年会论文。

《世纪哲人冯友兰的学术贡献与人生际遇——读书札记与随感》，福建师范大学社科联离退休分会 2020 年学术年会论文。

《张世英：百岁著名哲学家的睿智人生——受教 60 余年的追思》，福建师范大学社科联离退休分会 2020 年学术年会论文，收入《百岁哲人——张世英先生纪念文集》，商务印书馆，2021 年 8 月。

二、著作部分

（2008—2012 年）

《中国哲学的现代转型——走近六位哲苑名家》，人民出版社，2012 年 5 月出版。

《张世英哲学思想研究》，人民出版社，2008 年 8 月出版。